Je contrôle tout !
(enfin presque...)

HÉLÈNE POLLE

CARNOT

Éditions Carnot
10 quai Jean-Mermoz
78400 Chatou
Tél.: 01 30 53 75 05
www.carnot.fr

Carnot USA Books
22 West 19th Street
New York, NY 10011
États-Unis
www.usabook.net

Illustration de couverture : Thierry Steff, sur une idée de Sophie. Tous droits réservés.

Isbn n° : 2-84855-099-6
Dépôt légal : mai 2004

À mon Père bien-aimé et à Bastien,

À Audrey,
À Margaux,
À Victor,
Mes enfants adorés sans qui la vie ne vaudrait
même pas la peine d'être vécue,

Et à Philippe, leur Papa que j'aime.

Décembre 1980

J'ouvre la porte, il est là, sur le seuil, mince, dégingandé, l'allure type de l'adolescent prolongé, un sourire ravageur aux lèvres, une lueur amusée dans les yeux...
Je prends un uppercut, mon cœur s'affole et mes neurones déraillent. J'arrive tout de même à articuler un bonjour qui se veut décontracté. Je l'invite à entrer chez moi, lui en décide autrement. Il entre dans ma vie.
Très charmant. Seul hic, je suis fiancée à un viking suédois, depuis deux ans.
– Trop long ! rétorque-t-il. Il ne t'épousera jamais – lui non plus d'ailleurs. Ça paraît impossible, car j'ai le kit complet de la parfaite fiancée : bague de famille en or massif, sertie de trois fabuleux diamants, plus quelques objets de valeur, offerts par les futurs beaux-parents, prouvant la pérennité de notre engagement.
J'ai tout !

Sauf le fiancé.
Il est à cinq mille kilomètres de là, à finir ses études, et à dix mille lieues d'imaginer un instant la trahison dont il va être victime.
Pourtant je résiste.
Quarante-huit heures.
C'est peu. Je l'avoue.
Mais le spécimen que j'affronte est du genre coriace.
Pas de tergiversations inutiles.
– Il faut que tu lui parles ! me sermonne-t-il.
Mais pour lui dire quoi ? Qu'il avait à peine le dos

tourné que je me suis laissée conter fleurette par un inconnu, lequel décide – tout seul d'ailleurs – qu'il a enfin trouvé le profil recherché.
Car d'amour, il ne dit mot. Je sens cependant un attachement certain de sa part et une volonté farouche de me garder. Les jeux sont faits. Je capitule avec une lâcheté sans nom et romps mes fiançailles par… téléphone. Je sais. C'est à vomir. Mais la situation devient trop compliquée. Tiraillée entre deux hommes, chacun d'eux me voulant pour lui, je rêve d'un troisième qui me permettrait de trancher. C'était sans compter sur l'obstination de mon nouveau compagnon qui m'installe à ses côtés et me fait, dans la foulée, trois adorables poupons qui deviendront l'amour de nos vies.

Décembre 2000

– Maman, tu m'écoutes ? me demande ma fille Pauline. Patrick et Maud, les parents de Laura, partent en Tanzanie pour dix jours.

Tanzanie ? Jamais entendu parler de ce pays. Je prends un air faussement intéressé.

– Ah ! Oui. Et c'est où ?

– En Afrique. Ils vont faire un safari photo. Super, hein ?

Bof... Mais je m'empresse d'ajouter qu'effectivement il doit y avoir quelque intérêt à visiter ce genre de pays – surtout ne pas rompre la communication avec ma cadette qui se trouve dans l'âge difficile... depuis sa naissance.

J'en rajoute un peu :

– Mais quelle chance ils ont !

En fait, je m'en fous.

Je n'ai pas l'esprit aventurier pour deux sous et si l'envie me prend d'aller voir des bêtes sauvages, direction Thoiry, moins exotique peut-être, mais moins loin.

– Maman ! Téléphoooonnne ! braille mon aînée, qui n'a visiblement pas remarqué que je suis à soixante-quinze centimètres d'elle.

– Oui... Ah, Maud. Alors vous partez en Tanzanie, m'a dit Pauline. Belle perspective ! Et tu veux que Luc et moi venions avec vous ... mais pourquoi ? Enfin je veux dire, tu crois ? Si ! Si ! J'ai bien compris, merveilleux voyage, mais c'est la date du départ qui risque de poser quelques soucis. Tu penses ! La semaine juste avant les vacances de février, pas évident pour faire garder les enfants ? J'en parle à Luc et te rappelle.

Mince, c'est quoi cette histoire ? Et puis c'est où, la Tanzanie-Zanzibar ?
Dans le but louable de ne pas paraître totalement ignare, je me précipite sur un atlas pour y repérer ce petit pays niché à l'est de l'Afrique, en bordure du Kenya. Le soir même, j'en discute avec le père de mes enfants, qui, contre toute attente, semble emballé par le projet. Curieux.
Extrêmement curieux. Pour ne pas dire louche. Voire suspect. Lui qui n'est jamais enthousiaste pour quoi que ce soit pense déjà à sa tenue de futur explorateur.
Mais moi, je n'ai pas envie de partir.
Bien sûr, inutile de le crier sur tous les toits. Ce n'est pas mon projet. Ça peut paraître idiot car, après tout, les autres aussi ont le droit d'avoir de bonnes idées. Et puis c'est sympathique qu'ils aient pensé à nous emmener avec eux… Mais voilà, c'est tout bête, je ne veux pas y aller.
Pourquoi ?
Je ne sais pas.
La manœuvre consiste donc, habilement mais sûrement, à faire prendre conscience à mon compagnon, de la montagne de problèmes que cela va soulever, à savoir :
Qui va garder les enfants ?
– Nous ! hurlent les gamins en chœur.
Cela ne fait pas l'ombre d'un doute, comment n'y ai-je pas pensé plus tôt ? Ils ont déjà du mal à se supporter l'espace d'une soirée quand nous nous absentons… Il est évident qu'au bout de douze jours, nous avons des chances de retrouver les murs de la maison laqués rouge vermillon avec le sang de chacun.
Les activités ?

Dans l'ordre : piscine, judo, football, orthophoniste, dentiste…
– On s'arrangera, ne t'inquiète pas.
Pourquoi m'inquiéter ? La majeure partie de leurs activités ont lieu le soir, pour ne pas dire en pleine nuit, et il est tout à fait rassurant de les savoir se balader seuls en hiver.
Les repas ?
Là aussi, les solutions fusent de leur côté. Et je m'en veux, mais alors vraiment je m'en veux, de ne pas y avoir pensé avant eux. Simple : Mac Do, Speed Rabbit, la Trat (pizzeria qui livre à domicile) et les copains qui, eux, ont des parents qui ne projettent pas d'aller en Tanzanie. Du moins pas dans l'immédiat, et seront heureux, voir honorés, de les sustenter les soirs de fermeture des établissements susnommés.
Afin de couper court à toute cette histoire délirante, je sors ma botte secrète qui devrait crucifier mon adversaire – Luc en l'occurrence – le mettre KO, avant même qu'il ait le temps de dire ouf et, je l'espère, le faire renoncer au projet. Je lui confie dans un souffle :
– Dans ce cas, je ne vois qu'une solution, demander à Maman de venir s'installer ici.
La réponse m'explose les tympans :
– Non mais t'es folle !
Puis dans le genre restons-calme-et-courtois-devant-les-enfants, il ajoute grand prince :
– Ta mère a ses étudiants.
C'est vrai, je les avais oubliés. Deux étudiants fort bien élevés, qu'elle loge et nourrit pendant l'année scolaire.
Je propose dans ce cas un lot de trois, et non, maman toute seule.

– Impossible, impossible, je vais demander à mes parents de venir.
Aïe ! Ça se corse. *A priori*, je dis bien *a priori*, la réponse devrait être négative. Non pas qu'ils soient des grands-parents indignes, bien au contraire. Mais dans le cas présent qui me parasite l'esprit, il y a de fortes chances, je dis bien « fortes », pour qu'ils ne viennent pas. Pour la simple et bonne raison qu'ils habitent à trois cents kilomètres de chez nous. Que la seule idée de prendre la voiture, avec risques de verglas et grippe en prime, devrait normalement les faire renoncer à toute tentative d'éloignement de leur domicile de plus de cinq cents mètres. Sereine, j'acquiesce. Croise sournoisement les doigts pour qu'ils refusent et fonce à la chapelle du coin mettre un cierge. Mais le Ciel ne m'écoute pas. Du reste, Il ne m'écoute jamais.
Il écoute Luc. Qui a proposé à ses parents de venir par le train et de leur louer une voiture sur place, afin d'être totalement autonomes.
Je suis piégée.

Je commence à entr'apercevoir les côtes de la Tanzanie. Je décide cependant de ne pas me laisser envahir par cette histoire, qui n'est pas mon histoire, et à laquelle je n'adhère que de la pointe des cheveux.
Le soir dans mon lit, avant de repartir dans mes rêves faire un tour de loin sur les côtes tanzaniennes, je m'interroge. Pourquoi est-ce que je ne veux pas partir ? C'est idiot. Je ne sais pas vraiment. J'ai une boule dans la gorge qui ferait éclater d'un rire nerveux plus d'une de mes copines. Je les entends me dire :

– Bon sang, mais pense à toutes celles qui voudraient faire ce voyage et ne le peuvent pas !
Eh bien, qu'elles partent à ma place ! Moi, je n'ai rien demandé. Ça peut sembler ridicule, mais je ne suis pas prête à plier bagage. Je ne veux laisser ni mes enfants ni mon chien, ou alors qu'on parte tous ensemble...
– Hors de question ! vocifère Luc, pour une fois que nous pouvons être tranquilles.
Tranquilles ?! Mais moi je ne serai pas tranquille de les laisser ici. J'ose à peine lui en parler. Et puis, partir tous les deux, c'est carrément osé après vingt ans de vie commune, dont seize avec enfants. D'accord, nous serons quatre. Plus quelques autres, car je doute que nous soyons les seuls à visiter ce pays. Mais même si nous sommes des millions, ils ne combleront pas mon manque affectif. Je ne sais plus quoi faire. L'affaire semble classée et je commence à en prendre mon parti quand Luc me demande si je me suis occupée des vaccins.
– ?!?
Je suis terrorisée à l'idée de me faire piquer.
– Mais quel vaccin ? (au singulier, le pluriel me semblant inenvisageable).
– Pose la question à Maud.
Je respire un grand coup, fonce sur le téléphone et bredouille :
– Il faut se faire vacciner ?
– Uniquement de la fièvre jaune.
Écœurant. À quoi peut bien ressembler la fièvre et jaune, de surcroît ? Le lendemain matin, la mort dans l'âme, j'appelle le médecin et prends un ren-

dez-vous pour nous deux. Notre destination le comble de joie. Mais oui, lui connaît déjà – quelle chance. Sur ce, il se lance dans une conversation ou plutôt un monologue dithyrambique sur son voyage là-bas. Les animaux, les paysages et patati et patata... Pour conclure que le vaccin de la fièvre jaune n'est pas de son ressort, mais des autorités compétentes. Soit, les centres hospitaliers spécialisés dans les maladies tropicales. Que, en revanche, et là, nous avons frappé à la bonne porte, il nous fera, que nous le voulions ou non, typhoïde et hépatite A, juste pour le confort en quelque sorte.
– Mardi dix-neuf heures, ça vous va ?
J'en reste sans voix. D'un vaccin, on passe déjà à trois. Je prends tout de même le rendez-vous, malade d'avance à l'idée de tous les outrages que va subir mon corps. Et puis ça tombe mal, j'ai l'impression que je me sens moins bien. Non ? Ce n'est pas qu'une impression, je me sens réellement moins bien. Je guette la goutte au nez, j'ai des courbatures, peut-être même des nausées... Est-ce bien raisonnable de se faire piquer dans ces conditions ?
« Heure H » moins quelques secondes.
– Tu sais, dis-je à Luc, il me semble que ce n'est pas le moment idéal pour me faire vacciner, je ne me sens pas...
Trop tard.
– Je commence par qui ? demande le sadique qui fait office de médecin.
Nous nous regardons bêtement. Qui va se lever le premier ?
Moi. Après des efforts surhumains, je me traîne

jusqu'à la table d'auscultation où je me laisse choir, offrant mon corps à la médecine. J'aimerais ne pas regarder ce qu'il est en train de faire, mais je suis hypnotisée. Il dégaine sa seringue avec une habileté déconcertante, puis par une légère pression, expulse l'air et un peu de liquide, tout en se dirigeant froidement vers moi. Je ferme les yeux et fais le vœu de réduire ma consommation de cigarettes s'il ne me fait pas mal.

Rien senti ! Je me dépêche d'oublier ma promesse et saute sur mes deux jambes, toute guillerette. Le médecin en profite pour me rattraper et me demande de me peser. Après la souffrance – enfin, j'ai failli souffrir –, l'humiliation.

– 57 kilos ! clame-t-il haut et fort, pour que toute la salle d'attente se paie ma tête. Vous avez pris un kilo, beugle-t-il.

« Chut !... Pas si fort ! » ai-je envie de lui souffler. Inutile que ma moitié entende cette horreur, déjà qu'elle me trouve trop grasse. Il semble considérer cela comme un exploit. Pour moi, le vrai challenge, serait de le reperdre *illico presto* ce kilo en trop, mais cela me semble tout à fait insurmontable pour le moment. Bon, et puis est-ce que sa balance est vraiment fiable ? Ça suffit pour aujourd'hui, que Luc se fasse piquer et qu'il souffre, après tout c'est lui qui veut partir.

Au moment de quitter son cabinet, ce pervers me questionne pour me demander si je suis en règle avec le DT polio. Un contrôle de police, voire une arrestation de la Gestapo, ne m'aurait pas fait plus d'effet.

DT Polio... cela me rappelle vaguement quelque

chose… Je cherche frénétiquement un millésime acceptable, une année qui puisse le satisfaire. J'ai beau me creuser, le flash-back est terrifiant, je remonte à vingt bonnes années en arrière… Je sens confusément que c'est foutu. J'en ai la conviction lorsque je le vois se frotter les mains et me dire d'un ton gourmand :
– Rappels ! Deux boîtes !
Je fulmine. Total : cinq vaccins. Il veut ma mort. Je le quitte sans un remerciement et sans écouter son discours sur *LE* voyage de sa vie. Je ne veux plus rien entendre. Malgré tout, un mot happé par mon oreille subliminale m'interpelle : *paludisme…* Si ! Si ! J'ai bien compris. Je me retourne. L'interroge d'un regard noir. Il me rassure d'un ton paternel en me disant que rien ne presse, qu'on en reparlera. Je suis à nouveau furax. C'est un véritable marathon santé, ce voyage.
Je rentre morose.

Dans mon lit, je me repasse inlassablement les épisodes houleux de cette journée. Je fais le bilan.
Je ne veux pas partir. Je ne veux pas laisser mes enfants. Je ne veux pas être vaccinée. Je déteste l'aventure et mon médecin. J'ai peur de l'Afrique et du paludisme et de la chaleur et de l'inconnu et… je m'endors.
La nuit a été bénéfique. Je relativise. Après tout, ce n'est peut-être pas une expérience aussi terrible, d'autres sont bien partis. Regonflée à bloc, émue à l'idée de raconter toute cette histoire plus tard à mes petits-enfants – Tintin reporter c'est un peu moi –, plus rien ne peut m'émouvoir. Rien ?

Si. Une catastrophe.
La catastrophe, ce n'est pas de récupérer Maman à la gare pour aller déjeuner, c'est ce qu'elle me raconte après avoir sauté dans la voiture. Mine décomposée, voie atone, elle me confie, plus qu'elle ne me dit :
– Tu as entendu cette histoire tragique qui s'est passée en… ? Je ne sais plus où, en Afrique en tout cas.
Ça y est, les mots sont lâchés. Deux mots indissociables : Afrique et tragique. Comment ai-je pu me laisser berner à ce point ! Quoi, je pensais pouvoir partir loin en toute insouciance ?
Je la laisse continuer. Je crains le pire et j'ai raison.
– Des enfants tués par des rebelles. Ils étaient en vacances avec leurs parents…
Je n'écoute plus, mon cœur s'accélère, je ne peux m'empêcher de penser à ces pauvres gens qui reviennent avec le cercueil de leurs enfants. Leur vie saccagée, le cœur explosé de chagrin, ivres de souffrance, une douleur inconsolable, terrible, mutilante. Comment y survivre ?
– Je ne vous trouve pas raisonnables… souligne Maman. Pourquoi aller chercher les emmerdements aussi loin ? Vouloir forcer le destin à ce point, c'est du vice, sans compter toutes les cochonneries que vous allez ramener… si vous revenez.
Je ne pars plus.
– Ça s'est passé en Namibie. Rien à voir, souligne judicieusement un de mes collègues, à qui je n'ai rien demandé.
– Si ! Tout à voir, Namibie-Tanzanie, c'est pareil. C'est l'Afrique ! Et là, l'évidence me tombe dessus à la vitesse d'un supersonique : l'Afrique est pleine d'Africains.

– Ce n'est pas un phénomène nouveau, ajoute-t-il perfidement.
Oui, mais ce qu'il semble ignorer, c'est qu'elle est pleine d'Africains sauvages, peuplée de tribus sanguinaires et hystériques.
Et hystérique, c'est moi qui le deviens. Je ne veux pas me faire découper à la machette et laisser quatre orphelins – chien compris. Pour en avoir le cœur net, j'appelle le Quai d'Orsay où une hôtesse débite d'une voix morne le bilan de santé du pays. J'apprends donc que « le pays est politiquement stable. À éviter cependant la zone d'Arusha – c'est là où nous atterrissons – et des tensions à Zanzibar » Glurps !
Tout en notant fébrilement ces informations, je me risque à lui poser une question idiote :
– Nous devons y aller en vacances, pensez-vous que ce soit raisonnable ?
Elle me répond que son travail consiste à communiquer des informations, pas à prendre une décision à ma place :
– À vous de voir…
Mais voir quoi ? Je suis atterrée. Je fonce dans le bureau de mon collègue Géotrouvetout pour qu'il me fasse une recherche sur Internet. Mais je n'apprends rien de plus. Les intestins en forme de corde à nœuds, j'appelle Maud pour lui dire que la situation est dramatique, mais que nous pouvons encore sauver nos vies.
– Quelle horreur ! répond-elle.
– On n'y va plus ! bramons-nous en chœur, dans nos combinés respectifs et je raccroche soulagée. Après tout, ce n'est pas voir la Tanzanie et mourir…
– Qu'est-ce que c'est que ces histoires, grogne Luc.

– Je n'invente rien, les médias ne parlent que de ce drame...
– Mais enfin, on ne va pas au même endroit.
– Qu'importe ! Je me suis informée, ce n'est pas mieux. Je lui brandis les documents sous le nez. Lis ! L'Afrique n'est qu'une vaste cocotte minute et on va tous sauter ! Les enfants me regardent médusés, il y en a même un qui susurre :
– On n'a pas envie de vous perdre...
J'ai envie de pleurer. Moi non plus je n'ai pas envie de me perdre, je ne veux pas mourir à huit mille kilomètres de chez moi, mes restes dispersés dans la brousse.
– Du calme, dit Luc. C'est l'un des pays d'Afrique les plus stables. Imagine, quand nous serons sur les plages de sable blanc à Zanzibar...
Zanzibar-Carambar, ce nom aux relents de caramel mou me donne la nausée.
– Je n'y vais pas, dis-je dans un souffle...
– Écoute, appelle l'Ambassade de France à Dar Es-Salam. S'il y a le moindre problème, ils te le diront.
– Mais le Quai d'Orsay semble être bien informé, non ?
– Ils noircissent toujours le tableau. Ils ne veulent prendre aucun risque avec les touristes. Après tout, c'est leur boulot, la sécurité de leurs concitoyens.

Le lendemain, un peu anxieuse, je compose le numéro de l'Ambassade.
– Ambassade de France... Ne quittez pas.
Incroyable. Communication obtenue en un dixième de seconde et d'une qualité parfaite – je suis obligée de m'asseoir. Mise en attente avec une petite musique

gaie et entraînante. Qu'est-ce-que j'imaginais ? Des Africains en train de pédaler sur des vélos de fortune pour assurer la liaison téléphonique ? Heu … Oui.
– C'est pour quoi ? demande une voix charmante.
– Bonjour Monsieur, excusez-moi de vous déranger, nous souhaitons venir passer quelques jours dans votre pays, pouvez-vous me renseigner sur les conditions de vie chez vous ? (en d'autres termes, doit-on vraiment venir si on n'a aucune idée suicidaire ?).
Rires au bout du fil.
– Madame, que puis-je vous répondre ? Je vis ici depuis de nombreuses années, il n'y a jamais eu de problème.
J'évoque le Quai d'Orsay.
– Toujours pessimiste, répond-il. N'ayez crainte et passez de bonnes vacances.
Je raccroche, soulagée. Cet homme semble parfaitement lucide et sain d'esprit.
Aussitôt effrayée, aussitôt rassurée. Je me sens un peu bête, style girouette, de passer de la névrose à la plus grande sérénité, ça peut paraître déboussolant.
Ce n'est pourtant pas mon genre d'être réfractaire à ce point. Pourquoi ? Parce que, sans vouloir me vanter, il est très rare, voire impossible que je m'oppose à un projet. Plutôt le genre bonne pâte : on fait ci : formidable ! On fait ça : tout à fait d'accord ! On change : mais c'est encore mieux ! On annule finalement : ce n'est pas grave…, etc.
Mais là, j'étais animée d'un mauvais pressentiment, que d'ailleurs je n'aurais pas dû prendre en compte puisque je suis la championne des pronostics… bidons.
Un de mes proches de cinquante-quatre ans est au

chômage depuis deux ans. Je suis sûre, et je l'annonce, qu'il peut prendre sa retraite anticipée. Eh bien non ! La semaine suivante, en règle générale, il trouve un travail mieux payé et bien plus gratifiant que celui qu'il avait avant.
La liste est longue. J'envie ces gens sûrs d'eux qui ont un flair et un diagnostic infaillibles. Ça existe, j'en ai des tas autour de moi.
Enfin, pour l'instant, je suis rassurée. La vie retrouve de sa magie. Il est certain qu'après avoir frôlé la mort de si près, tout me semble merveilleux et ce voyage commence finalement à prendre un peu d'attrait. L'humeur joyeuse, je décide de fêter l'événement. Et quand on dit « fête », on pense à quoi ? Festin. Et qui dit agapes, dit bien manger. Et qui dit bien manger, dit… sans moi. Car je suis dramatiquement sous-équipée en la matière.
Poète, le mot « cuisine » m'évoque une vaste pièce lumineuse avec grande table campagnarde, cheminée et feu de bois. Classique. Sur la table : pain, beurre, saucisson et vin rouge à profusion et tout le monde est heureux. Mais « faire la cuisine » = blocage total. Mon imagination reste vide, creuse, absente. Bien sûr, il y a les pâtes et le riz ou le riz et les pâtes, accommodés de steaks surgelés ou de jambon.
Non, je plaisante.
Pas tant que ça tout de même. De l'avis général, c'est assez médiocre et la famille semble un peu lasse. Nos amis ne viennent pas pour se régaler mais pour nous voir, ce qui de leur part est une véritable preuve d'affection.
Comme le dit Luc qui ne fait rien :
– La cuisine est un art qui prend du temps.

Rien ne l'agace au plus haut point que de me voir ouvrir une boîte de petits pois à la va-vite, les jeter dans une casserole sur une plaque chauffée à blanc pour l'oublier régulièrement et retrouver les pois rabougris, desséchés et à moitié cramés. Ça l'irrite, on peut le comprendre. Pour lui, c'est la quintessence de ma désinvolture et de mon manque d'intérêt pour les nourritures terrestres. Et pour plein d'autres choses d'ailleurs.

Ce qui est faux. Car j'adore manger. Mais chez les autres. Ou que les autres fassent à manger, à la maison. Par moments j'ai des envies de normalité. Je questionne donc mes collègues de bureau, spécialistes de recettes et fins cordons-bleus. Grâce à elles, j'ai enfin pu intégrer, sans trop de difficultés, la recette de la quiche lorraine, des escalopes à la crème fraîche et des salades composées, pour varier notre ordinaire. Je les en remercie chaleureusement.

Mes galons de cuisinière n'en sont toujours pas gagnés pour autant. Je fais pourtant de gros efforts d'organisation. À savoir un menu pour chaque jour de la semaine – le moment le plus douloureux étant de cogiter pour trouver ce que nous allons absorber chaque soir. Dieu merci, cantine et restaurant réduisent de moitié ce moment de véritable torture intellectuelle.

Malgré toute cette peine déployée pour préparer des repas à la fois sains et diversifiés, je sens bien que je ne fais pas encore – tant s'en faut – l'unanimité. Pire même, je perçois parfois une incontestable méfiance et occasionnellement une forme d'hostilité pour mes recherches en art culinaire.

Je questionne, puisque personne ne se donne la

peine de commenter le fruit de mon travail. Une fois, j'ai eu droit à des félicitations, qu'hélas !, j'ai dû retransmettre à Miranda, la fée de notre foyer qui vient du Portugal, puisque c'est elle qui avait préparé le repas. Aux autres, je n'ai rien dit.
J'ai donc souvent droit à :
– Ce n'est pas terrible.
Dans le meilleur des cas :
– C'est étrange.
Enfin, aujourd'hui déclaré jour de fête par moi-même, je ressors les nombreux livres de cuisine achetés par Luc qui garde toujours l'espoir fou que cela va peut-être s'arranger, et m'installe dans la salle à manger, tablier autour de la taille, pour le petit côté cuisinière confirmée.
Je pense à un couscous.
Pas de panique. La tâche est ambitieuse, certes, mais pas insurmontable.
Pourtant si. Malgré les dix-huit volumes étalés devant moi, pas la moindre trace d'une recette marocaine. Alors là, c'est ce qui s'appelle ne pas avoir de chance. Je pourrais me rabattre sur autre chose, mais c'est vraiment d'un couscous dont j'ai envie. Que faire ? Me faire livrer par le restaurant marocain du coin ? Impossible dans ce cas de leur laisser croire que c'est moi qui l'ai préparé. Seule issue, appeler maman pour qu'elle m'aide.
– C'est simple, me dit-elle. Tu as de quoi noter ? Il te faut trois viandes : mouton, bœuf, poulet. Tu fais bouillir de l'eau dans un grand faitout. Une fois qu'elle bout, tu y mets le bœuf. Quand ça re-bout – c'est le genre de vocabulaire que je comprends –, tu ajoutes une boîte de pois chiches que tu as rincés et

égouttés auparavant. Thym, laurier, deux oignons, épluchés bien sûr.
Je note, je note. La recette me paraît interminable. Il me semble entendre tout à coup le mot fin. Ouf ! C'est fini.
– Mais non ! hurle Maman. Tu as déjà mangé un couscous sans graine ? Allons, allons… Surtout ne pas la rater, opération assez périlleuse, précise-t-elle – je me vois déjà faire des triples saltos avant et arrière, de la cuisinière à l'évier.
Cette fois, c'est réellement terminé et je suis déjà crevée. Je pars faire les courses. Me contente d'acheter des condiments en sachets et de la graine pour cuisson express. Puis m'active dans la cuisine. Miracle, ça sent bon ! Je prends environ deux tailles au niveau de la poitrine, et attends impatiemment le retour de mes ventres. Une porte qui claque et j'entends crier :
– Qu'est-ce qu'on mange ?
C'est curieux, à croire qu'il n'y a plus que ça qui les intéresse. Je réponds, comme s'il n'y avait rien de plus naturel au monde :
– Un couscous.
– Quoi ?
– Oui, oui – je les sens stupéfaits. Et maison, en plus. Et toc ! Qui c'est, la meilleure ?
Pas moi.
– On en a mangé à midi.
Ce n'est pas vrai ! Si maintenant la cantine me fait concurrence ! Pour une fois, une seule fois dans ma vie, que je prépare un tel plat…
– Eh bien comme ça, vous pourrez comparer, dis-je sans leur montrer mon accablement.

La comparaison a été vite faite. Le couscous du réfectoire est sorti grand vainqueur du tournoi des *Couscous Saison 2000*. Dernière fois, je le jure, que j'attacherai autant d'importance à la cuisine.

Revenons aux choses sérieuses : le voyage. Maintenant que la notion de départ est relativement bien intégrée par la masse molle qui fait office de cerveau à l'intérieur de ma boite crânienne, par les enfants qui ne craignent plus pour nos vies et sont très heureux de pouvoir enfin respirer sans nous, il faut s'occuper des préparatifs.

D'abord les vaccins, suite et fin. Rendez-vous pris à l'hôpital pour la fièvre jaune, je tombe sur un comique qui me demande si je préfère être vaccinée dans la fesse ou dans l'œil ?!

Au vu de ma préférence pour la fesse, il ajoute :

– Les deux, parce qu'en plus, je vous fais la méningite.

Je ne cherche même plus à discuter. Je me permets simplement de lui indiquer que cela fait peut-être beaucoup pour l'organisme. Il me répond par un haussement d'épaules et me demande de me déculotter. Clic clac Kodak, ç'en est fini des piqûres. Je paie à la caisse et repars un peu chancelante vers ma voiture, où je croise Luc qui aura droit lui aussi à la même question rigolotte du médecin :

– Œil ou fesse ?

Luc poussera le jeu un peu plus loin, en lui donnant sa préférence pour l'œil.

– Droit ou gauche ?

– Droit, répond-il, déjà moins sûr de la bonne blague.

– Très bien, alors enlevez vos lunettes, ordonne-t-il, sans broncher.

Finalement, Luc enlèvera son pantalon. Difficile d'évaluer la loufoquerie de ce genre d'individus.
Tout ce cocktail de vaccins n'aura finalement pas eu notre peau.
Quant à celle ci, qu'y applique-t-on quand on part dans des contrées chaudes ?
– De la crème pour le soleil – terrible et piquant –, m'annonce dramatiquement la pharmacienne. Un gel contre les moustiques, véritables vampires doublés de cannibales qui décollent de votre épiderme inconscient après s'être gavés de sang, un morceau de chair fraîche coincé entre chaque incisive. C'est gai.
Côté vêtements, nous partons faire des achats spécial safari. Pantalons légers, T-shirts, chaussures de marche, chaussettes et bob, bien que ce dernier me donne des allures d'anglo-saxonne retraitée, la nature m'ayant dotée d'un crâne étrangement plat. Il est camouflé en temps normal par quelques rares cheveux, mais si un corps étranger se pose dessus, main, chapeau, casquette, livre – plus rare –, toute sa platitude ressurgit, et c'est un peu ridicule.
Les passeports sont en règle, les visas aussi. Les grands-parents ont annoncé leur arrivée dans les prochains jours. Nous avons courageusement entamé notre traitement contre le paludisme et prenons scrupuleusement notre comprimé de Lariam tous les mardis.
Je dis bien « courageusement », car lorsqu'on lit la liste des effets secondaires, ils n'ont de secondaires que le nom : vertiges, hallucinations, nausées sont en prime dans certains cas. C'est donc avec une légère appréhension que nous surveillons les effets indésirables, qui ne se manifestent pas, et c'est tant mieux.

La veille du départ arrive. Nous accueillons Papy et Mamie tout à leur joie de passer dix jours complets avec leurs petits-enfants. Nous commençons presque à nous sentir de trop et nous retirons dans notre chambre, pour notre dernière nuit à la maison. Là, j'ai un grand coup de cafard, mais un sursaut de décence m'interdit d'en parler. Je ne peux plus reculer, il va bien falloir partir, c'est décidé, et depuis longtemps maintenant.
Et si on ne revenait pas ? Non c'est absurde. Je ne vais pas recommencer à délirer, il faut que je me calme...
Toc ! Toc ! C'est Pauline, notre cadette.
– Oui, dis-je.
– Tiens, Maman, c'est pour toi.
Et dans un grand élan de tendresse, elle me donne... son porte-bonheur. Mon cœur lâche.
– Merci ma chérie, dis-je en la serrant dans mes bras – pas trop longtemps, elle n'aime pas ça. Elle repart aussi rapidement. Nous ne nous verrons pas le lendemain, car le départ est prévu à quatre heures du matin.
Un petit mot de chacun sur la table de la cuisine, attendrissant et totalement désintéressé : *N'oubliez pas les cadeaux*. Sans un bruit, nous rejoignons le taxi qui nous attend dehors. Nous récupérons Maud et son mari Patrick, puis filons à Roissy prendre l'avion.
Le vol est annoncé, et ce n'est pas sans une certaine appréhension que j'entre dans la salle d'embarquement. Les portes se ferment, les hôtesses commencent à s'agiter.
Je suis prisonnière.
J'attends avec impatience le déjeuner pour pouvoir

noyer mon appréhension dans des hectolitres de vin rouge. Nous sommes assis tous les quatre en rang d'oignons. Je ne veux pas faire grise mine et me force à paraître enjouée. Mon cœur fait boum-boum quand, huit heures, trois coupes de champagne et douze verres de vin rouge plus tard, le pilote annonce notre descente sur Arusha.
Surprise ! Il fait nuit noire. L'aéroport est tout petit et y règne une chaleur intense.
L'ambiance qui se dégage est paisible. Je me calme un peu. Puis un autobus local nous emmène vers notre premier hôtel.
Nous ne verrons malheureusement pas le Kilimandjaro et son sommet, celui qu'Ernest Hemingway décrivait comme « *Aussi large que le monde, grand, haut et incroyablement blanc au soleil…* » Après une heure de route, nous arrivons au Méridien où nous passons notre première nuit sur le territoire africain. Nous appelons les enfants du portable de Patrick – celui de Luc ne passe pas –, pour leur dire que nous sommes bien arrivés.
Et là, première alerte.
Non, non, Patrick n'est pas contre le fait que nous appelions, Maud et moi, de son portable, mais il se demande, comme Luc d'ailleurs, pourquoi appeler les enfants ? Nous nous regardons, étonnées, mettons cela sur le compte de la fatigue et téléphonons à nos cinq amours, avec promesse de les rappeler le surlendemain.
L'aventure commence. Oubliées mes craintes et mes angoisses. Le paysage qui s'offre à nos yeux le matin est fantastique ! Grandiose ! Magnifique ! Je saisis à l'instant le pouvoir attractif que ce pays exerce.

Un ciel bleu électrique, une luminosité extraordinaire, des pins parasols à perte de vue et des ibis sacrés se déplaçant par patrouille en un vol d'une grâce suprême. Je suis sous le charme.
Nous faisons connaissance avec notre guide qui ne nous lâchera plus pendant les journées de safari photo. Nous sommes six à nous installer dans un 4 x 4 étonnamment sympathique et rustique, puis nous partons découvrir le parc national du Lac Manyara, dans la vallée du Rift.
Le trajet jusqu'à l'hôtel fabuleux, nous permet de faire connaissance avec le jeune couple qui voyage avec nous. Cette première journée se révèle magique. Nous poussons des oh ! et des ah ! Comme des gamins à leur première visite au zoo.
On s'amusait comme des petits fous :
– Plus vite chauffeur, plus vite ! hurlait-on, dès que des gazelles couraient devant notre véhicule.
Les hommes, ces sacrés coquins, se sont rincé l'œil en voyant papa babouin câliner maman, pour finalement la sauter sans lui demander son avis. Quant à nous, nous nous sommes extasiées sur les ravissantes bourses bleu turquoise d'un petit primate appelé Vervet, bien plus jolies à regarder que celles des grands singes qui nous accompagnent.
Nous rentrons en fin d'après-midi, complètement abrutis par le soleil et crevés. Nous filons tout droit au bar. Que la fête commence !
– Je vous sers…, demande un serveur du plus beau noir, un très gentil sourire aux lèvres. Tels des aventuriers harassés par des kilomètres d'expéditions pédestres, après avoir bravé mille dangers, nous lui commandons des bières Kilimandjaro. Cela va de soi.

– Alors là, c'est pas des bières de pédé, lance à la cantonade Patrick, qui s'y connaît. En bière, bien sûr. Aïli ! Aïloooo Oh! Oh ! Nous ingurgitons cul-sec nos cinquante centilitres par personne et repassons commande sous l'œil totalement impassible du barman, qui visiblement en a vu d'autres.
Sonnés, nous repartons groggys vers nos chambres pour une bonne douche, histoire de se remettre les idées en place. Luc, émoustillé par toute cette faune en rut, ne veut pas être en reste.
– Moi Tarzan, toi Jane, dit-il.
J'esquive. Mais le bougre ne l'entend pas de cette oreille et me course à travers la chambre. Je crois pouvoir m'échapper dans la salle de bains. Pas de chance, il me rattrape et me plaque sur le lit.
– Couchée ! ordonne-t-il.
– Non mais, ça va pas ? Je n'ai pas très envie.
– Allez, nous sommes en vacances, tu ne peux tout de même pas rester insensible à cette nature qui nous entoure !
Insensible, je ne le suis pas du tout. Le seul hic, c'est que lui, est sensible à tout !
L'automne,
L'été,
Le changement d'horaires,
Les marées,
La pleine lune,
La pousse des radis en dix-huit jours,
La 29e leçon d'Aubade,
L'insomnie,
Un banquier difficile,
Un repas de famille un peu long.
Je n'en peux plus.

Bon, soyons chic, un bon geste. Et en avant Simone, c'est parti pour le feu d'artifice. Ensuite, je prends ma douche. Je sens poindre un léger mal de tête. J'avale un Doliprane et nous partons dîner.
– Se coucher (encore !) tôt, précise le guide. La journée de demain sera particulièrement longue.
Nous regagnons nos chambres, sérieusement épuisés. Aussitôt après lui avoir fait un petit baiser chaste sur la joue – ce dont il a particulièrement horreur – et souhaité bonne nuit, je me glisse avec volupté sous nos draps et m'apprête à passer la nuit la plus fabuleuse de ma vie.
Je ferme les yeux et attends un sommeil réparateur qui ne vient pas. Mon mal de tête s'amplifie mais je me conditionne pour accueillir ce sommeil appelé Désiré.
Le temps passe et le mal progresse. Mon esprit s'affole ? Pourquoi ai-je mal à la tête ainsi ? Cherchons la cause.
Le soleil, évidemment. Ce traître a dardé ses rayons mortels à travers mon sublime bob acheté au Printemps. C'est donc une insolation… Non, c'est pire, je le sens bien, j'ai comme l'impression que mon côté gauche se fige, ma main est totalement engourdie, ma jambe quasiment inerte. Je me tâte la face et il me semble qu'elle devient insensible. C'est certain, j'ai un vaisseau au niveau du cerveau qui a claqué, dans une demi-heure je serai hémiplégique ! C'est atroce, fautil que j'appelle au secours tant que je peux encore parler ?
Luc va se réveiller demain matin, frais comme un gardon pour retrouver un déchet à côté de lui. J'imagine déjà mon rapatriement sanitaire. Ce n'est pas

dans la brousse qu'ils vont pouvoir faire quelque chose.
J'arrive à Roissy. Émotion de toute ma famille, la pauvre, c'est terrible !
Luc, genre force tranquille, leur expliquera, dans un trouble contenu :
– Ne vous inquiétez pas, je m'en occupe.
Et pour cause ! Il pourra me traiter comme sa chose et abuser de moi tous les quarts d'heure. Dans un premier temps, ça l'amusera. Les enfants seront eux aussi affectés, jusqu'au jour où tout le monde en aura marre de la handicapée et on me mettra au rebut dans un mouroir. Mon Dieu, ayez pitié s'il Vous plaît...
Finalement, je me suis endormie, mais pas sans mal.

Notre vie africaine redémarre sur les chapeaux de roue. Nous nous retrouvons pour le petit déjeuner et échangeons nos impressions de première nuit dans la brousse. Excellentes, pour l'ensemble, je me suis bien gardée de leur faire part de mes délires nocturnes et j'ai renchéri par un :
– Jamais aussi bien dormi.
La dernière bouchée avalée, nous voilà repartis pour de nouvelles péripéties.
Le 4 x 4, c'est bien. Ça fait vraiment aventure. Tout le monde en rêve, en fait. Peut-être un peu bruyant... et côté amortisseurs... d'ailleurs on n'en a plus. Mais ce n'est pas important, parce que l'essentiel, c'est d'en profiter, et nous vraiment, on en profite !
Non, sans rire, nous sommes des couples heureux, lâchés dans la nature, notre bonheur est une insulte à la morosité universelle. Luc est méconnaissable,

j'ai même l'impression qu'il me regarde, heu… avec affection. L'homme d'affaires stressé est resté en rade quelque part en France. Comment ai-je pu me méprendre à ce point sur sa difficulté à dialoguer, son handicap pour le bonheur, lui qui est la joie de vivre à l'instant… où nous rentrons à notre nouvel hôtel, fourbus mais ravis.
Avec l'aplomb des vieux baroudeurs, nous commandons *illico presto* nos Kilimandjaro favorites. Re-cul sec et hop ! une deuxième, avant de partir d'un pas chancelant vers le restaurant, sans même repasser par la case douche.
La vue est superbe. De plus en plus, d'ailleurs, au fur et à mesure que nous collectionnons les bouteilles de vin rouge sur la table. Maud est pompette, moi ivre morte. J'annonce que je vais essayer de retrouver notre chambre. Bref, que je vais me coucher avant Luc qui pense d'ailleurs à s'en rejeter un petit derrière la nuque, avec son pote. Je sens que le message a un peu de mal à passer. Surtout le contenu. Qui le laisse… sans voix. Et d'ailleurs, avant qu'il ne la retrouve, j'en profite pour prendre la poudre d'escampette. Me déshabille en un temps record et fais mine de dormir quand je l'entends mettre la clé dans la porte. Un peu de repos ne fait pas de mal.
La nuit a été délicieuse, sans épisode d'*Urgence.*
Le réveil est différent.
Je sens comme un léger flottement dans nos rapports matinaux, un bonjour à peine ébauché, une absence totale de sourire et beaucoup de renfrognement.
Je compte énormément sur nos compagnons de voyage pour retrouver notre Tao commun. D'ailleurs, Patrick et Maud sont une publicité ambu-

lante pour le bonheur. Sourires béats aux lèvres, regards rêveurs, main dans la main. Je les envie.
– Bien dormi ? me demande gentiment Maud.
– Ah ! Oui !
C'est tout ce que je peux dire de vrai pour l'instant, la nuit a été effectivement impeccable. Le réveil, plutôt médiocre.
La froideur matinale s'est transformée en hostilité quotidienne, étalée sur cinq jours ! Cinq jours sur dix de voyage. C'est la moitié de nos vacances et je commence à m'épuiser nerveusement.
Je sens une animosité croissante et une explosion d'ions hyper négatifs à mon encontre. Ça ne va pas. Tout d'abord, il ne me regarde plus, ne me voit même plus, en fait. Je suis un fantôme en vacances avec lui. Je peux continuer à l'accompagner sous forme d'ectoplasme s'il veut. Néanmoins, les choses se gâtent, car il me découvre à nouveau, mais j'ai l'impression que l'image qui s'impose à ses yeux n'est pas des plus reluisantes.
Je tente des sourires niais et quelques paroles pertinentes. Rien n'y fait. C'est la guerre froide. Une guerre larvée qui me met dans tous mes états. C'est injuste, tout ça pour une partie de jambes en l'air qui n'a pas eu lieu ! Je m'épuise, difficile de ne pas être soi-même, pendant cinq interminables journées, en côtoyant le bonheur humain, en présence de nos compagnons.
– Mon cœur, goûte à ça…
– Mon amour, ne prend pas autant de risques !
– Chérie ! Tu as vu ce coucher de soleil…
Moi, j'ai l'air d'une grosse croûte de fromage sur le bord d'une assiette. On la pousse de plus en plus loin

parce qu'elle indispose. Pourtant, je sens bien que je ne laisse pas Luc totalement indifférent. Hélas ! pas dans le bon sens du terme. Vidéo en main, il me traque. Quand il me filme, c'est toujours de dos, pour bien mettre en valeur mes fesses rebondies ou ma taille épaisse. Comme s'il voulait prouver à la terre entière, par caméra interposée, tous les défauts dont Dame Nature – cette salope – m'a affublée.

Je n'en peux plus de l'indifférence de l'être humain et de la cruauté du caméscope. Qu'est-ce que c'est que ces vacances ? Car chaque soirée est propice aux petites séquences filmées de la journée. Tout le monde s'esclaffe, s'attendrit. Moi, je suis effondrée. Je suis perdue. Mais qu'est-ce que je fiche à un milliard de kilomètres de la maison, sans personne pour m'aimer ? Pourquoi être venue ? J'avais peur des sauvages, maintenant je suis désespérée d'être avec quelqu'un qui me fait la tête. Tout dialogue semble impossible, pourtant à quarante-quatre ans, dont vingt de vie commune, on devrait pouvoir dialoguer ?

Oui, tu es partie te coucher, alors que pour moi la journée doit se terminer, avec feux de Bengale et *tutti quanti*...

Mais moi j'étais crevée, knock-out, hors service, rincée, léssivée. Est-ce un crime de lèse-sexualité ?

Il faut parler.

Parler. La communication, atout essentiel dans un couple. Mais j'ai affaire à un boudeur invétéré, fils et petit-fils de boudeurs endurcis. D'ailleurs, c'est un conseil que je donnerai à mes enfants quand ils voudront convoler : s'informer, poser des questions anodines. « Ah !... Chère Maman ! Parlez-moi de votre fils (fille) quand il (elle) était petit(e). », « Vous dites

qu'il est comme son père et son grand-père ! »
« Halte-là, halte-là ! merci pour tout, je vous le rends. »
J'entre dans notre chambre, aux allures menaçantes et le mets au pied du mur :
– Il faut qu'on s'explique. On ne peut pas continuer ainsi, cela n'a pas de sens. Dis-moi ce que tu me reproches, vas-y, fais un effort. Je suis prête à tout entendre.
Prête à tout entendre.
Oui.
Sauf ça.
Car même avec une imagination débordante, je dois dire, que j'ai été un soupçon déstabilisée, quand, au bout d'un quart d'heure de mutisme acharné, a jailli de sa bouche, cette phrase spectaculaire :
– Je ne sais pas si tu te laves bien la raie des fesses.
– La quoi ?
Les bras m'en tombent un à un. J'avais tout imaginé, surtout le manque de bestialité dans nos rapports, mais là…
– Ben oui, quoi, c'est hyper important. D'abord, tu ne prends que des bains et non des douches. Tu dois sûrement faire l'impasse là-dessus.
Je suis assommée, foudroyée en plein vol et c'est d'un pas mal assuré que je pars m'enfermer dans la salle de bains pour faire l'état des lieux.
Rien à reprocher à ladite salle de bains, nickel.
Pour moi, c'est différent. Une fois nue, je contemple mon image dans la glace qui fait trois mètres dix de haut sur six mètres de large.
C'est atterrant.
Mais pour qui je me prends ?

Je suis un laideron. C'est écrit en lettres de néon bleu métallique au-dessus du lavabo.
Tout d'abord je suis petite – un mètre soixante-deux –, « voire naine », constate parfois Luc en riant, et trop grasse : cinquante-sept (heu, peut-être même cinquante-huit kilos avec toutes les bières que je me suis enfilées, sans compter le vin rouge) Pas terrible, si l'on pense qu'il faut faire dix kilos de moins que sa taille. D'ailleurs, mon slip en est la preuve vivante, je ressemble à un saucisson ficelé à la va-vite. Avec une certaine inquiétude, je me mets de dos et découvre une vision à même de faire frissonner les amateurs de films d'horreur les plus avertis. Je constate, qu'une épaisse couche de cellulite part de la racine des fesses pour m'envelopper les hanches.
Pas très appétissant.
Je remonte vers les seins, qui eux, n'en peuvent plus de descendre, irrépressiblement attirés par le plancher des vaches. En plus, ils ont été gros, maintenant ils sont lourds et dysharmoniques, c'est-à-dire totalement plats en haut et mal gonflés en bas.
Avec mes mains, je tente de les remonter – pas mal – et les laisse retomber sans ménagement, car je viens de m'attacher à un détail de mon anatomie qui jusque-là ne me posait pas de problème : mon nombril. J'ai toujours eu un joli nombril, petit, fin, bien découpé. Mais ce qui m'interpelle maintenant, c'est que... éh... bien... il a disparu !
Et pour cause, il est enterré vivant, sous une épaisse couche de lard qui me sert aussi de ventre. Zut, il faudrait que je me regarde un peu plus attentivement.
Jambes courtes, bras flasques, rien de terriblement

aguichant. Pour clore cette partie « corps-dévasté », j'ai oublié de signaler une fort jolie bosse, à la base de la nuque, en haut du dos. D'après certains, due à une mauvaise position, pour moi, à un excès de matière grasse qui s'est bêtement localisé là. Cette bosse est connue de toute la famille et les enfants, l'ont gentiment baptisée « bosse de bison ».
Il est certain que je ne serai jamais meneuse de revue au Lido, ni même dame-pipi.
Suffit pour le corps. Examinons le visage. Sans vouloir être prétentieuse, de loin, avec un éclairage bien adapté, il peut – je dis bien « peut » – faire illusion. De près, c'est redoutable.
Quatante-quatre ans, c'est toute une vie, enfin presque. En tout cas, je ne suis pas une première main. Les traits sont tirés, mais pas partout bien sûr, parce que cela pourrait faire effet lifting. Les yeux sont d'un bleu quelconque à tendance globuleuse, surmontés de paupières genre nid d'abeille : un trou, une boursouflure.
Le nez est catastrophique. Les gueules cassées n'ont rien à m'envier. De face, c'est supportable, de trois quarts tout le monde se sauve.
Quant à la peau, alors là je n'y comprends rien. En pleine maturité, je fais des crises d'acné sénile. Comme si l'outrage des rides ne suffisait pas.
Pour conclure, un très joli poil qui pousse comme un sauvage sous le menton à une vitesse déconcertante et d'une longueur terrifiante – tentant certainement son entrée dans le *Livre des Records* – surnommé affectueusement par les enfants « poil de biquette ».
J'ai l'impression d'être un zoo à moi toute seule.
Récapitulons : un corps ravagé, une tête à faire peur.

Pour le corps, j'ai plutôt l'impression d'avoir soixante-dix ans, pour le reste soixante-cinq. Alors, la question demeure : pourquoi Luc veut-il toujours autant me sauter ? Serait-il gérontophile ?
Finalement, je vais prendre une douche et non un bain.
Finalement, j'ai pris un bain et non une douche. Je ne vais pas me laisser impressionner comme ça. Une fois sèche, je tente un petit ravalement de façade, un peu de parfum et je sors l'air sombre. C'est vrai, je ne suis pas d'une gaieté absolue. Luc et Patrick sont en pleine conversation. J'arrive en traînant un peu les pieds, et que vois-je ? Luc m'adresser un sourire resplendissant ! Ah ! Enfin, il a compris qu'il a été un peu loin !
Inutile de m'exciter. Le sourire est pour Maud, qui me suit telle une reine, dans une ravissante petite robe bustier noire. Coup dur pour moi. Parce que Maud est vraiment jolie, elle est même belle. Une beauté qui n'a pas besoin d'artifice. De splendides yeux chocolat, un petit nez droit et fin, une denture – tiens, j'ai oublié de parler de mes dents – parfaite, une peau sublime, et bien sûr, elle est mince.
En plus, elle est toute lisse. Ça existe, les gens lisses. C'est beau, c'est doux, on a envie de les caresser. La peau est fraîche, pas un poil en trop. Moi, j'en ai plein partout, sauf sur la tête. Je pourrais aller chez l'esthéticienne, mais voilà, la dernière fois que j'y suis allée, j'ai cru tomber dans les pommes quand cette folle m'a arraché les poils des jambes avec sa cire super glue, pour finalement m'achever à la pince à épiler. Rien que d'y penser, j'en ai encore des sueurs froides. Alors, vive le rasoir Bic ! Le problème,

c'est que j'oublie toujours d'en prendre un dans ma trousse de toilette. Ce n'est pourtant pas très compliqué, mais j'oublie, donc, je me rabats sur celui de Luc qui n'apprécie pas énormément.

Je regarde béatement Maud. On ne se lasse pas de regarder ce qui est joli, c'est peut-être pour ça que Luc ne me regarde jamais.

– Ça va ? me demande-t-elle, alors que les hommes sont partis faire un tour.

– Oui.

– Tu sembles soucieuse ?

– Ah, et bien voilà, Maud, je voudrais te parler d'un sujet… enfin disons… un peu personnel. Est-ce que c'est normal, enfin je veux dire, Patrick et toi, physiquement, vous vous entendez bien c'est certain, parce que tu vois, Luc, j'ai l'impression qu'il a besoin de… tous les soirs, c'est systématique, tout est prétexte, enfin tu comprends.

– Parfaitement, me répond-elle sagement – parce qu'en plus Maud est sage, pondérée et intelligente (je me demande si j'ai eu raison de partir avec elle en vacances, la comparaison est trop en ma défaveur). Toi, qu'est-ce que tu éprouves comme besoin ?

– Tu veux dire au lit…

– Non ! Non ! pas forcément, dans ta vie quotidienne. Il y a forcément des envies que tu as et qui sont quasiment incontrôlables ?

Je réfléchis et tout à coup ça fait tilt.

– Tu as raison, par exemple, quand je fais la sieste – j'adore faire la sieste –, eh bien, quand je me réveille, j'ai une envie irrésistible de chocolat, c'est comme ça, il m'en faut à tout prix ! Et si je n'en trouve pas, je fonce en acheter.

– Bien tu vois, pour Luc, tu es sa barre vitaminée, en quelque sorte. Et elle part d'un grand éclat de rire – cristallin, en plus.
Je n'avais pas vu le problème sous cet angle. Je pensais être tombée sur un hyperactif, en fait, c'est juste une question de dopage. Je pourrais peut-être lui proposer du chocolat ce soir ?
– Et en parlant de chocolat, puisque nous en sommes aux confidences, tu crois que c'est à cause de ça que j'ai des boutons ?
– Peut-être, mais pas sûr, qu'est-ce que tu mets comme crème ?
– Nivéa.
– Et… insiste-t-elle.
– Rien d'autre, pourquoi ?
– Tu veux dire que tu ne mets qu'une seule crème ? Pas étonnant, alors, ta peau fait un rejet.
Ah bon, alors si ma peau me rejette, elle aussi.
– Tu comprends, il en faut au moins deux, et tu alternes.
Merci pour cette consultation. Si je comprends bien, Luc est affamé et ma peau est gavée. Il s'agirait de trouver un bon équilibre. Maud pose une main compatissante sur la mienne – visiblement je ne lui fais pas horreur – et ajoute :
– Tiens, voilà les hommes !
Nous commandons des cocktails totalement excentriques. Luc va pour s'asseoir à côté de moi. Finalement, il choisit un fauteuil à douze kilomètres du mien.
C'est pas gagné.
La conversation bat son plein entre eux trois, moi j'ai décroché.

Je pense aux enfants, ils me manquent beaucoup, non, pas beaucoup, terriblement – d'ailleurs il faudrait penser à leur téléphoner – et à mon chien aussi. C'est vrai, pour parler de lui, c'est le seul qui manifeste autant de bonheur dès qu'il me voit, que je m'absente pour cinq minutes ou une journée entière, ce sont des fêtes sans fin.
– Bon ! On passe à table, propose Patrick. Nous nous dirigeons vers le restaurant, Maud happe la main de son mari, quant à moi, je marche devant le mien, droite comme un «rant les fesses.
Mais qu'ont-ils mis dans le cocktail ? Coke, LSD, je me sens toute chose, pas chose, j'ai envie de rigoler, de hurler, de rire même. C'est les nerfs…
– Viens t'asseoir à côté de moi, ma poule, me lance Patrick.
Oh ! Une poule, c'est si mignon, j'ai presque envie de lui pondre un œuf. Je me vautre à ses côtés.
J'aime bien Patrick. Il a un côté bourru et un peu macho, mais il est réellement gentil et attentif aux autres. Pour lui, je reste cependant une énigme. Qu'est-ce que Luc et moi faisons ensemble ? Pour être plus exact, qu'est-ce que Luc fait avec moi ? L'association des deux l'étonne. Patrick ne lui pose pas la question directement, c'est vrai, ça pourrait paraître un brin goujat de demander à Luc :
– Mais qu'est-ce que tu lui trouves ? Alors, il me retourne la question, en m'interrogeant :
– Mais qu'est-ce que tu lui fais ?
Si tu savais ! Le Kama-Sutra fait figure de livre de chevet pour gamines de la Légion d'Honneur, à côté de l'encyclopédie érotique en vingt-huit volumes que j'ai dans la tête. Enfin, c'est ce que pense Patrick, car

aucun doute n'est permis, ce n'est pas avec mon côté sexy ou mon intelligence hors du commun que j'ai pu le séduire, donc il y a forcément un truc.
Patrick aime les femmes.
Surtout à la cuisine.
Bien que parfois, pour nous taquiner, il déclare : « Ah… les gonzesses… ! », mais nous savons que c'est pour rire. Luc et lui reconnaissent notre utilité. Si ! Si ! S'occuper de la maison, des enfants, faire les courses… Ce n'est pas rien tout ça.
Eux, travaillent.
Nous aussi d'ailleurs, mais ce n'est pas la même chose. Nous, on s'occupe.
C'est vrai que Maud, qui est l'assistante d'un grand patron français et passe douze heures d'affilée dans son entreprise, est bien prise. Quant à moi, c'est complètement différent, parce que je pourrais être une grosse fainéante qui reste à la maison, mais c'est pire, parce que je suis payée à ne rien faire.
Dieu merci, à mi-temps. Et pourquoi me donne-t-on de l'argent pour ne rien faire ?
Parce que je suis… fonctionnaire ! Ça y est, le mot est lâché.
C'est rude pour un chef d'entreprise d'avoir une femme qui vit aux crochets de l'État, je sais, je sais. Luc déclare à qui veut l'entendre qu'il est pour la peine de mort, mais uniquement pour les fonctionnaires, qui ne devraient d'ailleurs pas avoir le droit de se reproduire.
Mais qu'est-ce qu'ils croient ? Que nous passons notre temps à alterner pauses café et pauses cigarette ? Éh bien ils ont tort, parce qu'entre les deux, nous papotons.

Nous ne sommes pas crédibles à leurs yeux. Une assistante, même de très haute direction, n'en reste pas moins qu'une secrétaire, abusivement bien payée, dont le seul travail réel de la journée consiste à apporter un café chaud à son patron vénéré, entre deux limages d'ongles. Quant à moi, même pour un salaire de misère, mon activité n'en reste pas moins minable. C'est vrai quoi, salariée de l'État, ça n'a jamais été un métier !

Peut-être que si j'avais été notaire, médecin, architecte, j'aurais été étiquetée « femme prestigieuse »

– Ne rêve pas, conclut Luc : les femmes qui réussissent ne sont pas des femmes, ce sont des hommes.

Effectivement, vu sous cet angle...

Nous rejoignons nos compagnons de route au bar pour prendre chacun une tisane. Ça fait du bien, après tout cet alcool ingurgité. La conversation va bon train et nous échangeons les impressions de notre ultime journée de brousse. Demain, nous repartons sur Arusha prendre un vol pour Zanzibar. Tout le monde est heureux, l'ambiance est sereine. J'en profite pour allumer une cigarette. J'évite de croiser le regard furibond de mon compagnon, ma libido atteint le niveau zéro, je suis moche et en plus je fume ! Je sais, c'est un comble, mais à chacun ses faiblesses. Je regarde autour de moi, seules les femmes fument.

Changement des mœurs.

– Tsss ! Tsss ! Encore une cigarette...

J'ignore la réflexion et prends un air faussement terriblement intéressé par ce que me raconte mon voisin de gauche, offrant ainsi à Luc mon dos, large comme la baie de Rio et qui normalement devrait faire écran entre lui et l'objet du délit. C'est compter sans les volutes de fumée. J'ai beau exhaler vers le sol, à droite, à gauche, par-dessus l'épaule de mon voisin, retenir un maximum de temps ma respiration, pour expirer par petites saccades, il est clair que malgré tout, je n'arrive pas à le duper. J'en avalerais presque mon mégot ou le jetterais discrètement dans le café de mon voisin, pour n'avoir pas à l'écraser sous son nez. Enfin, on passe quand même une bonne soirée, on plaisante, on rit, on est heureux.

Marc, un de nos compagnons de route, nous raconte sa dernière nuit – en tout bien tout honneur – avec Virginie, sa jeune épouse. Nous l'écoutons dévotement.

– Incroyable ! En plein sommeil, tu riais aux éclats, lui dit-il, en la regardant amoureusement, tu semblais si heureuse !

Nous sommes tous immédiatement pris en brochette par cette fléchette lancée par Cupidon à nos amoureux, et bouleversés par leur bonheur encore tout tendre. Ils ont tout pour être heureux. Jeunes, beaux, intelligents, fraîchement diplômés d'une ENSI de Toulouse (tiens, ingénieur pour une femme, je l'ai oublié dans ma liste, c'est quelque chose ça, non ?). Et terriblement épris l'un de l'autre. Surtout lui, d'elle. C'est normal, une jolie et grande jeune femme, ça se mérite.

Luc prend la parole, toutes les têtes se tournent vers lui, dans un ralenti élégant.

– Toi, dit-il en me fixant, quand tu dors, tu fais de drôles de bruits. Silence gêné. Tout le monde observe ses ongles et le bout de ses chaussures avec beaucoup d'intérêt.

Je m'interroge. Que sous-entend-il ? Que je pète ? Je souris bêtement. C'est vrai, que c'est nettement moins romantique comme historiette.
Patrick clôt le débat en proposant un repli stratégique vers nos chambres. Merci, saint Patrick. Nous nous souhaitons bonne nuit et rentrons nous coucher.
Il fait nuit noire, nous sommes sous la moustiquaire, écrasés par la chaleur ambiante. Je n'ose pas bouger. Tout à coup, je sens un bras m'enlacer. Pas un mot. C'est, de toute façon, le maximum de démonstration affectueuse qu'il puisse faire. Mais c'est déjà énorme ! Youpiiii ! La guerre n'est peut-être pas gagnée, mais au moins une bataille.
Pas trop tôt !

Il faut dire, au risque de surprendre, que les vacances sont souvent propices à des règlements de compte. Pourquoi ? Parce que dans notre vie de tous les jours nous nous croisons.
Si je fais un petit calcul mental rapide, lever à cinq heures trente pour Luc, départ de la maison six heures trente. Considérant le fait, que je me lève à sept heures, même les plus nuls en maths constateront que nous n'avons aucune chance de nous disputer puisque nous ne nous voyons pas. Reste les petits mots :
Aller chercher mes affaires au pressing.
Plus de café.
Le chien a encore pissé au sous-sol.
Si ça continue, on le donne à ta mère.
Pauvre Maman ! Comme si elle avait besoin d'un chien incontinent. Donc, à ce stade, pas de fâcheries. On pourrait éventuellement prendre la mouche, en

se demandant s'il ne nous prend pas pour sa secrétaire, mais bon.
Retour à la maison vingt heures trente. Dîner dans la foulée. Échange de quelques mots. Lecture approfondie du *Monde*, de la première à la dernière page. Silence total. Coucher vers vingt-deux heures. Extinction des feux. Soit une cohabitation d'environ une heure trente à deux heures, s'il y a eu retour anticipé.
C'est peu, et en règle générale, cela se passe plutôt bien.
Mais en vacances, *exit* les deux heures. On passe à seize heures d'affilée – en gardant huit heures de sommeil, vacances ou pas. Passé l'euphorie du départ, il faut se rendre à l'évidence, nous sommes scotchés, pour le pire et le meilleur, neuf cent soixante minutes quotidiennes. Rude, quand nos vies sont si indépendantes en temps ordinaire.
Le comportement masculin a tendance à en être totalement bouleversé. Et chamboule du coup, le nôtre. Le rôle du mâle dominant prend le dessus. Ça commence généralement à l'aéroport.
L'homme scrute avec ses yeux de lynx le tableau d'affichage du vol. On peut éventuellement proposer de l'aide, qui se révèle très vite inutile, parce que lui sait lire, nous, pas forcément. Ensuite, marathon pour se rendre à l'enregistrement. On voudrait bien avoir d'aussi longues jambes pour courir vite, mais elles sont ridiculement courtes et, en plus, avec les bagages, ce n'est pas facile. Puis il nous confisque notre passeport, qu'il tend à l'hôtesse au sol avec notre billet. S'ensuit une petite tentative de récupération de notre part, mais notre identité ne nous

appartient déjà plus, puisqu'il fourre les deux passeports dans sa poche. Ça agace un peu de se faire déposséder ainsi, mais n'est-ce pas plus sûr ? Très vite, le lynx se transforme en capitaine de gendarmerie et aboie ses ordres : « Dépêche-toi ! », « Mais qu'est-ce que tu fais ? », « Ici ! Là ! Plus vite ! » On obéit sans rechigner à ce déferlement d'autorité, vaguement surprise…
Enfin, nous arrivons en terrain neutre. La zone de *free tax*. Un peu de repos. La tension tombe et lui, gentiment, nous entraîne dans une parfumerie, pour nous offrir un flacon géant de notre parfum préféré. Merci, mon Chéri… Quand soudain, on prend conscience avec effroi que c'est *LUI* qui a payé. Et pourquoi a-t-il payé ? Parce que c'est lui, le responsable de la banque ! Fébrilement, on tâte nos poches, pour réaliser, qu'on doit posséder, en tout et pour tout, deux malheureuses pièces. De toute façon, là où l'on va, elles ne nous seront d'aucune utilité.
On se retourne vers notre banquier, en le regardant droit dans les yeux : le mot dollar est inscrit dans chacune de ses pupilles. Merde. Ce qui sous-entend que chaque envie, chaque achat, devra porter le sceau de son accord. Re-merde… Nous sommes en train de sombrer en pleine dépendance. Plus de papiers, plus d'argent, plus de portable, plus de voiture. Il nous tient. On en est pas encore au stade de la séquestration, mais restons vigilantes.
L'essentiel n'est-il pas d'être avec la personne qui vous aime ?
Heu… si. Sauf qu'en vacances, moi, j'ai vraiment l'impression qu'elle m'aime moins.
Par exemple, je suis une dépensière invétérée. Enfin,

à ses yeux. Or, il est certain qu'être en train de lui réclamer à tout bout de champ de l'argent, c'est épuisant. Surtout pour moi. Dans ce cas, pourquoi ne pas prendre le problème différemment : moitié–moitié.
Rien de plus énervant que de devoir supplier pour des sommes ridicules, disons toutes les... vingt minutes. Et puis, tout ça ne fait pas très sérieux. Mince, nous sommes des adultes responsables. Même si les apparences sont contre nous, ou pour eux.
D'accord, il y a bien des petits dérapages, totalement indépendants de notre volonté. C'est vrai, nous le reconnaissons. Maud et moi avons été manipulées par des réceptionnistes d'hôtel peu scrupuleux. Nous souhaitions téléphoner aux enfants pour nous assurer que tout allait bien. Montre en main, une minute, soit dix dollars. Facturée trente par l'hôtel qui a une notion du temps étrangement accélérée.
Hystérie des hommes : sans prix.
– C'est de l'arnaque ! braille Luc. Tu as contesté, j'espère ?
– Bien sûr, dis-je, en mentant avec un aplomb qui m'étonne encore.
En fait, je n'ai même pas ouvert la bouche quand le réceptionniste m'a brandi la note sous le nez. J'ai juste fait *gglurps*, en priant tous les saints du ciel qu'on ne m'interroge pas sur le montant de la communication.
Unique question posée par Luc et Patrick, dès que je me suis attablée. Pas de chance.
Maud en aura encore moins que moi, elle en paiera quarante, et en avouera dix. Plus maligne, en tout cas.
De toute façon, ces histoires de téléphone devien-

nent obsessionnelles. Pour nous, qui sommes en manque de la voix de nos enfants. Et pour les hommes, qui ne le sont pas du tout. Chaque appel est une épreuve insurmontable. D'autant plus que, pour appeler, il nous faut le téléphone de Patrick, puisque nous sommes à Zanzibar maintenant et que la ligne de l'hôtel ne passe pas.

Nous tentons de négocier. Eux résistent.

– Mais c'est incompréhensible, brâmons-nous. C'est absurde, pourquoi nous en empêcher ?

– Pourquoi ? Mais parce que cela fait déjà trois fois que vous leur téléphonez. Ça suffit, non ? clament-ils en chœur.

– Mais pas du tout, c'est loin d'être suffisant.

– Nous sommes en vacances, rétorquent-ils.

– Nous aussi, répondons-nous. Toutefois, nous sommes leurs mères et nous avons besoin de savoir comment ils vont.

– Et nous, vos maris, et nous voulons que vous vous occupiez de nous.

Nous y voilà, ils sont bêtement jaloux. Équation toute simple. Si on s'occupe des enfants, on ne s'occupe pas d'eux. Impossible de démontrer l'absurdité de leur théorie, autant demander à un réfrigérateur de faire du point de croix. Maud et moi nous regardons, navrées. Puisqu'on ne peut pas utiliser le téléphone avec leur accord, on l'utilisera sans. Hors de question d'être frustrées en permanence.

Notre ultime soirée nous entraîne dans un petit restaurant de Zanzibar Nous commandons des crabes et des homards.

– Alors les filles, vous n'avez pas l'air très enthousiastes ?

– Mais si ! Et pour leur prouver notre bonne volonté, nous nous mettons à glousser comme des dindes. Notre dernière soirée restera mémorable de gaieté et de bonne humeur. Cela peut paraître ridicule, mais chacun est ému, parce que soudain nous réalisons la force de notre amitié, sans chichi, sans tricherie. Nous remplissons une dernière fois nos verres et jurons de nous retrouver dans ce même restaurant dans quatre ans. Pourquoi quatre ?
Et pourquoi pas !
Prosit !

– Tu n'oublies rien ? me demande Luc, les fesses en l'air, la tête sous le lit à la recherche d'un objet oublié.
– Pas que je sache. Ça fait deux heures que je fais les valises, j'ai vérifié un à un les cadeaux, affaires de toilette, vêtements, chaussures… Je...
– Et ça ! hurle-t-il, en brandissant mon carnet d'adresses en pur cuir porcin que j'avais laissé près du lit, sous la table de chevet. Flûte ! Encore la suprématie de l'homme sur la pauvre chose qu'est la femme.
– Tu es mon héros !
– Je sais ! Allez, c'est parti !
Nous prenons un taxi en direction de l'aéroport, la chaleur est insupportable. D'autant plus pénible qu'il nous a fallu enfiler des vêtements plus chauds et, le comble, des chaussettes pour ne pas avoir froid en arrivant en France.
Vol de retour : Arusha – Mombassa – Nairobi – Amsterdam – Paris.
Pas si terrible en apparence, mais en apparence seu-

lement. Nous montons dans l'avion, après un enregistrement de nos bagages très folklorique et volons vers Mombassa.
À ma droite, Luc ; à ma gauche, une jeune Africaine. Je la regarde, lui souris niaisement. Elle me rend mon sourire. Elle est habillée d'un magnifique boubou fushia qui met très en valeur sa carnation ébène. Une hôtesse locale et décontractée – elle a enlevé ses chaussures – nous sert un rafraîchissement. L'ambiance est étouffante.
J'examine, discrètement bien sûr, ma voisine. J'admire ses efforts de toilette, son joli collier, ses chaussures habillées. La pauvre, avec cette chaleur ! Peut-être fait-elle tout cela pour séduire son mari qui est devant ?
Elle se penche sans cesse vers lui, je les entends parler anglais. Par discrétion, je n'écoute pas leur conversation. De toute façon, mon anglais est relativement limité. Je m'interroge. Elle semble si gaie, peut-être est-ce la première fois qu'elle prend l'avion ? Cela doit bigrement lui faire de l'effet, de découvrir ce gros oiseau mécanique... peut-être en a-t-elle déjà vu passer au-dessus de son village... Elle me fixe gentiment. J'ai un peu honte de mes pensées. Aussi, pour lui montrer que je ne suis pas une Européenne prétentieuse et que je peux me mettre à la portée de n'importe qui, je lui demande dans un anglais approximatif si elle habite en Tanzanie. Elle me répond que « Non, en qualité de pharmacien, elle est venue à Zanzibar à un congrès d'apothicaires ».
Et pan !
Cette île magique cache des activités aussi pointues. Qui l'eût cru ? En plus, c'est affreux, je n'imaginais pas de pharmaciens en Afrique. Enfin pas comme ça.

Maintenant nous sommes à Nairobi – Kenya encore et toujours. Il va falloir prendre notre mal en patience, puisque nous avons six heures d'attente pour Amsterdam. Nous commençons à nous essouffler un peu. Nous cherchons fébrilement de quoi nous restaurer et moi une planque pour pouvoir fumer. Je fouille dans mon sac et sors mon paquet de cigarettes qui me paraît bien léger. Je l'ouvre et constate avec effroi qu'il ne m'en reste plus que deux ! Aïe ! Je tente un :
– S'il te plaît Luc, peux-tu me donner un peu de monnaie ?
– Pourquoi ?
– Comment ça, « Pourquoi » ? Mais parce que !
– Parce que quoi ?
– Mais c'est de l'inquisition. Parce que je n'ai plus de cigarette et que je veux m'en acheter !
– De l'argent pour les cigarettes, sûrement pas. Tu fumes trop. De toute façon, on n'en vend pas ici.
– Tu plaisantes, dans un aéroport, on ne vend pas de cigarettes ! Eh bien c'est ce que je vais voir.
– Attends, on va aller faire un tour avec Patrick, mais d'abord on va boire quelque chose.
Nous sommes avachis tous les quatre devant un grand verre de jus de fruit. Ça fait du bien. Je fulmine intérieurement. S'il ne me rapporte pas de cigarettes, je suis capable de lui arracher les yeux et de lui épiler les cheveux un par un. Je suis furax de dépendre de son bon vouloir comme ça.
Flute, l'époque des grand-mères soumises est révolue, terminée, *out* ! Je veux pouvoir fumer dix cigarettes en même temps si ça me chante. Dépenser mon argent comme j'en ai envie. Je veux rire aux éclats, avec mes

grandes dents toutes jaunes et ma glotte qui s'agite comme une folle. Je ne veux plus demander la permission à quiconque. Ni rendre de compte. Je veux être libre, libre, libre, LIBRE !
Sur ce, ils se lèvent, nous laissent en plan, avec cependant moult recommandations pour les bagages. On les regarde partir, hébétées. Maud lit son bouquin et moi un journal que j'ai ramassé par terre. Pas terrible, mais je ne vais pas faire la difficile. Le temps passe, et tout à coup Maud plonge dans le sac de voyage de son mari et me lance un triomphal :
– Je l'ai ! puis me brandit le portable sous le nez. Pas de panique, alors je l'allume. OK ! le code, toi regarde s'ils n'arrivent pas, non mais alors, on va pas se laisser faire. On appelle les enfants, ni vu ni connu. Merde, le code n'est pas bon, je réessaie…
– Attention, les voilà ! dis-je
Maud jette l'engin dans le sac, le referme d'un coup sec et nous nous replongeons dans nos lectures respectives. Nous prenons un air placide en les voyant arriver. Moi, j'ai tout de suite repéré le sac en plastique, contenant *LA* cartouche de cigarettes !
– Tiens, dit-il en me tendant le paquet, mais tu les fumeras demain.
Comment ça « demain » ? Et pourquoi pas dans un an ? C'est comme de dire à une femme enceinte, qu'elle aura une péridurale après son accouchement. Je le regarde ahurie. Quelles drôles d'idées ont les hommes parfois. Bon, je ne lui en veux pas, et puis je fais ce que je veux.
L'attente devient interminable, nous sommes fatigués. J'effectue au moins dix fois le tour de l'aéroport pour m'en griller une petite. Je n'ai même plus envie de fumer.

Puis le moment tant attendu arrive : nous montons dans l'avion. Quelques minutes après le décollage, on nous sert le dîner. Après m'être bien calée dans mon siège je m'endors du sommeil du juste, pour me réveiller à Paris.
Enfin !
Il fait triste et froid, mais je suis heureuse, tellement heureuse de retrouver mon pays ! Un taxi nous ramène à la maison, avec seulement une partie de nos bagages, les autres se sont égarés dans la nature. Nous avons l'assurance qu'ils nous seront livrés l'après-midi même.
Parole tenue.
Comme il est toujours difficile de se quitter après avoir passé un long moment ensemble, nous proposons à Maud et Patrick de passer à la maison manger un gâteau et regarder le film des vacances. Manger le gâteau ne me pose aucun problème, revoir le film, si. Mais je ne dis rien, je suis tout à ma joie de rentrer.
Seule ombre au tableau, les enfants ne sont pas là. Ils sont partis pour une semaine au ski avec Sandrine. Nous poussons la porte, notre petit chien blanc nous saute au cou. Quel bonheur ! Même si cela paraît imbécile, j'éprouve une joie sans limite à le revoir. Luc est plus mitigé, ses rapports affectifs avec le chien étant extrêmement restreints.
J'embrasse chaleureusement Papy et Mamie qui viennent à notre rencontre. Nous leur racontons notre voyage. Ils nous écoutent en prenant l'air intéressé. Je suis comblée de les revoir, j'ai tant d'affection pour eux. À leur tour de nous parler de ces dix journées avec les enfants.

– Ça s'est très bien passé, m'annonce calmement Mamie. Ils ont été extrêmement gentils.
– Pas de bagarres ?
– Non… sauf bien sûr, à chaque fois que vous appeliez, c'était à celui qui répondrait. Ça, on peut dire qu'ils étaient vraiment en attente de vos coups de fil.
Je me tourne vers Luc qui fait celui qui n'a pas entendu.
Je le savais bien, moi, qu'il était indispensable de leur donner de nos nouvelles.
Il fait froid dans la maison. Il faut dire que nous sommes en plein choc thermique, de trente-cinq degrés nous sommes passés à neuf, de plus, il pleut. Mais ce n'est pas grave, je jette un coup d'œil autour de moi, tout est si joli. Cette maison, j'en ai rêvé pendant longtemps. Non pas de la maison en elle-même, mais de ce qu'elle représente. Un médecin a dit un jour à une de mes amies que les femmes considéraient leur maison comme leur nid, et qu'après, elles ne demandaient qu'à pondre dedans. Moi, je n'ai pas pondu dedans, mais c'est indéniablement mon nid. D'ailleurs, je devrais coller sur les murs du duvet de canard pour la rendre encore plus douillette.
Maud et Patrick arrivent. Après une séparation de quelques heures, nous sommes fous de joie de nous retrouver. Nous nous installons confortablement devant la télé, pour regarder nos exploits, tout en dégustant une délicieuse tarte aux pommes. Je commene à connaître le film par cœur, et m'éclipse à chaque passage douloureux. C'est-à-dire ceux où l'on me voit de dos, de profil, de trois quarts ou pire… en

gros plan, suant comme une bête aussi appétissante qu'un sumo. À chaque fois, je trouve un prétexte pour échapper à ces visions d'horreur : les serviettes oubliées, chauffer de l'eau pour le café, les petites cuillères en nombre insuffisant…

Mais je sens que je commence à lasser mon entourage avec ces allées et venues incessantes. Je décide donc de ne plus bouger et m'oblige à fixer l'écran, en demandant à Luc d'accélérer, quand cela m'est par trop insupportable. Ce qu'il ne fait d'ailleurs pas. Et tout à coup, j'ai une illumination lorsque Luc, au lieu d'accélérer, fait un arrêt sur image de notre groupe à l'aéroport. C'est *LA* révélation. Je suis, et de loin, la plus grosse du groupe !

– Et voilà ! déclare Luc, fin du voyage.

J'écoute distraitement et regrette déjà de m'être empiffrée de tarte aux pommes. Car ma décision est prise. Il y a urgence. Je vais me mettre au régime. D'ailleurs, rien que d'y penser, je me sens déjà plus légère. Maintenant, pour savoir quand je vais réellement commencer, cela demande un peu de réflexion. Nous nous bisons chaleureusement, nos amis repartent et nous retrouvons Papy et Mamie avec qui nous allons passer notre ultime soirée.

En fait, quand je dis Papy et Mamie, j'oublie un élément important de la cellule familiale à l'instant présent… le chien. Non pas qu'il soit extrêmement envahissant dans la journée, pas du tout, d'ailleurs il dort tout le temps. Je me demande même parfois s'il ne serait pas issu d'un croisement contre nature chien-chat, pour roupiller autant toute la journée. C'est plutôt la nuit qu'il aurait tendance à nous créer quelques problèmes.

Pourtant, ce petit chien a été ardemment désiré. Notre fille aînée, du haut de ses huit ans, réclamait déjà un compagnon à quatre pattes.
– Pas tant que nous sommes en appartement lui répondait son père. Nous verrons ça quand nous aurons une maison.
Deux ans plus tard, nous faisons l'acquisition de notre maison et Alice revient à la charge.
– Dis papa, maintenant que nous avons la maison, nous pouvons avoir un chien ?
– Non, réplique-t-il. Car ce n'est pas une vraie maison, elle est mitoyenne.
Notre fille reste totalement hermétique à ce problème de mitoyenneté. Il faut dire que l'argument en est chavirant d'absurdité. Commence alors un long processus de persuasion. Paroles affectueuses, mots tendres, écrits déchirants, supplications.
J'interviens, suivant les bons conseils d'une amie qui me dit qu'un petit chien n'a rien d'encombrant. Nouvelles bases de discussion, *exit* le Labrador affectueux, mais peut-être un peu trop présent, surtout s'il fait des trous dans le jardin. J'arrive à convaincre les enfants en leur disant que peu importe le modèle, pourvu qu'il ait quatre pattes et qu'il aboie.
Nous trouvons un terrain d'entente et achetons *Trente Millions d'amis* que nous compulsons fébrilement. Finalement, par un beau dimanche de janvier, nous partons en direction d'un chenil. L'excitation est à son comble.
Nous y voilà.
Leur père, très calme, annonce la couleur :
– Bon, les enfants aujourd'hui nous allons voir les Coton de Tuléar, la semaine prochaine nous irons

voir des Bichons, ensuite...
– D'accord, d'accord, papa !
Et avant même qu'il ait eu le temps de finir sa phrase, toute la troupe s'est précipité dans la ferme. Quel bonheur de voir ces chiots courir en tout sens ! Nous sommes allongés par terre, subissant les assauts de ces toutes petites terreurs qui nous mordillent à qui mieux mieux.
– Vous savez, les enfants, ils sont encore trop jeunes, se risque Luc, pour gagner du temps. Nous reviendrons dans deux mois, car pour l'instant ils ne peuvent pas quitter leur maman...
– Bien sûr que si ! rétorque la responsable du chenil, qui sent la vente lui échapper. Vous pouvez repartir avec dès aujourd'hui !
Aïe ! le piège se referme.Le coup de grâce est néanmoins donné par notre petit dernier, qui d'un ton suppliant, demande à son père :
– Alors, on peut en prendre chacun un ?
– Non ! hurle-t-il, vous en choisissez un et on s'en va !
– Ouuaais ! Victoire !
Notre avons jeté notre dévolu sur un petit mâle qui paraît bien vif, tant il est joueur. Les recommandations faites et le chèque signé à contrecœur par Luc, nous repartons avec notre petit amour de chien. Nous sommes tous tétanisés dans la voiture. Notre petite boule de poils tremble de tous ses membres. Tout le monde est ému.
Le chien élit domicile dans la chambre d'Alice, puis, par un beau matin, part explorer le reste de la maison. N'ayant aucune idée de la façon d'élever un chien, nous nous en remettons à son bon vouloir. Il ne veut plus dormir dans la chambre de notre fille,

qu'à cela ne tienne, il dormira dans la cuisine.
Ah… Il ne veut plus dormir dans la cuisine, et bien il dormira dans la salle à manger. C'est ce que l'on peut appeler de la parfaite anti-éducation. Il ne vit pas chez nous, c'est nous qui vivons chez lui. Je sais, c'est anéantissant, mais vrai.
Malheureusement, la situation se dégrade très vite. Bien sûr, il veut rester en bas, mais chaque matin, nous avons droit à un pipi jaune citron à chaque coin de canapé. Je m'empresse de le nettoyer, mais c'est tout de même parfaitement dégoûtant, surtout que les années ont passé et qu'il a largement l'âge de raison.
Je le gronde, l'admoneste, lui parle comme à un enfant un peu demeuré :
– Vilain ! Pas beau ! Cochon ! Visiblement, il s'en fout, car il recommence le lendemain.
Mais le jour suivant, c'est Luc qui découvre la catastrophe, et là, pas de dialogues bêtifiants, mais un tonitruant : « Salaud ! »
Suivi d'une expulsion musclée, en direction du jardin. J'ai mal pour le chien. Mal pour les canapés. Mal pour Luc, qui est fou de rage d'avoir dépensé cinq mille francs pour cette vessie ambulante. Il faut faire quelque chose, sinon on court à la catastrophe.
J'appelle désespérée la propriétaire du chenil.
– Un bon dressage, suggère-t-elle. Quel âge a-t-il ? Six ans déjà ! Alors c'est trop tard.
D'autant plus que le dressage, on a déjà essayé. À raison de deux mille francs les vingt séances. Je n'ai pas eu le courage d'aller jusqu'au bout, parce que de toute façon, le seul, l'unique, qui luttait de toutes ses forces pour ne pas obéir, c'était lui. Le réfractaire, la tête brûlée. Même le responsable baissait les bras :

– Vous savez, ces petits chiens sont caractériels, et puis maintenant, il est trop vieux…
Comment ça, trop vieux ? Il aurait peut-être pu nous prévenir avant d'empocher le chèque.
J'insiste auprès de la propriétaire du chenil :
– Que puis-je faire ?
– À mon avis, votre chien ne veut pas rester seul la nuit, en fait, il doit s'ennuyer. Peut-il dormir dans une chambre avec l'un de vos enfants ? Si c'est possible, vous verrez qu'il se tiendra tranquille.
Je ne sais pas pourquoi, mais j'en ai la conviction. Reste à convaincre le papa des gamins.
– C'est ça… c'est ça, dit-il en grimaçant, et puis quoi encore ? Pourquoi pas dans notre lit tant qu'on y est ? Ce clébard reste en bas et s'il continue à pisser, il dormira dehors.
– On peut faire un essai, dis-je.
– Eh bien, puisque c'est lui le maître, ici, il n'a qu'à investir le haut, je ne vois même pas pourquoi on me demande mon avis !
Je suis contrariée de le contrarier, mais il faut se rendre à l'évidence, on doit trouver une solution.
Finalement, tout s'est très bien passé. Il a pris ses habitudes avec les enfants et même une fois avec nous. Mais c'était tout à fait indépendant de notre volonté. Surtout de celle de Luc.
Par un beau soir de je ne sais plus quel mois, notre fille entre dans notre chambre suivie de la boule blanche. Effusions, embrassades, puis elle repart se coucher. Quand, en pleine nuit, Luc me réveille, pour me rugir dans l'oreille, alors que je dormais béatement la bouche ouverte :
– IL EST LÀ !

– Qui ?
– Le chien ! Il est sous notre lit et en plus il ronfle. Éjecte-le ! m'ordonne-t-il.
Non mais quelle patience il faut avoir…
– Sors de là, dis-je.
Finalement, j'arrive à saisir une de ses pattes et le traîne hors de notre chambre, jusqu'à celle de notre fille, sans espérer la moindre coopération de sa part. Je referme la porte et me rendors.
Ses habitudes sont prises. En fait, il n'a pas une chambre à sa disposition, mais trois, où il dort en fonction de l'humeur des enfants.Le chien en perd un peu la boule, mais en règle générale tout finit par s'arranger et nous vivons dans le plus grand calme, sans miction surprise pour nous gâcher la journée. Donc parfaite réussite.
Mais voilà, après dîner, je fais un tour de table et ce soir il y a :
Papy,
Mamie,
Et nous deux.
Pas d'enfant. Où va dormir le chien ? L'angoisse m'étreint déjà. Les grands-parents me proposent de le garder avec eux, comme ils l'ont fait la veille, depuis le départ des enfants. Parfait ! Mais demain ?
Je suggère à Luc qu'il reste avec nous :
– Pas question !
Et me rabats sur Maman pour lui demander de le prendre en pension. Pas enchantée, mais elle accepte tout de même.

Enfin, je retourne à ma vraie vie. Délices des délices ! Je suis incroyablement heureuse de revoir mes col-

lègues qui prennent un air étonné en me voyant arriver.
– Toujours vivante ?
– Mmm… Je me plonge dans mon courrier, en faisant des efforts terribles pour paraître intéressée.
– Allez, raconte !
Il ne m'en fallait pas plus. Les vannes sont ouvertes et c'est en détail que je leur parle de notre fabuleux voyage. Ça tombe bien, notre chef de service a eu la bonne idée de s'absenter pour la matinée. Elles sont toutes autour de moi, assises sur les bureaux, balançant les jambes à un rythme régulier. On s'esclaffe, on rigole. Et je crie :
– Pause ! Les filles, je vous ai apporté des croissants et des pains au chocolat. Thé et café à volonté. La maison ne recule devant aucun sacrifice !
Nous voilà en train de préparer notre dînette. Elles sont contentes, moi aussi. Je les observe séparément. De les voir se réjouir pour moi me rend perplexe. Je leur parle de contrées lointaines, alors qu'elles ne dépasseront jamais les frontières de l'Italie ou du Portugal. Cela me rend honteuse. Je voudrais pouvoir leur offrir plus que des viennoiseries, les faire rêver autrement que par procuration. Je me trouve soudain incongrue et déplacée, alors, par décence, j'essaie de clore ces bavardages. Mais elles ne l'entendent pas de cette oreille
– Continue ! disent-elles en chœur.
J'en rajoute un peu, mais pas trop. Elles ont eu leur dose de rêve, de café et de gâteaux. Je les trouve formidables de gentillesse et de naturel. Tout ça nous mène tout de même à onze heures. Il me reste une petite heure pour me mettre au travail. Tout d'abord

le coup de fil quotidien à Maman.
– Maman, c'est moi !
– Bonjour mon chocolat Cémoi (pour les non avertis, il s'agit d'une marque de chocolat). Quel bonheur que tu sois rentrée, la vie n'est pas gaie quand tu t'absentes. Les journées sont interminables, mes douleurs me reprennent...
– À part ça ?
– Comment ça « À part ça ? » Tu trouves que ce n'est pas suffisant ?
– Si ! Bien sûr, mais je veux dire rien de neuf ?
– Chérie, on ne peut pas dire que le fait de vivre à Levallois-Perret - 92, soit source d'aventures. Seule découverte intéressante, le boucher qui vient de s'installer est homosexuel, j'en ai la confirmation. J'évite de lui demander comment.
– Mais, et toi, ce voyage ? Quand viens-tu déjeuner à la maison ? Ça fait une éternité que tu n'es pas venue. Allez, raconte un peu...
Je ne sais bizarrement pas par où commencer. Il faut dire que mon premier exposé de ce matin m'a un peu laissée sur les rotules et puis, curieusement, la seule chose dont j'ai envie de lui parler c'est...
– Maman, tu sais, un soir Luc était de mauvais poil. Quand j'ai cherché à savoir pourquoi, la seule chose qu'il a été capable de me dire, c'est qu'à son avis je me lave mal la raie des fesses, c'est bizarre non ?
– La quoi ? Ah ! Ah ! Ah !
– Ce n'est pas risible !
– Tu veux dire que c'est hilarant. Et puis, si ça le gêne autant, pourquoi est-ce qu'il y fourre toujours son nez alors ?
– Maman...

– Écoute Chérie, c'est ce que l'on appelle être à court d'arguments. Il n'est pas content, en fait, il n'a pas grand chose à te reprocher…
– Tu crois ?
– Mais bien sûr, alors il dit n'importe quoi, ce qui lui passe par la tête.
– Il aurait pu trouver autre chose, c'est vexant quand même…
– Mais Chérie, tu sais bien que les hommes sont bêtes. Surtout avec les femmes. Et encore plus quand ils sont en colère. Et puis d'abord, pourquoi était-il en colère ? Qu'est-ce que tu lui as fait ?
– Pas fait. J'étais crevée, moi.
– Maintenant, si tu y mets de la mauvaise volonté, là, tu joues avec le feu. Je te l'ai déjà dit, un homme est divisé en deux : estomac et bas-ventre. Question cuisine, tu es nulle, si tu fais l'impasse sur le reste, tu vas te retrouver mère célibataire, avant d'avoir eu le temps de dire ouf. La raie des fesses, elle est bien bonne quand même ! Ah ! Ah ! Ah !
– Bon, Maman, je te laisse, il faut que je travaille… Tiens, tout à l'heure en m'empiffrant, j'ai complètement oublié mon régime. Quant à Maman, on ne peut pas dire qu'elle m'ait remonté le moral, mais le sien visiblement va beaucoup mieux.

Il y a des jours comme ça, un peu magiques. On le ressent dès qu'on ouvre un œil. Ce matin, notre fille aînée nous annonce qu'elle est amoureuse.
– Mais c'est formidable, ma Chérie ! Comment s'appelle-t-il ? (toujours préférable de connaître le prénom, c'est mieux que de l'appeler machin ou truc).
– Arnaud.

– Bien… et ensuite…
– C'était mon moniteur de colo, il m'a écrit, il est beau, il a vingt-deux ans et…
– Vingt-deux ans ! Mais tu n'en as que seize !
– Justement, c'est pour ça que nous n'avons pas pu sortir ensemble pendant les vacances, c'est interdit. Les moniteurs ne doivent pas fréquenter les colons (ouf !).
– Tu lui as répondu ?
– Bien sûr, il propose que l'on se voie à Paris… demain.
– Pourquoi a-t-il attendu aussi longtemps pour te contacter ? Les vacances d'été sont loin, tout de même.
– Je ne sais pas, mais c'est formidable, non ?
– … si.
Et voilà l'un des grands amours de ma vie prête à vivre sa première passion. Tellement heureuse, tellement ravissante, tellement fraîche et candide.
Je l'emmène et vais la rechercher au RER. Toute la famille vit, minute par minute, la romance du siècle. C'est avec fébrilité que nous décrochons le téléphone pour savoir si, oui ou non, ils se retrouvent. Bien sûr, je tique un peu.
– Il a quelque chose contre la banlieue, ton Arnaud ?
– Non ! Non ! Il m'a dit que la prochaine fois c'est lui qui se déplacerait.
Le plus étonnant dans toute cette histoire, c'est que nous sommes extrêmement déçus – surtout moi – quand elle rentre pour nous annoncer que, finalement, ils se sont promenés tout l'après-midi, ou qu'ils ont fait des maths ensemble. Enfin, rien de torride. Je me hasarde à lui demander s'il aime vraiment les filles.

– T'inquiète ! ai-je eu comme réponse.
Les semaines s'écoulent, quand par une belle fin de journée, elle revient, rayonnante, les doigts formant le V de la victoire en clamant : « Ça y est ! »
– Champagne pour tout le monde, ai-je envie de crier. Finalement je me suis calmée, comme doit savoir le faire toute mère raisonnable et responsable, et j'ai juste commenté :
– On passe à table.
Un flirt, une amourette, main dans la main, pour d'interminables promenades le long des quais à Paris. Pas du tout. Ce salaud lui a fait le coup de la couette et fissa.
Alors là, j'ai vraiment eu envie de crier pour de bon. Sur le moment, je n'ai rien pu dire et pour cause, je ne savais rien. C'est par le biais d'une amie que j'ai tout appris. Le début de la fin.
– Alice va mieux ? me demande Corinne.
– Elle semble aller mieux, dis-je, mais c'est vrai que cette rupture, aussi rapide qu'inattendue avec Arnaud, l'a vraiment secouée.
– Surtout après ce qui s'est passé entre eux...
– Comment ça, ce qui s'est passé ?
– Ah, tu n'étais pas au courant, ils se sont... comment dire, aimés quoi... vraiment aimés. Je l'ai appris par Camille (sa fille).
– Noonnn... meerrrdee...
– Écoute, je suis désolée, je croyais qu'elle t'en avait parlé.
– Quel salaud ! Non mais quel salaud ! Moi qui pensais à un moment qu'il était homosexuel.
J'étais atterrée, consternée. Non pas que cet empaffé lui ait fait connaître les choses de la vie, mais qu'il ait

eu l'indécence, la monstruosité de la mettre au rebut une fois sa braguette reboutonnée. Affaire classée, suivante !

Ma pauvre Chérie, mon amour de grande fille, ma beauté blessée. J'étais anéantie pour elle et sa douleur muette me rendait folle de rage et d'impuissance.

– Ce ne sont pas nos affaires, grogne Luc.

– Mais si, c'est notre fille tout de même. Je vais lui couper les couilles à ce crétin.

– Ah ? Oui. Et tu sais où il habite, au moins ?

– Paris !

– Vaste, non ?

Si. Vaste. Vaste, comme mon inconscience de la lui avoir apportée sur un plateau d'argent, vaste comme la mer de chagrin qui la submerge et que je n'arrive pas à éponger, vaste comme la fureur qui m'empare et que je voudrais retourner contre ce traître qui l'a malmenée. Je me sens stupide et trahie par ce jeune profiteur à qui j'ai confié la prunelle de mes yeux. J'éprouve une animosité féroce envers cet inconnu qui me l'a rendue malade d'amour, alors que je la lui avais confiée en pleine santé.

Mince, comment ai-je pu être aussi naïve ? Je me torture, me fustige mais ne trouve pas de solution. Je ne veux pas voir souffrir ma fille qui ne comprend rien. Je vis au centuple son tourment, j'en suis malade moi aussi et désespérément impuissante. Que puis-je faire, à part essayer de la consoler ? Mes gestes sont maladroits, mes paroles creuses. D'autant plus qu'elle ne m'a pas confié la nature réelle de leur relation. C'est son jardin secret et je n'ai pas l'intention de lui faire déballer sa vie intime, même dans l'enceinte restreinte de notre cuisine.

Ces ombres sous ses beaux yeux légèrement bridés sont la preuve de nuits agitées. Ma chérie n'est plus qu'une épave, ballottée par des marées de tristesse, d'amertume et d'incompréhension.
Lorsque nous nous sommes tous retrouvés après les vacances, ce fut une fusion d'amour extraordinaire. On pouvait presque palper ce sentiment fort et si doux qui émanait de nous cinq – six avec le chien. Instants miraculeux, éblouissants, merveilleux, qui donnent à la vie son vrai sens, le but essentiel vers lequel tout être tend : le bonheur.
Nous le touchions du doigt, un long doigt magique et fragile, comme celui du petit extraterrestre *ET* dans le film de Spielberg. Un bonheur total qui doit, hélas !, sa force cosmique à sa précarité.
Je veux que mes enfants soient heureux. Je veux être heureuse avec eux. Je veux tout pour eux. Je les aime passionnément, niaisement, abusivement, follement. Et voilà mon aînée qui, maintenant, trouve la vie sans saveur, parce qu'un garçon trop pressé lui en a enlevé le goût.
Seize années d'apprentissage de la vie, avec toutes ses joies et une seule devise : fuir les surdoués de la morosité. Aimer la vie. Mais celle-ci ne se résume plus à une maman un peu fofolle et un papa autoritaire – mais juste – et tellement aimant. Il y a les autres, tous les autres, qui nous cassent la baraque, les spécialistes des rapports conflictuels et désarmants. Si l'affect est touché, il n'en est pas ébranlé irrémédiablement. Si le cœur saigne parfois, il n'en est pas pour autant sauvagement arraché de la cage thoracique.
Mais un amour malheureux réussit ce pervers tour

de force de supprimer à la fois toute envie de vivre et toute confiance en soi.
Je m'inquiète et déraisonne. Je la surveille du coin de l'œil. Elle ne mange plus ou presque rien, et je vois l'ombre malfaisante de l'anorexie planer au-dessus d'elle.
Elle ne mange plus, mais je sais par des amis qu'elle boit du coca. Avec du whisky. Je devrais dire, du whisky avec un soupçon de coca. Ça va mal. Elle part au lycée en traînant les pieds, les profs sont des abrutis et elle n'aime plus ses amis. Quant à ses notes, elles sont en chute libre et l'atterrissage est explosif. Quel gâchis.
Je décide de mener ma propre enquête auprès des compagnons témoins de son infortune.
Il faut du temps, me disent-ils gentiment pour me remonter le moral. Je décide de passer à l'action. Je dois lui parler. C'est décidé, je vais trouver les mots justes.
À ce moment précis, son parrain m'appelle pour m'avertir qu'elle est au plus bas, qu'il vient d'avoir une longue conversation avec elle, qu'il est de notre devoir en tant que parent de réagir. Aïe… aïe… aïe… et en plus j'ai l'impression d'être une mauvaise mère.
Finalement, je n'ai pas trouvé les mots justes. J'ai voulu paraître à la hauteur. Moi ta mère et patati et patata… j'ai vécu… gnia… gnia…gnia… Même ton père, ce macho invétéré, a souffert mille morts à cause d'un pot à tabac qui devait faire un mètre vingt au garrot. Tout le monde, Chérie, a connu, connaît ou connaîtra ce type de souffrance. Je sais qu'il n'y a rien de plus cruel.
Elle m'a courtoisement écoutée, sans ciller, prête à se

retirer, une fois ma diarrhée verbale achevée. Au moment de partir, j'ai eu comme une sorte d'illumination :

– Tu dois être forte, car la vie n'est pas toujours facile – je n'ai pas osé le coup du long fleuve tranquille. Les coups que tu encaisses actuellement te permettront d'affronter d'autres épreuves, de forger ta personnalité, de t'aguerrir et de faire face à d'autres difficultés – guère réjouissant comme programme. Tu n'es en rien responsable de ce qui est arrivé (je pense que cela a été bénéfique, car on se sent toujours coupable et responsable, quand plus rien ne va).

– D'accord, oui, peut-être, mais c'est tout de même dommage… me répond-elle.

Oui, Chérie, ai-je envie de lui dire, c'est tellement dommage d'aimer follement, sans l'être en retour. Tellement dommage d'être persuadée que l'on a rencontré l'âme sœur, le mari idéal, le père de ses futurs enfants, mais d'en être la seule convaincue. Aimer, aimer follement à sens unique.

– Aimée, tu l'as été, et là, la panique investit mon esprit, déjà fortement perturbé. Est-ce-que cet *alien* a pensé à les… protéger, elle et lui ?

Comment le lui demander ?

– En lui posant la question, me dit Luc qui a réponse à tout.

Je n'y aurais pas pensé toute seule, gros malin. N'empêche que c'est délicat, mais je dois savoir, il y va de ma santé mentale et de la sienne tout court.

Bon, elle sait très bien ce qu'est un préservatif, inutile de jouer les mijaurées, mais lui en parler ouvertement, mince c'est délicat. Je vais étudier la question,

trouver le moment opportun, le plus approprié…
C'est elle qui m'en a parlé la première… ooouuuuffff !
Soulagée.
Qu'elle ait abordé le sujet et pas moi – quelle lavette !
Qu'elle m'ait dit le plus naturellement du monde : « Que bien sûr, on n'est pas inconscient Maman, on s'est protégés »
Merci, merci ma Chérie, de rassurer ta pauvre mère ébranlée.
Je suis épuisée par toute cette histoire. Finalement, je réalise que je ne suis à la hauteur en rien. La force tranquille, c'est pour les autres. J'admire, oui, je le clame haut et fort, ces femmes qui font preuve en toute circonstance d'un sang-froid et d'une maîtrise exemplaires. Pour ma part, je serais plutôt du genre émotive exacerbée.
Je hurle à la mort quand j'entends Bambi au cinéma appeler sa maman, déjà froide.
Ris aux éclats quand quelqu'un tombe. Je sais, c'est bête. Même affligeant et pas du tout charitable, mais je ne peux pas m'en empêcher.
Sanglotte à la vue d'une scène triste dans un film. D'ailleurs, je devrais éviter de pleurer, parce que je suis d'une laideur insoutenable. Il y a des gens qui sont beaux quand ils sont émus. Moi, on dirait un veau. J'ai le nez qui triple de volume, la morve qui coule à flots et les yeux rougis et gonflés à un point tel qu'on dirait des prothèses.
Suis béate d'admiration quand Fantine, dans les *Misérables*, est prête à se faire arracher dix dents d'un coup pour envoyer des sous à sa fille Cosette. Et sans anesthésie en plus…
Tétanisée de peur, à la vue d'une araignée.

En larmes si je trouve un oisillon sans vie tombé du nid et que j'entends ses parents piailler de douleur. Une vraie fontaine quand les enfants petits me récitaient leurs poèmes de fête des Mères : À *ma Maman que j'aime tant...* ou entonnaient à tue-tête *Voooiiiciii des rooooses blaaancchees pouuur ma jooolie Mamaaannnnn...*
Bref, il y a sûrement plus équilibrée.
Et j'en connais des tas.
Je continue pendant des jours à me faire du souci, puis, un soir, alors que je fais trempette dans mon bain, elle m'annonce qu'elle doit absolument acheter un cadeau pour un ami. Nous partons le lendemain en reconnaissance. J'arrive à en savoir un peu plus. J'apprends que c'est pour son nouveau petit copain.
Ah ! Mais quel soulagement ! Quel bonheur ! Je dépense sans compter et investis dans le plus cher des sweats actuellement sur le marché. Après tout, si ce jeune homme lui redonne goût à la vie, je ne suis pas à quelques dizaines d'euros près ! Le cadeau est offert... et la rupture consommée. Non, mais, ce n'est pas vrai ! Je m'inquiète, elle me rassure.
– C'est moi qui ai rompu, c'est un gland, il n'a aucun esprit d'initiative.
Flûte, et mes sous alors ? Je me hasarde à lui demander :
– Mais pourquoi ce cadeau ?
– Pour qu'il m'en fasse un.
Logique implacable. Mais si je compare ce qu'elle a reçu et ce qu'elle lui a offert, je me suis fait avoir. Tant pis. Toutefois, je m'inquiète pour ce jeune qui semblait tellement épris d'elle.
– Oui, il a beaucoup de chagrin, dit-elle, pour me

remuer le couteau dans la plaie. Il est même en phase de dépression.
Mon Dieu !
– Et c'est tant mieux, ajoute-t-elle, sans l'ombre d'une émotion, il n'a qu'à souffrir, j'ai bien souffert, moi.
– Mais il n'y est pour rien, dis-je accablée face à tant d'injustice.
– Il trinque pour l'autre, pas de chance pour lui, répond-elle froidement.
Je la regarde avec effroi, son cœur serait-il devenu aussi sec qu'une piscine désaffectée ?
– Tu ne peux pas agir ainsi Chérie, c'est affreux. Tu n'as pas le droit de jouer avec les sentiments d'autrui.
– Et moi ? On a bien joué avec moi non ? hurle-t-elle avant de claquer la porte.
Et c'est reparti, je m'inquiète à nouveau pour elle et, comme si cela ne suffisait pas, aussi pour son ex-ex. Je ne m'en sortirai jamais. Je sais qu'il va mal, je pense à ses parents qui doivent avoir une bien piètre opinion de notre fille. C'est cornélien.
– Occupe-toi de tes affaires, me suggère Luc.
Cela me met en rage, mais je sais qu'il a raison. À ce rythme, c'est mon propre cœur qui va lâcher.
– Il faut qu'ils se débrouillent seuls, me confirme Maud, à qui je me confie. Nous n'avions personne à qui parler de tout ça, nous.
– Non bien sûr, mais est-ce que c'était mieux ?
– On n'en est pas mort, ajoute-t-elle convaincue. J'observe ma tasse de thé comme une boule de cristal qui pourrait m'apporter une réponse. Je n'y trouve rien, hormis quelques miettes de biscuits qui flottent à la surface. Ce n'est pas avec ça que je vais trouver une solution. Pour la peine, je me rabats sur le dernier

gâteau qui me nargue depuis tout à l'heure. Je sais, c'est archi-déraisonnable, mais tellement bon. Je contemple Maud, toujours aussi mince et séduisante depuis notre voyage en Tanzanie. J'ai l'air d'un gros tas.
Mon régime !
Quel régime ?
Pas celui que je fais, puisque je n'en fais aucun. Peut-être celui auquel je pense, les jours de grand découragement, quand je monte sur la balance et que le chiffre qui s'affiche me fait froid dans le dos. Je plante Maud sur ces pensées sinistres. Tout est confus. L'amour, les régimes, j'en ai plein le dos.
– Qu'est-ce que tu lis ? me demande Luc le regard lubrique. Un coup d'œil au réveil, m'indique qu'il est vingt-deux heures trente et que j'ai déjà dépassé, d'au moins une bonne demi-heure, ma période d'endormissement.
– *Tintin au Congo*... passionnant, mais ardu. Bonne nuit mon Chéri.
– Halte-là ! déclare-t-il, en m'attrapant le bras, ce soir j'attaque la face Nord.
Charmant.
– Tu trouves que c'est drôle ?
– Oui, pas toi ?
– Non. Tu pourrais me respecter un peu plus, je ne suis pas une vache, encore moins une montagne.
– Tu en prends les proportions.
– Non...
– Si, et je me sens d'humeur à escalader.
Moi qui ai horreur de la montagne, le froid, la neige, le vertige, le ski – d'ailleurs je ne sais pas skier –, le silence et tout le reste, la comparaison me contrarie

fortement. C'est décidé, je vais devenir un mont, que dis-je un monticule. Il faut absolument que je me prenne en main. Pour l'instant, c'est celui qui partage ma couche qui le fait. J'attends patiemment qu'armé de sa varappe et de ses crampons, il finisse son ascension, puis je réfléchis.

Pas très longtemps, puisque encore une fois le sommeil m'a terrassée. Insuffisamment cependant, pour avoir, à mon réveil, des réminiscences des résolutions prises la veille.

Alors, c'était quoi au juste. Ah ! Oui ! Maigrir. Ça commence mal, rien que d'y penser j'ai déjà faim. Hors de question de phosphorer sainement le ventre vide. Je pourrais prendre des décisions complètement farfelues ou simplement renoncer à toute tentative de perte de poids. Cela m'est déjà arrivé au retour des vacances et je n'ai rien fait, alors que je m'étais jurée de perdre cette petite surcharge pondérale qui m'énerve tant.

Quel manque de volonté. Bon, avant tout, il faut manger… pour réfléchir sainement.

Je pourrais aussi manger sainement, pour maigrir. Pas de chance, car tout ce qui me tombe sous la main est formellement interdit par la diététique. Diététique…

– Allô ! Roselyne, toi la championne toute catégorie des régimes amincissants, indique-moi la bonne personne pour résoudre mon problème de poids.

– Combien ?

– Quoi, combien ?

– Combien de kilos veux-tu perdre ?

– Ah ! Heu… disons trois, peut-être quatre, non, plutôt cinq.

– Je ne la connais pas, mais on ne parle que d'elle. Un peu azimutée, mais paraît-il très efficace.
C'est la première fois que je consulte pour qu'on me dise comment me nourrir. À la façon qu'a cette femme de s'agiter et de me sermonner, quand il a fallu que je lui détaille dans le menu – mmmm… j'ai faim – une journée entière d'aliments, je sens bien que je ne fais pas l'unanimité.
– Pas bien, Tututut ! Je la vois noter fébrilement tout ce que je lui révèle. Elle ne me regarde même plus, jusqu'à cet instant tragique où elle m'intime l'ordre de me déshabiller.
– Vous voulez dire, enlever mes vêtements…
– En quelque sorte, répond-elle avec un sourire fourbe. Elle m'encourage d'un menton menaçant. Allez, allez, le T-shirt aussi. Je veux vous voir en slip et soutien-gorge.
J'y suis. Pas très à l'aise. Si j'avais su, j'aurais fait un petit effort au niveau des sous-vêtements. Elle me tourne autour, je me demande quand elle compte s'arrêter, je ne fais tout de même pas douze mètres de diamètre. Fin de l'inspection.
– Combien souhaitez-vous perdre, dites-vous ?
– Je pensais que quatre, enfin au moins six kilos, serait peut-être nécessaire.
– Un minimum, vous voulez dire.
– Certainement.
– Bien, la graisse est mal localisée, classique. Par contre, vous avez des jambes relativement fines. Étonnant. On va mesurer tout ça. L'idée n'étant pas de perdre des kilos – ah ! bon ? –, mais des…
Elle attend de ma part une réponse, que je suis incapable de lui fournir.

– Des… Le sourcil est relevé, le regard interrogateur. J'ai l'impression d'être au CP et de ne pas savoir ma leçon.
– Des… centimètres !
– Évidemment.
Je tente un sourire, mais elle ne se laisse pas abuser. Mesures prises, elle m'expédie sur sa balance : 58,2. Elle s'applique à noter ce triste résultat sur ma feuille de régime, en tirant la langue comme si cela exigeait d'elle un effort terrible. Moi, je suis anéantie. Il me paraît impossible de faire ce poids. À la maison, je pèse au moins un kilo de moins.
J'ai bien essayé de protester, mais je laisse tomber. Je la sens d'humeur belliqueuse, elle serait capable de me dire que je peux garder mes kilos si ça me chante et d'empocher quand même mon chèque.
Puis j'ai droit à un long et désespérant exposé : ni graisse, ni sucre, ni alcool. Tout écart sera puni par la loi, je m'égare, tout écart me fera reprendre le kilo perdu avec tant de difficulté.
– Voici votre feuille, vous indiquerez dessus tout ce que vous allez manger. Je vous revois dans trois semaines. Cela fait soixante euros. Vous n'avez pas de liquide, alors par chèque tant pis, bon courage, suivante. Et cette chienne me laisse sur le carreau.
Mon cœur qui chavirait a fondu, première victime de ce régime. Cela me paraît insurmontable. J'aime, que dis-je, j'adore tout ce qu'elle m'interdit. Mais je suis tout de même décidée à amortir ma visite.

Je récupère ma grande fille, à la sortie du lycée, l'air grincheux. Allons bon, que se passe-t-il encore ?
– C'est toi qui m'as appelée vers treize heures, me

demande-t-elle ?
– Oui Chérie, pour dire à ta sœur de rentrer avec toi.
– Pas de chance, j'étais en plein contrôle de maths. Je n'ai pas connecté immédiatement, je ne te parle pas de la tête de la prof qui a hurlé :
– À qui est ce portable qui sonne !! Elle m'a envoyée chez la CPE qui me l'a confisqué.
– Mince, elle va te le rendre ?
– Mais Maman, c'est une garce, elle va le garder. Alors j'ai pensé que tu pourrais peut-être me faire un mot, en disant que tu essayais de me joindre parce que papa est gravement malade.
– Sympa pour lui. Écoute, je noterai que je devais te contacter d'urgence, sans donner de raison précise. Elle finira bien par te le rendre.
– Mais quand ? Moi je ne reste pas sans !
Je m'abstiens de tout commentaire. Une fois à la maison et sur mes conseils pas judicieux du tout, je lui suggère de demander à son père de faire le mot. J'ai effectivement une écriture redoutable, pas celle d'un médecin, non, non, plutôt celle d'une attardée mentale. Celle de son père, affirmée et lisible, transpire l'autorité. Un mot de ma part et ils risquent de lui demander si son petit frère n'est pas de mèche. Seul hic, son père est contre.
– Sacrilège, portable allumé en cours.
– Contrôle de maths, ajoute-t-elle, histoire de s'enfoncer un peu plus.
– C'est pire ! Hors de question que je cautionne cet acte de barbarie.
Aïe ! Les choses se gâtent. Et il monte, furax que l'on ait envisagé son intervention pour de telles absurdités.

– Tu l'as voulu, tu assumes, crie-t-il d'en haut, histoire de l'achever.
J'entends ma fille chuchoter : Reloud… (lourd), mais je ne relève pas. C'est vrai qu'elle l'a voulu, cet engin. Comme pour le chien, elle est passée par différentes phases.
D'abord l'évidence : « Il me faut un portable. »
Puis la nécessité : « C'est indispensable. »
L'injustice : « Tous mes copains en ont un. »
La sagesse : « Je paierai moi-même mon forfait, en travaillant. »
Elle allait entamer le processus de résignation, quand je lui ai suggéré de conseiller à sa grand-mère de le lui offrir pour son anniversaire. Bingo ! Maman s'est empressée de faire les démarches, ravie de faire plaisir à sa petite-fille, qui, je le reconnais, met un point d'honneur à payer la moitié de son forfait. Quand elle y pense.
Je suis convoquée au lycée pour récupérer son téléphone. La CPE m'accueille, les bras croisés sur sa forte poitrine, le sourcil froncé, la mine sévère.
– Vous savez, commence-t-elle d'un ton aigre, j'aurais très bien pu le garder. Imaginez trente portables qui sonnent en cours, vous voyez la tête du professeur.
Je ne me risque pas à lui dire que trente d'un coup, me paraît un peu abusif. Je m'écrase, lance un vague : « Je vous assure que cela ne se reproduira plus », saute sur l'appareil et m'enfuis à toutes jambes, en lui réitérant mes plus plates excuses. Alice qui m'attend, planquée derrière un arbre rescapé de la tempête, me regarde inquiète et m'interroge :
– Tu l'as ?

– Oui ! dis-je avec un large sourire, et nous partons en courant.
– Maman, je suis tellement heureuse de le récupérer, tu ne peux pas savoir à quel point il m'a manqué !
Une bonne chose de faite.

Quand nous rentrons à la maison, je trouve ma cadette devant la télévision.
– Encore ! Mais Pauline, il est onze heures du matin et tu es déjà scotchée devant ce poste.
J'obtiens pour toute réponse un mmmmhhh, qui me met de très mauvaise humeur. Qu'est-ce qu'elle a ? Plus rien ne semble exister au monde que cet écran. Voir ma fille vautrée sur le canapé, munie de son kit complet de la parfaite téléspectatrice passive, à savoir : gâteaux, chips, coca-cola pour regarder un chef d'œuvre comme *Sunset Beach* me met les nerfs en pelote.
Je ne sais pas si vous avez déjà regardé cette merveille, c'est bouleversant. Tout y est : la fille qui vole le bébé de sa mère, le mari qui trompe sa femme et *vice versa*. Navrant. De plus, les acteurs sont tragiques et les dialogues lénifiants.
« *Je t'en supplie Meg, ne me quitte pas !* »
« *L'homme dont je suis amoureuse attend peut-être un enfant avec la femme avec qui il est marié* »
On apprend beaucoup.
Je ne suis pas contre, après tout moi aussi j'ai mon émission fétiche – *Saga*. Chacun sa faiblesse et moi j'ai un gros faible pour le présentateur et son sourire angélique. J'aime Stéphan Bern parce qu'il semble vraiment gentil et courtois. Parcequ'il sourit toujours et qu'un homme qui sourit, c'est extrêmement rare.

Parcequ'il parle de gens célèbres et que mon petit côté *Paris-Match* en est tout émoustillé. Bref, j'en suis complètement fan et je rêve de le rencontrer. La famille pense que je suis tombée sur la tête, moi je ne m'inquiète pas outre mesure.
Mais trop, c'est trop. Elle gâche son temps.
– Maman, c'est ma série ! Je ne regarde que ça ! répond-elle révoltée.
– Que ça ? Tu plaisantes ? Tu passes des heures devant ce poste.Et tes devoirs ?
– J'ai tout fait.
Miraculeux, parce que moi, je ne la vois jamais travailler. Pourtant, à son âge, et si mes souvenirs sont exacts, on avait du travail à fournir. Bon, je ne dis plus rien pour ne pas envenimer la situation qui est déjà suffisamment difficile.
Car j'ai une grande rebelle à la maison. Je ne sais plus comment la prendre. Un cœur d'or et une grande émotivité enfouis dans des épaisseurs de brusquerie et d'irritabilité envers la terre entière. Un monde trop petit dans lequel elle étouffe, une insatisfaction quasi permanente, une volonté farouche à vouloir prendre le dessus en toute circonstance, un besoin vital de s'affirmer pour pouvoir exister.
Usant ! Mais c'est ma fille et je l'aime plus que Stéphan Bern, même s'il sourit plus qu'elle.
– C'est le syndrome de l'enfant du milieu, a conclu un médecin que j'avais consulté en urgence, quand elle m'avait annoncé qu'elle voulait tuer son petit frère. Que voulez-vous, ces enfants ont du mal à trouver leur place ? Pas le prestige de l'aîné ni l'attention du petit dernier, ils sont paumés…
– Oui, mais je fais comment ?

– Allez, allez… Pas d'inquiétude, ça passera.
– Quand ?
L'histoire se passait il y a dix ans, et je guette le moindre signe d'amélioration. Je l'observe s'engouffrer dans cet état redouté par les parents : l'adolescence.
Ma petite fille se transforme en Lolita. Tout a commencé un beau matin, elle qui d'habitude se contente de prononcer un *B'jour* au petit déjeuner pour s'enfermer ensuite dans un mutisme total, me surprend en courant vers moi pour m'embrasser – très distraitement tout de même et dans le vide – et me dire : « Maman il faut que je te parle. »
Nooonnn... Je n'en reviens pas. Je ne réponds pas, pour ne pas rompre le charme et me mets en position d'écoute.
– Voilà, il me faut absolument un soutien-gorge !
Elle n'est pas très en avance dans ce domaine, et si elle a remarqué quelque chose qui m'a échappé, je ne vais certainement pas la contrarier. Nous filons dans le premier magasin de sous-vêtements féminins. La vendeuse s'approche de moi, me dévisage et me demande si elle peut m'aider.
– Moi non, mais ma fille peut-être.
– C'est pour un soutien-gorge, répond ma cadette en regardant ses pieds.
– Tu connais ta taille ?
– Pas vraiment.
Elle l'observe et fait :
– Mmmhh… Écoute, pour être franche, reviens après les vacances, d'ici là, ça aura certainement poussé un peu, mais pour l'instant je ne peux rien faire pour toi.

Et toc ! C'est ce que l'on appelle de la psychologie. Je sors avec ma fille aussi rouge que son pull.
– Non mais quelle conne, elle pouvait pas gueuler encore plus fort ! hurle-t-elle en sortant du magasin.
– Chérie, reste polie, elle n'a pas voulu être méchante, elle a seulement été maladroite.
– Et moi ridicule ! Et puis, je *VEUX* un soutien-gorge, ce n'est pas cette abrutie qui va m'en empêcher...
Je me hasarde :
– Mais elle connaît son métier tout de même, et si elle dit d'attendre un peu...
– Tu parles ! Elle y connaît que dalle aux jeunes, c'est une vendeuse pour vieilles comme toi !
Ça fait plaisir.
Mais qu'est ce que j'ai fait au Bon Dieu et puis, où a-t-elle appris à parler comme ça ?
– En tout cas, merci pour la comparaison.
– Ben quoi, c'est vrai non ?
Ça me file un coup au moral. Grosse, moche et maintenant vieille. C'est réussi, les petites sorties avec les enfants. Finalement, nous atterrissons chez Etam qui me sauve mon après-midi en y trouvant un 75A. Elle est heureuse, donc moi aussi et pour aller jusqu'au bout de son ravissement, je lui offre un petit bout de slip assorti.
– Contente ?
– Ah ça oui ! Merci maman ! Et elle me colle un gros baiser sur la joue. J'aurais presque dû enregistrer ses paroles et le *smac* sonore du bisou, car depuis, bernique, plus rien, néant. C'était il y a quelques mois. Depuis, ses seins ont effectivement poussé et nous avons dû renouveler l'opération plus d'une fois. Coût exorbitant puisque accompagné à chaque fois d'un :

– Je n'ai plus un seul haut. Ou variante :
– Je n'ai plus de pantalon, chaussures, pulls, T-shirt, affaires de sports, etc.
Je redoute donc de l'entendre dire :
– Maman, quand vas-tu faire des courses parce que…
Il y a encore plus paniquant. Les :
– J'ai perdu mes lunettes.
– J'aimerais des lentilles.
– Moi aussi, je voudrais un portable.
– Il faut que j'aille chez l'esthéticienne pour me faire épiler.
Dernières névroses, l'obsession du poil qu'elle traque, mutile à grand renfort de crème épilatoire, cire, et institut à l'occasion, sans compter la psychose DU bouton d'acné qui pourrait éventuellement défigurer son doux visage. La chasse est sans pitié et j'ai droit aux hurlements du style : « Mammmaaannn, vite c'est urgent tu dois me prendre rendez-vous chez le dermato, j'ai des boutons ! »
Je lui demande « Où ? », elle me répond hystérique : « Mais là ! Tu vois bien non ?! »
Effectivement, il y en a un, mais minuscule.
Je lui suggère :
– Cela peut peut-être se traiter sans l'intervention d'un spécialiste ?
– Ça va pas ? Demain je risque d'en avoir partout et moi je ne vais pas au collège comme ça, et puis d'ailleurs le collège …
Ce dernier mot m'interpelle :
– Qu'est-ce que tu entends par là ?
– Ben, je t'expliquerai, rien de grave, simplement je n'ai plus envie d'aller au collège.

– Plus… du tout.
– Non, j'en ai marre, les études, tout ça… j'ai envie de faire autre chose.
Je m'assieds car la nouvelle est tout de même conséquente. Je respire un grand coup et essaie de parler posément :
– Et qu'est ce que tu veux faire, ma Chérie ?
– Boulangère.
– Bou… mais c'est un très beau métier. Seulement tu n'es qu'en troisième.
– Et alors ? Je ne vais pas encore faire dix ans d'études.

Je ne me sens pas d'humeur conflictuelle et pour tout dire, j'ai ma dose. Je préfère m'exiler dans la cuisine, bien piètre refuge, mais au moins j'y suis au calme. C'est sans compter sur l'apparition de son frère et de sa sœur qui y déboulent pour me demander en chœur ce que l'on mange.
– Poisson-haricots verts.
– Oh ! Non ! On espérait manger quelque chose de bon.
Éh bien c'est raté.
J'aspire au calme et à la détente, ils en ont décidé autrement. Tout le reste de la journée, je vais faire office de taxi pour véhiculer tout ce petit monde sans avoir le moindre merci en retour. Je suis crevée. Quand sonne enfin l'heure divine de retrouver ma couette, je prends un bon bouquin et m'installe délicieusement dessous. J'entends mon ours marmonner à côté.
– Ça fait une semaine que tu ne t'occupes pas de moi.

De mon ton le plus faux jeton, je lui demande ce qu'il sous-entend.
– Si ça continue, j'ai les burnes qui vont exploser.
Oh ! Qu'est-ce que ça peut faire une explosion de ce genre ? Pas grand mal je pense au niveau de la planète par contre, moi, j'ai les ovaires qui jouent des castagnettes et des sueurs froides dans le dos. Vite, une solution de repli. Je pourrais prétexter, au hasard.
Une perte subite de stérilet
Une mycose géante
Une descente d'organes
La bonne vieille migraine
Je ne le sens pas d'humeur facétieuse.
Je lui suggère :
– Et si on avait une discussion passionnante pendant au moins une demi-heure pour s'endormir dans les bras l'un de l'autre, éreintés par tant d'échanges ?
– Tu vas voir moi les échanges que je te propose.
Rideau.

Faire les courses est un véritable cauchemar. Je parle des courses au supermarché. J'en ai ma claque. Quand les enfants étaient petits, ils me donnaient gentiment un coup de main pour débarrasser la voiture. Nous en faisions presque un jeu, à celui qui prendrait le plus de sacs en allant le plus vite possible. J'ai la nette impression qu'ils trouvent ça moins drôle maintenant, parce que je ne les ai jamais dans mon champ de vision quand je reviens chargée comme une ânesse. Pourtant, par ce merveilleux après-midi de juin, je dois absolument faire un plein digne de ce nom, car toute la famille arrive pour le week-end.

Bien sûr, quand je dis merveilleux après-midi, même en juin, c'est une boutade. Il fait un temps déplorable, il n'arrête pas de pleuvoir depuis une semaine et en plus il fait un froid de canard, comme tous les ans depuis dix ans.
Sors... sors pas ? Je n'ai pas envie de me geler. Finalement, il faut que j'y aille, j'enfile un imperméable vert minable, qui, je le jure, ne m'appartient pas, et affronte les intempéries. Ballottée par un vent vicieux, fouettée par une mauvaise pluie, j'ai l'air fine. On dirait une vieille laitue malmenée par le jet rageur d'un nettoyeur de marché. Pourvu que je ne croise personne, que je connaisse évidemment, parce que c'est une illusion de croire qu'un supermarché est vide, même à trois heures de l'après-midi.
Après avoir fait une entrée fracassante, style Zézétte dans le *Père Noël est une ordure*, avec mes deux handybags bleu électrique et mon sac à main dont une des bandoulières vient à l'instant de me lâcher, je le vois. Et je m'enfuis. Pas très loin, rayon légumes. Je fonce tête baissée dans les tomates priant tous les saints du Ciel qu'il passe son chemin sans me remarquer.
– Non mais ça alors !
Je ne veux pas me montrer.
– Non mais c'est incroyable ! Tu es... (oui c'est moi, hélas !, il a un mal fou à me reconnaître). Depuis tout ce temps – vingt-cinq ans.
Je me retourne, j'ai peur qu'il ait un choc, je l'affronte tout de même, et là je sens bien que les vingt centimètres qui nous séparent, me sont archidéfavorables.
– C'est... C'est incroyable de te voir... comme ça... (quoi, comme ça ?). Après tout ce temps.

Je n'ose pas lui dire qu'il se répète. Après tout, il a été un de mes amours de jeunesse et ce crétin n'a pas changé.
– Heu, je fais mes courses.
– Ce n'est pas banal dans une grande surface. Aline, viens !
Bigre, il va rameuter toute sa tribu ? Je m'oblige à faire un sourire poli à sa femme qui, cela va de soi, est sublime. Et me sauve à toutes jambes. Excuse-moi, les courses, communion de mon fils… pressée… au revoir et à dans vingt-cinq ans. Ah ! Ah !
Il me rattrape.
– Mais enfin, ne pars pas ainsi, que deviens-tu ? Tu es mariée ? (parce que, en plus, j'ai l'air d'une vieille fille ?). Des enfants ? Ah ! Oui, tu m'as parlé de ton fils. Moi j'en ai trois… fils. Quel hasard de se voir ici, nous sommes à Angers, la sœur d'Aline est du coin, mais elle déménage, on vient lui donner un coup de main. (Tant mieux, parce que je n'ai pas la moindre intention de le revoir, je me sens trop décatie par rapport à lui, ravinée, amortie, bonne à jeter à la poubelle, je ne supporterai plus la moindre confrontation). Bon ben… salut…
C'est ça, salut, si encore j'avais été présentable, j'aurais peut-être pu aligner deux phrases cohérentes et supporter ses regards inquisiteurs, mais là, hors de question, sauve-qui-peut.
Et puis il y a les courses et ce n'est vraiment pas une partie de plaisir. Je n'ai de cesse de me répéter que le monde est truffé de supermarchés aux étalages vides, que nous avons dans notre beau pays une chance insolente, que je peux dépenser sans compter. Mais voilà, je n'ai tout simplement pas envie de les faire.

C'est une corvée. Je veux juste me jeter dans mon chariot vide et m'y pelotonner en boule. Je ne sais pas quoi choisir et prends les mêmes produits, guidée par la force de l'habitude.
Je hais les courses.
C'est un cauchemar qui se termine à la caisse.
Dont le choix reste stratégique. De toute façon je ne sais pas pourquoi j'hésite, puisque mon inconscient va forcément me diriger vers la *SEULE* caisse qui aura des problèmes :
– Ruban à changer (par une petite débutante, sympathique au début, mais qui devient très vite irritante),
– Échanges intarissables entre la caissière et ses clients (elle a un besoin vital de s'exprimer et nous un besoin impérieux de la faire taire),
– Article mal étiqueté (la gourde partie en reconnaissance ne reviendra que trois jours après),
– Fermeture surprise (là, on frôle les envies de meurtre).

Enfin, le temps s'est radouci et il fait beau. En rangeant les affaires dans la cuisine, j'entends la porte claquer. C'est Théo.
– Déjà rentré ?
Il ne répond pas et fonce sur la terrasse s'asseoir sur une chaise, les bras en croix, la mine butée. Aïe.
– Comment s'est passée ta retraite ?
– Nul.
– Comment ça… nul ? Ce n'était pas intéressant ?
– Bien sûr que non, et puis moi de toute façon, j'ai jamais demandé à la faire, ma communion ! Et puis c'est quoi ces gogoles qui jouent de la guitare pour

nous dire que Jésus est notre ami ! Je n'y retourne pas demain.
– Chéri, nous sommes jeudi et tu fais ta communion samedi. Pourquoi ne m'as-tu rien dit, je ne t'aurais certainement pas obligé à...
– Mais moi je leur ai dit pendant l'année, que je ne voulais pas la faire.
– Ils ne m'en n'ont pas parlé. Écoute, tu es libre de ton choix. L'essentiel c'est que tu respectes les autres. Pour le reste, tu t'arranges, c'est une histoire privée entre toi et Là-Haut. Mais voilà, il y a Papy et Mamie pour qui c'est vraiment important, finalement il y a juste cette formalité...
– Formalité. Tu parles ! En plus, il va falloir que je mette une aube, je vais avoir l'air ridicule, de toute façon je mettrai mes vieilles baskets, et puis demain soir il faut que vous veniez à l'église pour la remise des cierges.
– ?... C'est quoi, cette remise de cierges ? C'est impossible, nous avons la soirée antillaise, nous sommes attendus tous les cinq. Bon, je verrai la personne qui s'occupe de vous demain, vous rentrez à quelle heure ?
– Dix-huit heures devant l'église.

Je n'en mène pas large quand je me présente devant l'homme qui anime leur groupe. À sa façon de s'habiller et de parler, je repère tout de suite que j'ai affaire à un intégriste pour qui ...
– Il est abbbbssssolument indispensable que Théo soit présent, et ses parents aussi !
Je mens effrontément :
– Théo vous a-t-il dit que nous avions un empêche-

ment… une triste affaire familiale à régler en province, mais je vous assure que nous serons là demain matin pour la célébration.
Il hésite, me lance un regard interrogateur. Je sais qu'il ne me croit pas. J'en ai la preuve quand il ajoute :
– Bon effectivement, si c'est familial, c'est différent, parce que Théo m'avait parlé d'une fête.
Aïe…aïe… aïe…
Fin de la discussion, je récupère mon fiston en lui demandant par quelle aberration il a pu parler de la soirée. Et voilà encore un énorme mensonge à mettre à mon actif, surtout que dans le cas présent, je suis quasiment en ligne directe avec le Ciel. Je n'ose imaginer le temps infini que je vais passer au purgatoire, si ce n'est directement en enfer.

Sa capuche, il ne veut pas la mettre. Et puis quoi encore ?
Il a tout de même bien voulu prendre une douche. Il est beau. Je suis fière de lui et très émue quand nous entrons dans l'église. Nous les parents, et toutes les familles réunies pour cette belle journée. Un peu fatigués car la soirée d'hier a été bien arrosée, et il faut avouer que son père et moi avons fait honneur à tout ce que l'on nous a présenté. Nous sommes prêts, appareils photos et caméra au poing. Les jeunes s'installent et une vive émotion s'empare de tous. Les flashs crépitent et la sentence tombe.
Le curé prend le micro pour nous signifier qu'aucune photo ou film ne viendra entraver le bon déroulement de la cérémonie et ajoute d'un ton qui n'admet aucune réplique que sinon, il arrêtera aussitôt d'officier.

Regards consternés et surpris, murmures de mécontentement, tout se déroule donc dans le plus grand silence et une totale absence de chaleur. Quelques resquilleurs se risquent à jouer les paparazzis, mais dans l'ensemble, on se tient tous à carreau.

– Tu vois, ce n'était pas si terrible, dis-je en l'embrassant, et puis Papy et Mamie sont tellement heureux.

Je ne vois plus qu'un grand voile blanc planer au-dessus de sa tête, c'est son aube qu'il vient d'enlever et de jeter en l'air !

– Une photo quand même, hurle son père.

Journée magnifique !

Le brevet s'annonce pour notre cadette. Elle se fait un souci monstre pour... ses futures vacances, j'admire son organisation, son sens des décisions et la volonté farouche qu'elle déploie afin de gérer au mieux un planning qui semble à l'avance surchargé. Je la regarde avec une certaine fierté éplucher les catalogues de vacances, choisir la destination, les activités, ses compagnes de route. Elle trie, barre, coche fiévreusement. Elle est implacable dans les discours qu'elle tient par téléphone aux organisateurs, défend ses intérêts financiers au mieux (enfin, surtout ceux de son père) Elle est concentrée, déterminée, invincible. Et les vacances bouclées.

Quand nous évoquons le sujet, force est de constater qu'il n'y a plus une seule journée dans son emploi du temps qui nous soit réservée. Enfin disons dans la tranche des dix petites journées que nous allons nous octroyer.

– Mais Maman, c'est absolument impossible que je parte avec vous !

– Pourquoi ?
– Mais parce que, sans vouloir te faire de peine, les vacances avec les parents maintenant… c'est…
Je ne souhaite pas entendre le mot de la fin car je sens le gros pincement au cœur que cela va provoquer, et quand je dis « pincement », c'est faible. En fait, j'ai le cœur tordu, vrillé tel un gant de toilette essoré comme un forcené, victime absurde d'une propreté enragée.
C'est la débandade, sa sœur aînée a ses propres projets dont nous ne faisons malheureusement pas partie, quant à leur jeune frère, il n'est pas opposé à l'idée de venir avec nous, mais avec ses sœurs ou des copains.
– C'est normal, me dit Brigitte qui n'a pas d'enfants, il faut bien qu'ils prennent un peu d'indépendance !
Le tout ponctué d'un rire diabolique.
– Oui, je sais, dis-je sans conviction, mais ça sent déjà un peu le départ, non ?
– Qu'est-ce que tu crois, que tu vas les garder toute ta vie ?
– Non, bien sûr, mais ça fait un peu mal au cœur tout de même, ils sont jeunes pour déjà aspirer à vivre sans nous.
– On a fait pareil, ma grande, cela ne nous a pas empêché d'aimer nos parents pour autant.
Elle a raison, j'en suis consciente, mais ça ne m'évite pas de ressentir un vide sidéral dans le cœur.
Le brevet est dans la poche pour la cadette, nous attendons les résultats du bac de Français pour l'aînée.
Impossible réellement de savoir si cela a marché ou non.
– J'ai eu affaire à une tueuse à l'oral, m'explique ma

fille. Raide folle dingue, dès que j'ouvrais la bouche elle me décochait un petit sourire narquois en disant : « C'est ça… c'est ça… », je n'osais plus parler.
– Ne t'inquiète pas, dis-je en faisant d'emblée dans mon pantalon. On verra bien, de toute façon, maintenant, c'est terminé… heu… c'est quand les résultats ?
– Ils seront affichés au lycée d'ici à quelques jours, tu iras, Maman ?
– Absolument !
Merde. J'aurais préféré qu'elle y aille avec ses copains, mais je ne la sens pas plus kamikaze que moi et c'est avec un peu d'appréhension que j'ai demandé de ma voix la plus veloutée au concierge, comme s'il avait le pouvoir de gonfler un peu sa note, où sont affichés les résultats.
– Rien d'affiché, vous recevrez les notes par courrier.
– Mais quand ?
– Demain.
Je ne lui ai même pas dit merci, trop déçue de devoir encore attendre. Car le pire, c'est l'attente. Tout le monde le sait. On fait des tas de supputations : 2 à l'écrit, 4 à l'oral, et inversement ou peut-être 4 et 4 ? Et pourquoi pas la moyenne, après tout ? Ma fille n'est pas une idiote, mais ce sont ses révisions qui m'ont laissée perplexe. Vingt-cinq textes à l'oral, je pense qu'elle en a étudié peut-être dix ? six ? quatre ? deux ?
– Tous ! me répond-elle exaspérée par mon manque de confiance.
Rien au courrier, c'est agaçant. Finalement, c'est par téléphone que l'on apprend la nouvelle. Une voix tout essoufflée, celle de Marc, qui est un élève sérieux, lui.

– J'ai les notes d'Alice, tu es assise ? Je m'attends au pire, finalement peut-être que j'ai été trop optimiste, 1 et 1 ?
– 11 à l'écrit, 14 à l'oral, hurle t-il dans le téléphone.
Nannnnhhh ! Je n'en reviens pas ! Ouaiiiiissss ! J'embrasse ma fille chérie qui vient de rentrer, en la serrant très fort dans mes bras, c'est magnifique. C'est bien ma fille.
– Et toi, Marc ?
– Ben, comme un crétin j'ai éteint le minitel après avoir vu ses résultats, je refais la manip et je rappelle. L'attente est longue, beaucoup trop longue pour présager quelque chose de bon.
– 11 à l'écrit, 6 à l'oral, nous annonce-t-il d'une voix étranglée par l'émotion. Aïe ! Le pauvre, cela me crève le cœur, parce qu'il a mis tout le sien dans ses révisions. Je phosphore à deux mille à l'heure, me creuse les méninges pour trouver quelque chose de sensé et de rassurant.
– Ce n'est pas grave, dis-je dans un souffle (fortiche, non ?). Tu as donné le meilleur de toi-même… enfin, non, je m'exprime mal, tu vaux bien plus que 6, c'est cet abruti d'examinateur…
– trice…
– C'est encore pire, les femmes sont de véritables peaux de vache avec les jeunes, elles ne pensent qu'à les déstabiliser.
– Pourtant elle a été très sympa avec moi.
– Justement, ça cache en règle générale un caractère démoniaque, c'est bien connu. Allez ne t'inquiète pas, tu as déjà la moyenne à l'écrit, ce n'est pas si mal.
Il raccroche, pas franchement convaincu.

Enfin les vacances sont là, plus de rythme infernal, on va pouvoir souffler un peu.
Dix jours, c'est bien, mais c'est vraiment trop peu. De plus, concernant l'organisation, j'ai fait dans l'absurde : six jours dans le Périgord vert, plus que vert cette année puisqu'il n'a pas arrêté de pleuvoir et quatre jours dans le Sud de la France, ce qui implique une traversée de notre cher pays particulièrement éprouvante, surtout du côté de Castelsarrazin.
J'ai cru que la tête de Luc allait exploser comme un melon trop mûr. Dieu merci, pas d'arme blanche dans la voiture ce qui peut expliquer que je suis encore vivante. C'est vrai, j'ai eu le tort d'insister :
– Ah non. Prends l'autoroute! On va mettre des heures par les petites routes, tu cherches à te rallonger ou quoi ?
Moralité, trente-cinq kilomètres de bouchon. Pris en otage par des milliers de vacanciers, ambiance à couper au couteau. J'ai fait mine de dormir jusqu'à notre arrivée à l'hôtel et me suis enfilée une bouteille de vin rouge pour tout oublier, j'ai réussi à balbutier un « Excuse-moi pour cette erreur d'aiguillage », avant de m'écrouler comme une grosse matrone avinée.
Le beau soleil du Sud de la France a été bénéfique et c'est en couple heureux et bronzé que nous rentrons chez nous.
Merveille. Il fait beau.
Hop ! Un petit tour sur la balance (cela fait dix jours que je ne me suis pas pesée) : 54 kilos. Pas mal, surtout que des écarts, j'en ai fait ces derniers temps. Il faut dire que depuis ma visite chez cette kapo qui se prend pour une diététicienne, j'ai pris de bonnes résolutions, que dis-je, d'excellentes résolutions. Pas

compliquées : poisson et fromage blanc. Seul petit hic, je ne supporte plus ces êtres vivants en milieu aquatique et j'ai envie de gerber à la vue d'un 0 % de matière grasse. Je vais peut-être étendre un peu mon champ alimentaire, tout en faisant attention bien sûr.

Je n'ai plus envie de faire attention. D'ailleurs je ne fais plus attention du tout. Je ne monte plus sur la balance, elle me déprime. Je l'ai reléguée sous un meuble, sa seule vue me donne la nausée, comment est-ce possible, après m'être affamée pendant cinq mois de reprendre *PLUS* que ce que j'ai réussi à perdre ? La vie est injuste. Vaut-elle finalement le coup d'être vécue quand on ressemble à un gros tas ? Je suis fatiguée et pourtant je rentre de vacances. J'ai les jambes qui flageolent, la tête qui tourne, je suis anxieuse.

C'est ça, je le sens, je vais mourir.

Moi.

Incroyable. La fin est proche. Je le sais. À l'idée que l'humanité puisse me perdre, j'en ai les larmes aux yeux.

– Qu'est-ce que tu as, me demande Luc qui s'inquiète seulement au bout de douze semaines, de me voir ramper du canapé au fauteuil et du fauteuil à mon lit.

– Crevée.

– Comment ça, crevée ? On rentre de vacances.

– Vidée, exténuée, plus de force, certainement un cancer.

– Généralisé au moins, vu ta tête.

Salaud, moi j'en imaginais un tout petit, minuscule, du genre dont on guérit en deux jours, sans chimio ni rien du tout. L'angoisse m'étreint, je voudrais réunir les enfants autour de moi, pour un dernier au revoir. Je suis bête, ils sont là à regarder la télé sans se douter du drame qui est en train de se dérouler. *Elle va mouuurrrriirrr laaaa Mammaaaaaa....*

– Montez sur la balance. Mmmmhhh 58 kilos, pas de perte de poids.
– Je vous explique, docteur, je me sens anéantie, j'ai l'impression que je vais trépasser d'un moment à l'autre.
– Symptôme de mort subite, classique. Paupière qui tressaute, fatigue chronique, angoisse, vertiges, tout concorde. Rien de grave, juste un peu de spasmophilie.
– De quoi ?
– Spasmophilie. Névrose d'angoisse.
– Mais je ne me sens pas névrosée !
– Stress, si vous préférez. C'est très fréquent chez les femmes.
– Qu'est-ce qu'on fait, alors ?
– Magnésium, calcium, oligo-éléments. Ça va s'arranger.
Rien ne s'arrange. Pourtant je prends mon traitement pieusement.
– J'en étais sûre, me déclare Nadine, grande spécialiste des coups de pompe. Moi, ça fait des années que ça dure, ma vieille, j'ai *TOUT* essayé, heureusement que j'ai découvert Machin.
– C'est qui Machin ?
– Un ostéopathe, pas remboursé, tu notes ?
– Bien sûr que je note, j'ai pas envie d'en prendre pour dix ans. J'appelle tout de suite.

Je n'ai rien fait du tout, parce que ce matin je me suis

réveillée en pleine forme ! Olympique, prête à repeindre toute la maison, sans les mains, un pinceau dans la bouche. Et puis j'ai presque envie d'aller faire mes courses à pied, revenir chargée à bloc pour développer les petits muscles de mes bras, sans compter que je pourrais faire les vitres au travers desquelles on ne voit plus rien.

Je suis foutue, hier était un autre jour. Je sais que la journée va être terrible. Que dis-je, la semaine.

– Tu as vu ta tête ?

Au secours. Je me sens crevée, inutile d'en rajouter une couche.

– Tu as appelé ton ostéopathe ? me gourmande Maman.

– Non.

– Tu le fais exprès ou quoi ? Prends-toi en mains.

– Voui.

C'est une toute petite salle à l'ambiance chaude et feutrée. Une musique douce et rassurante, genre musique céleste, suis-je au paradis ?

– Entrez, je vous en prie.

– Bonjour docteur… Monsieur… hum… enfin voilà, c'est par une amie que j'ai eu vos coordonnées, elle m'a dit que…

– Expliquez-moi ce qui vous arrive.

– Voilà, depuis plusieurs semaines, je ne me sens pas bien, vertiges, angoisses, etc.

– Bien, nous allons voir ça.

Allongée sur le dos, je me laisse aller.

– Vous êtes bien spasmophile, annonce-t-il. Sur une échelle de zéro à dix, je vous mettrais trois (c'est bien la première fois que je suis contente de ne pas avoir

la moyenne). Je pense qu'en trois ou quatre séances, ce ne sera plus qu'un mauvais souvenir. Mais sachez que stress, émotions et contrariétés peuvent à tout moment faire basculer cet équilibre que nous allons tenter de recréer.
Rééquilibrez, je vous en supplie, ai-je envie de lui crier.
Puis le doute.
– Vous allez me faire quoi, exactement ?
– Des aiguilles. Je vais vous piquer dans les oreilles, je le fais aux enfants à partir de deux ans, c'est vous dire si c'est tout à fait supportable.
Aïe ! La vache ! J'ai cru rugir de douleur. Me suis retenue par crainte du ridicule. Quand j'ai pensé que c'était enfin terminé, il m'a achevé en m'enfonçant des tiges de trois mètres cinquante de long dans chaque narine, avec au bout de chacune d'elle un coton imbibé d'huiles essentielles. Jamais je n'aurais cru que mes trous de nez pouvaient accueillir de pareils engins de torture.
Je l'ai remercié, froidement et j'ai quand même pris rendez-vous pour une prochaine séance.
Spasmophilie, spasmofolie… Je me sens encore moins bien maintenant.

– C'est dans ta tête, me lance un collègue, qui lui, l'a bien vissée sur les épaules, à tel point qu'il a une absence totale de cou. C'est moche. Il ressemble à un bonhomme en pâte à modeler
– Tu sais que cela relève de la psychiatrie, susurre-t-il perfide.
Je ne réponds pas :
Parce que je ne sais pas quoi dire.

Parce que c'est lui qui est fou.
Et s'il avait raison ?
Je le regarde tapoter sur son ordinateur en toute tranquillité, consciencieux, organisé, efficace, impeccable. Je suis vautrée sur le mien en guenilles, incapable de me concentrer, sentant le sommeil m'aspirer comme une gigantesque ventouse. C'est à ce moment-là que mon chef de service en profite pour faire une entrée fracassante. Rien de spécial à dire, plutôt quelques futilités à hurler.
Je le laisse à sa fureur, puisque de toute façon il se dirige vers mon compagnon de bureau, qui s'en prend plein la tête. Voilà, ça lui apprendra à jouer les employés modèles.
Revirement de situation : alors que l'autre agonise un « Ce n'est pas mon dossier, mais le sien », en me regardant fixement, je vois celui qui a toute autorité dans le service fondre sur moi.
J'essaie vainement de raccrocher avec Maman qui vient de m'appeler, et à qui je fais comprendre que la situation est très critique par des : « Très bien Madame, c'est noté, on vous contactera. »
Elle ne comprend rien et me hurle :
– Dis, tu aimes le canard ?
Mon patron se tient devant moi. À sa façon de mettre ses gros doigts boudinés dans son nez pour en extraire des boulettes qu'il jette par pichenettes sur la moquette, je réalise qu'il est au bord de la crise de nerf.
Il fulmine :
– C'est quoi, ça ?
– ?
– Ça ! braille-t-il, histoire de vérifier la résistance de mes tympans.

Je jette un coup d'œil dédaigneux.
Réactif de Schiff : 2, Prix unitaire : 6.12 Euros
Prix Total : 12.24 Euros
Coton cardé (250 g) : 2 Prix unitaire : 15 Euros
Prix Total : 30 Euros
Et murmure :
– Commande, pour un laboratoire de biologie.
La rage lui bloque les mâchoires, je le constate à sa manière de parler en faisant des efforts terribles pour articuler.
– Qu'est-ce que j'ai dit ? me postillonne-t-il en pleine face.
Le service est tétanisé, un silence de mort s'est installé, tous les anges se signent vite fait avant de se sauver à tire-d'aile.
Ça va saigner.
Mes collègues les plus courageux m'adressent un rictus en guise de solidarité, les autres ont la tête dans leur ordinateur, comme des autruches prises de panique. Tous en tout cas sont soulagés de ne pas être la victime désignée de ce fou.
– Je le dis… et je le répète…, me sermonne-t-il en me donnant l'impression d'être une vilaine petite fille qui, décidément, n'a pas bien appris sa leçon, toutes les commandes doivent être signées par moi ! finit-il par beugler.
– Et… moi..., je vous… dis… que : Premièrement, vous n'aviez qu'à être là. Comme vous étiez absent, j'ai pris la liberté d'assumer cette commande de 42,24 Euros. Deuxièmement, vous ne me parlez pas sur ce ton.
Regards médusés de mes compagnons de galère qui n'en croient pas leurs oreilles. Moi non plus

d'ailleurs, j'ai l'impression que c'est quelqu'un d'autre qui s'est exprimé, je regarde autour de moi, pas d'erreur, je viens bien de prononcer ces mots. Les têtes ressortent lentement des ordinateurs. La troisième guerre mondiale va éclater.

On n'entend même pas une mouche voler. Les respirations se sont suspendues, nous attendons sa réaction dont la violence va être terrible.

Il est l'Ogre, Barbe Bleue, Igor le Terrible, Jack l'Éventreur, je sens qu'il va y avoir sacrifice humain. Je me tiens prête, courbe l'échine pour me protéger de sa vindicte, puis me redresse d'un coup sec. Aïe. Mon dos ! Autant être sacrifiée dans la dignité. Fini le harcèlement, fini la terreur. Ah ça, on peut dire qu'il en aurait fait trancher des têtes pendant la Révolution !

Je l'observe, il est tout rouge et n'arrête pas de gonfler en soufflant comme un taureau dans une arène. Je lui donne deux secondes pour gratter la moquette avec sa chaussure et me foncer dessus.

Sauve qui peut !

Je me lève prestement et lui fais face. J'ai presque envie de lui mordre le nez ou de lui mettre les doigts dans les yeux pour le faire fuir, comme pour les requins (bien que je n'aie personnellement jamais testé ce genre de défense) ou utiliser les aiguilles à tricoter de ma voisine en guise de banderilles, pour les lui planter sur le garrot en criant « Olé ! », puis, avec mon coupe-papier, lui sectionner les oreilles et la qu… stop !

Notre face à face est tendu. Quand soudain, sous nos yeux ahuris, il se met à dégonfler comme un bonhomme Michelin, percé de mille clous invisibles. Pff-fuuiit. Plus rien.

– Mais c'est moi le chef, tente-t-il une dernière fois, en repartant dans sa niche avec un air de chien battu.
In-croy-able. Je l'ai maté. Toute seule, comme une grande. Quelle victoire ! Ce gros plouc avait tout simplement besoin d'une fessée. J'entends les bouchons de champagne sauter de tout côté et la foule en liesse hurler des *vivas* à n'en plus finir.
En fait, c'est le bouseux, qui après avoir fait demi-tour, éructe : « Vous là ! Dans mon bureau et tout de suite ! », tout en se frappant la cuisse de sa règle plate avec la régularité d'un métronome de compétition.
– Excusez-moi, dis-je et je file ventre à terre, langue pendante sur le côté.
Je vais trinquer, c'est sûr. Une profonde inspiration et j'entre. J'ai bien fait de respirer auparavant, car il va falloir que je reste un bon bout de temps en apnée. L'odeur de transpiration est effroyable, avec ce qu'il vient de subir, ses glandes sudoripares sont complètement déchaînées. Un signe de tête pour m'intimer l'ordre de m'asseoir.
– Vous savez, dit-il mielleusement, j'aurais très bien pu m'énerver tout à l'heure, mais je sais garder mon sang froid.
– ?!
– À l'avenir donc, je vous demande – s'il vous plaît – (là mes oreilles tombent en miettes) de bien vouloir me présenter tous les bons avant de passer les commandes. Merci. Par ici, je vous prie.
Et il me raccompagne jusqu'à la porte.
Du jamais vu.
Douze paires d'yeux sont fixées sur moi quand je retourne m'asseoir, cherchant sur mon corps la trace

d'éventuelles mutilations. Mais non, rien. Il m'a simplement amputée (mais je ne le saurai qu'à la fin du mois) de mes heures supplémentaires, ridicule avantage attribué par notre ministère. Qu'importe, cette victoire vaut bien une dizaine d'euros !

J'ai mal au dos.
Un point derrière l'omoplate. J'ai du mal à respirer. Non, en fait, j'ai l'impression que cela me fait encore plus mal quand je respire. Je m'étire dans tous les sens, au risque de me faire sauter les articulations, pour enlever cette gêne permanente.
– Fais une radio, un point dans le dos, c'est parfois lié aux poumons, me conseille une amie qui a une hygiène de vie irréprochable… elle. Facile à dire quand on a la conscience tranquille. Mais moi, ce sont des coulées de goudron qui risquent d'apparaître à l'écran.
Je me lance.
– Respirez à fond, ne bougez plus.
Silence terrifiant. Que voit-il ? Un cimetière de mégots ? *Marlboro* inscrit en lettres rouges sur le poumon gauche, *Light* sur le droit ? Le tout bien sûr qui clignote, style warning.
Rien, en fait. Ouf !
– Tu me dis, un point dans le dos, moi je penserais plutôt aux seins. Ta dernière mammographie remonte à quand ? (une autre amie qui, elle, en fait tous les ans).
– Jamais.
– Mais tu es complètement inconsciente ! Ta gynéco ne t'en n'a jamais prescrite ?
– Si, mais la flemme.

– C'est malin.
Sur ce, elle tourne les talons en me lançant un regard du style « Tu l'auras bien cherché ». Cherché quoi ? Une tuile ? Elle m'affole. Bon, je veux bien prendre un rendez-vous, mais je ne veux pas y aller toute seule.
J'appelle Maman.
– Dis donc, à ton âge il serait peut-être judicieux de faire un examen, tu sais, genre mammographie.
– C'est gentil de te préoccuper de ma santé, mais j'en ai déjà fait une l'année dernière.
– Et alors ? On n'est jamais trop prudent, je prends rendez-vous pour nous deux.
– Mais…
– Je te l'offre ! Et je raccroche avant de lui laisser le temps de dire ouf.
Il fait un froid de canard, normal nous sommes tout de même en octobre et nous arrivons devant un bâtiment aussi sinistre que le temps qu'il fait. J'ai le cœur qui bat à deux cents à l'heure, je serre le bras de Maman en lui disant de ne pas s'inquiéter, que tout ira bien, elle me regarde droit dans les yeux en me demandant si je ne suis pas folle.
– De quoi veux-tu que je m'inquiète ? dit-elle, mourir de ça ou d'autre chose, quelle importance ?
– Chut !
Quelle inconscience, avec des paroles pareilles, elle va me porter la poisse. Soixante-treize ans, d'accord, elle a vécu, mais quarante-quatre, j'ai encore de belles années ? mois ? semaines ?
Mon esprit s'emballe. Heureusement, nous avons pris les deux premiers rendez-vous : treize heures quarante-cinq pour Maman, quatorze heures pour

moi, ainsi ce sera vite expédié. À l'appel de son nom, Maman se lève, digne et royale *SANS* le moindre tremblement pouvant trahir une émotion quelconque, aussi à l'aise que chez le coiffeur.
À l'appel du mien, je regrette déjà de ne pas avoir mis de couche-culotte. J'ôte mon soutien-gorge, c'est plus pratique pour l'examen, et une machine infernale me presse les seins dans le but de les rendre aussi appétissants que des galettes bretonnes. C'est évident qu'ils ne vont jamais retrouver une apparence normale après ce qu'ils viennent de subir.
– Rhabillez-vous, me dit la jeune manipulatrice, qui elle, visiblement, n'a jamais testé l'engin à titre personnel. Dans quelques minutes un médecin fera le bilan avec vous.
Bilan ?!? Quel bilan ? Qu'est-ce qu'elle sous-entend ? Aurait-elle décelé quelque chose d'anormal ? Je retourne m'asseoir. Maman surgit du bureau du médecin pour me dire que j'ai dépensé mon argent pour rien, tout va bien. Mais finalement, elle me remercie, cela lui aura permis de se faire peloter les seins à l'œil.
Je me réjouirai plus tard, pour l'instant je fixe l'horloge plaquée sur le mur juste en face de moi et j'attends. J'attends. J'attends.
Les minutes s'égrènent avec une lenteur effroyable, inhumaine. Puis les minutes se transforment en demi-heure, et les demi-heures en heures. C'est pas bon, tout ça.
– Arrête de t'énerver, m'ordonne Maman qui commence à se faire un sang d'encre.
Impossible de lui répondre, je les vois déjà, ces

hommes en blouse blanche, en train de jouer aux fléchettes sur mes radios, en prenant mes tumeurs pour cible. C'est atroce. Quel manque de respect, je vais leur dire ma façon de penser. Oh ! Et puis à quoi bon, puisque je suis condamnée. Comment vais-je annoncer ça aux enfants ? Quant à Luc, il est évident qu'il va refaire sa vie dès mon dernier souffle expiré. Peut-être même qu'il prendra de l'avance et que sa nouvelle femme sera à l'hôpital, incognito, pour être près de lui quand je serai froide.

Peut-être même que cette tragédie va lui faire réaliser qu'il aurait dû m'épouser, mais comme je serai morte, eh bien il épousera l'autre. C'est trop injuste. Il aura fallu ma mort pour qu'il réalise qu'il est *ENFIN* prêt pour le mariage !

– Madame, nous sommes désolés, nous vous avons complètement oubliée, pardonnez-nous, un médecin vous reçoit immédiatement.

–Ce n'est pas trop tôt, clame Maman agrippée à son sac comme à une massue, prête à cogner si on fait du mal à sa fille.

Je me lève, ravagée, mon cœur n'arrête pas de faire des bonds dans ma poitrine, genre balle de ping-pong prise de délire.

– Qu'est-ce qui vous amène ? me demande gaillardement le jeune docteur installé en face de moi. J'ai envie de lui répondre : « Mes deux seins », mais je ne suis pas d'humeur joueuse et n'ai de cesse de regarder mes radios suspendues au-dessus de mon nez. C'est marqué dessus, comme le Port Salut – Sein gauche – Sein droit, je vois des grosses masses blanches sur les radios, c'est ça des tumeurs ?

– Vous ressentez des douleurs particulières ? demande-t-il, visiblement pris d'une furieuse envie de bailler. Que répondre ? Je ne vais tout de même pas l'aider par des indices qui pourraient le mettre sur une piste qui risquerait de m'être fatale. Devant tant d'inconscience, je réponds que « Non ! Non ! simplement vu mon âge, j'ai pensé... »

– Quel âge déjà ? Le mufle lit mon dossier et ajoute : « Quarante-quatre ans, oui en effet. » Sur ce, il se plonge à nouveau dans une étude très minutieuse des clichés et me regarde droit dans les yeux. Je ne respire déjà plus depuis un quart d'heure, quand il m'annonce :

– Rien. Je ne vois rien. Tout va bien.

Ooouuufffff. À ma grande surprise j'ose un :

– Vous savez, en fait, c'est parce que j'ai une douleur dans le dos depuis plusieurs semaines.

– Oui et alors ? Rien à voir.

Youppppiii ! J'ai envie de l'étreindre entre mes gros seins et le couvrir de baisers. Finalement, j'opte pour une solution plus classique, je paie à la caisse et file à toutes jambes avant qu'il ne découvre réellement quelque chose.

Éreintant. Maman me regarde avec beaucoup d'affection :

– J'ai vraiment cru que tu avais quelque chose.

Je l'embrasse et examine ses lèvres s'agiter, mais je n'entends rien, j'ai toujours le cœur qui fait des bonds. Peut-être vais-je mourir terrassée par une crise cardiaque ? Un électrocardiogramme ! Voilà ce qu'il faut que je fasse.

– Encéphalogramme. Pas électrocardiogramme, mais encéphalogramme.

Je regarde Luc, interloquée :

– Mais non, je te parle du cœur !
– Et moi de ta tête ! Qu'est-ce qui te prend, enfin ? Tu ne vas pas faire tous les hôpitaux de Paris et de la région ! Qu'est-ce que tu as ?
Sur ce, il plie d'un coup sec son journal et monte se coucher. Je le rejoins et tente une manœuvre de séduction. Bernique. Il est fâché, mais est-ce de ma faute si mon corps part à vau-l'eau ? Mon corps ou ma tête ? Ou les deux ? Mon collègue a peut-être raison, je suis en train de perdre les pédales. Demain, je vais voir mon médecin traitant et je ne dis rien à Luc.
Ça va mieux. Beaucoup mieux, surtout moralement depuis qu'il m'a dit que l'état que je traîne est lié au stress, à la fatigue et à une certaine morosité ambiante due au temps pourri que nous avons depuis la rentrée.
– Pas d'inquiétude, vous êtes en parfaite santé, m'a-t-il répété. J'ai même cru, l'espace d'un instant, qu'il allait me flatter la croupe par une petite tape amicale sur les fesses avant de me demander de me rhabiller. Mais non.
– Du détachement. Arrêtez de tout prendre à cœur, vous allez voir, tout va s'arranger.
Il a raison, il faut relativiser.
Je prépare le dîner – quelle corvée – en chantant à tue-tête et faux, je me sens mieux, beaucoup mieux, j'irradie un tel bonheur de vivre que ça ne peut qu'être communicatif.
– Mammmaaaan !
Tiens, qu'est-ce que je disais ! Je m'approche de la voix qui m'interpelle si suavement. C'est mon aînée en pleine contemplation du petit écran.

– Oui.
– J'ai réfléchi, finalement, je me demande si je ne serai pas éleveuse de vaches laitières, plutôt que kiné.
Relativiser. Prendre du recul, c'est bien ce qu'il m'a dit de faire.
– Écoute, l'un n'empêche pas l'autre, tu passes ton bac, tu fais ton école de kiné et si, par la suite, tu le souhaites toujours, tu peux faire une formation pour adulte dans un lycée agricole.
– Mmmmm ...
Sur ce, je repars à pas feutrés dans la cuisine et m'enferme à double tour pour hurler :
– À *L'AIDE !*
– Je sais, pour ne pas en avoir fait, combien le choix des études est difficile.
– De quoi ? De choix ou d'études ? me demande Clotilde, la marraine d'Alice, mon amie depuis la sixième.
– Des deux, puisque je me suis arrêtée après le bac.
– Eh ben voilà ! Comment veux-tu être crédible auprès de tes enfants ?
– Mais les choses sont différentes, on avait encore le choix de travailler ou non, et puis on trouvait du travail en veux-tu en voilà. Alors que maintenant, accroche-toi pour avoir un boulot intéressant et bien payé si tu n'as fait aucune école.
– C'est vrai, n'empêche que nos parents pouvaient nous dire ce qu'ils voulaient, on s'en foutait royalement.
– Ça aussi c'est vrai, mais inutile de le clamer sur tous les toits, alors que je suis en pleine négociation avec ta filleule. Tu verras quand les tiens seront en âge de faire des choix importants.

– Pour l'instant, la question ne se pose pas encore, j'ai du temps devant moi, ma vieille.
– Et ton cancer ? dis-je.
– Lequel, du sein, du colon ?
– Je ne sais pas, qu'est-ce que tu as en ce moment ?
– Je dois me faire faire une mammographie, je flippe comme une malade, c'est sûr je vais crever !
– Ah ! Toi aussi… Et l'on raccroche sur un grand éclat de rire.

J'aime Clotilde, c'est ma plus vieille amie.
Nous nous sommes connues sur un banc d'école dans le même pensionnat. Je pleurais comme un veau quand elle s'est approchée de moi, vêtue d'un pantalon patte d'éléphant orange vif et perchée sur des chaussures vernies rouges d'au moins dix centimètres de haut. Quelle classe ! Du jamais vu pour moi, dont le style rural me faisait porter d'une année sur l'autre les jeans de mes trois frères, ainsi que leurs chemises et leurs tricots d'ailleurs.
J'ai échappé aux slips kangourous, quoique, des fois quand je n'avais plus de petites culottes sous la main… Mais Clotilde, elle, avait toujours des tenues extravagantes, qui faisaient baver d'envie toutes les filles de onze ans.
Une fois pourtant, il me semblait être à mon avantage dans un ensemble jupe et veste moutarde que ma grand-mère m'avait fait au crochet. J'avais mis sous ma veste un chemisier blanc avec col pelle à tarte que j'avais boutonné jusqu'au cou, des chaussettes beige et mes grosses chaussures. Toutes les filles se sont retournées sur mon passage et m'ont dit :

– Ben dis donc ! Qu'est ce que t'es jolie ! La seule qui a hurlé de rire, c'est Clotilde.
– Ce n'est pas drôle, lui ai-je dis, profondément vexée par son manque de goût et fermement décidée à lui faire la tête. Chose impossible, car Clotilde ne savait faire qu'une chose : rire.
Avec elle, je suis passée de l'état totalement dépressif à la plus grande hilarité. Cela n'a pas été sans certaines conséquences sur notre travail scolaire.
Scotchées l'une à l'autre pendant la sixième, nous avons dû nous séparer, puisque de l'avis du conseil de classe il était préférable qu'elle redouble.
Pendant mon année de cinquième, je me suis sentie seule. Les rares instants où nous pouvions nous retrouver étant l'étude, nous en avons largement profité et c'est moi finalement qui ai redoublé. Impeccable. Nous nous sommes retrouvées dans la même classe.
Le spectacle a été permanent jusqu'à la fin de l'année, quand, contre toute attente, Clotilde est passée sans problème en quatrième, alors que l'on me conseillait de tripler ma cinquième. C'était moins rigolo.
Les professeurs dans leur magnanimité m'ont tout de même donné une chance et m'ont fait passer à l'essai.
– Si cela ne fonctionne pas au bout de trois mois, vous redescendez ! m'a assené mon maître de l'époque qui devait détester les enfants.
Enfin, je les remercie encore pour leur grandeur d'âme et l'admirable psychologie dont ils ont fait preuve. Sur mon bulletin (Dieu merci envoyé par la poste) était inscrit en rouge vif – peut-être était-ce le sang de mon

professeur principal ? – : « N'a strictement rien fait de l'année. Ne pourra aller très loin. »

Aller où ?

Moi, je veux juste rentrer chez moi avant que mes parents ne puissent voir mon carnet. Grâce à la lenteur des PTT, j'ai pu intercepter la redoutable missive du collège et l'expédier tout droit dans le poêle à charbon pour s'y consumer.

À mes parents qui avaient d'autres soucis en tête, j'ai simplement annoncé que mes études suivaient leurs cours, ce qui était vrai. Je n'ai plus jamais redoublé et j'ai même eu mon bac avec mention (assez bien, je vous l'accorde, mais il faut quand même le faire). Ensuite, terminé, je ne voulais plus entendre parler de rien et ça a été une grossière erreur.

Quant à Clotilde, son goût pour les petits dessins qu'elle faisait en classe l'a expédiée tout droit vers les Beaux-Arts. Elle a ouvert son agence de publicité pendant que j'entamais mes grossesses qu'elle suivait d'un œil presque indifférent. Sa vie amoureuse ressemblait au désert de Gobi (ou Cha-Mo, Grand désert de l'Asie Centrale – Mongolie et Chine), je n'invente rien c'est écrit dans le Petit Larousse Illustré. Sa belle humeur commençait à se fissurer jusqu'au jour où j'ai eu l'idée géniale de vouloir passer une annonce pour elle dans le *Chasseur Français*. J'ai longtemps cogité le texte pour ne pas être prise au dépourvu.

Ce qui donnait à peu près ceci :

Jeune fille – non – femme
34 ans, bon physique – non
physique généreux
Sens artistique très développé

Emploi dans la communication
Beaucoup d'humour
Excellente cuisinière
Recherche homme drôle et intelligent pour faire bout de chemin ensemble et plus si affinités.

(J'ai volontairement fait l'impasse sur son caractère de cochon et son langage de charretier, il faut savoir préserver un peu de mystère). Et voilà, pas mal, non ? Sauf que, quand j'ai appelé en disant que c'était pour une amie, le type au bout du fil m'a renvoyée dans mes foyers, parce qu'il me fallait une procuration. Échec total. Quand finalement je lui en ai touché deux mots, elle m'a répondu que j'étais cinglée et qu'elle n'avait *AUCUNE* intention de se marier. Ah bon ?

Mais ce n'est pas du tout ce qu'elle laissait penser. À la voir, le célibat lui allait aussi bien qu'un string à un hippopotame, la solitude l'étouffait tant que je la retrouvais à moitié asphyxiée après chaque week-end d'errance entre son poste de télévision et son frigidaire. Quant aux hommes, tous des salauds ou tous mariés, ce qui revenait un peu au même.

– Il n'y en a pas un seul, tu m'entends, pas un seul qui vaille le coup.

– Mais si, tu verras, répondais-je à chaque fois sans aucune conviction.

Et puis un jour, bingo !

Elle m'appelle de Thionville où elle a élu domicile.

– Tu es assise ? me dit-elle surexcitée.

– Oui.

– Écoute, un garçon m'a dit qu'il m'aime !

– Nannnn...

– Si, je te jure, incroyable, il est plus jeune que moi

– de quatre ans – mais aucune importance il est terriblement sympa.
– Qui c'est ?
– Un copain d'un copain, il m'aime depuis six mois sans jamais avoir osé me le dire, c'est chou non ?
– Mais, et toi, tu l'aimes ?
– Ben… oui.
Et voilà, ils se marièrent et eurent beaucoup d'enfants, car elle s'est révélée pondeuse de première catégorie. Elle a fait quatre jolis bambins qui ont actuellement dix, huit, six et quatre ans. Tout cela pour dire que ses préoccupations de maman ne sont pas les mêmes que les miennes. Son souci majeur étant pour le moment l'éducation de ses petits. Une éducation qui se veut stricte et rigoureuse, chacune de nos conversations téléphoniques se termine en général par un : « Vos gueules les nains ! Je n'entends rien ! »
On ne badine pas avec Clotilde, surtout quand elle est au téléphone.
Pour ma part, si le présent est important, c'est surtout l'avenir qui me préoccupe.
Qui me ronge en fait.
À nos amis qui l'interrogent, notre fille aînée parle de son futur métier de kiné avec passion et enthousiasme. À moi qui ne demande rien, elle dit que finalement, elle va peut-être ouvrir un troquet avec des copains.
Surtout ne pas avoir l'air trop directif et reprendre l'argument infaillible : l'un n'empêche pas l'autre.
Pourtant, chaque nouvelle idée me fait l'effet d'un coup de cloche d'une centaine de tonnes pris en pleine tête.

Je demande d'urgence l'intervention de son père. Après tout, c'est bien le père qui propulse l'enfant dans la société, non ?
– Il faut que tu parles sérieusement à ta fille, dis-je en le suppliant, alors qu'il tentait une tentative d'approche que j'ai vite évitée.
– Il est onze heures du soir, c'est un peu tard, non ?
– Demain alors, il faut absolument qu'elle sache que tu t'intéresses à son avenir. Tu comprends, un enfant à besoin de savoir qu'on s'occupe de lui, qu'on est là pour l'épauler. Le guider, le comprendre… Tu m'écoutes ?
– Je ne fais que ça.
– Tu as compris ?
– Non.
– Tu le fais exprès ?
– Oui.
– Je te préviens, si tu ne lui parles pas, je vais coucher ailleurs jusqu'à ce que tu te décides ! Et je lui tourne le dos, trop contente de pouvoir dormir aussi vite.
J'ai préparé un dîner qui va ravir d'aise tout le monde, enfin surtout les enfants. Inutile de s'encombrer d'un repas compliqué, alors que l'essentiel est ailleurs, en l'occurrence dans les propos que doit tenir Luc à notre fille. Tout le monde est autour de la table, je suis un peu tendue, certes, les conversations battent leur plein et j'attends avec impatience l'intervention du papa qui me regarde avec insistance. Allons bon, que se passe-t-il encore ?
– Ça ne va pas, commence-t-il.
– Qu'est-ce qui ne va pas ?
– Tes cheveux, derrière les oreilles.

Mais qu'est-ce qu'il raconte ?
Je le regarde, éberluée.
– Ça fait quarante ans que je suis coiffée comme ça. Tu veux que je les coupe, demandais-je avec une furieuse envie de le souffleter.
– Ce serait pire.
– Bon, je vais mettre une cagoule et on n'en parle plus.
– Quant à toi, fait-il en se tournant vers sa fille, je pense que kiné c'est pas mal, je te l'accorde, mais tu es capable de faire médecine. Alors réfléchis bien. Et puis c'est quoi ce truc qu'on mange ? Et il se lève et sort pour crier du salon :
– Qu'on m'apporte une glace !
Je rêve ! Montre en main : douze secondes. J'ai chronométré. Je sors de la cuisine comme une furie, en jetant mon tablier par terre, comme une vraie cuisinière (Faux. Je ne l'ai mis qu'une seule fois. Il n'empêche que j'aurais pu le faire.)
– Qu'est-ce qui te prend ? Tu m'avais promis de lui parler !
– Je viens de faire quoi, d'après toi ?
– « Kiné pas mal – médecine mieux. » Ce n'est pas ce que j'appelle une conversation ! Dix secondes en tout.
– Il faut savoir synthétiser, aller à l'essentiel.
– Mais ce n'est pas le sujet ! Tu lui parles de médecine, alors qu'elle pense à ouvrir un bistrot !
– Je donne de la hauteur au débat. Maintenant, si elle hésite, ce ne sera plus entre glander ou avoir un vrai métier, mais entre une profession style vocation ou une profession genre prestige. Maintenant, c'est clos.
J'enrage, j'ai envie de lui labourer le crâne avec les

griffes du chien. Ce n'est pas un dialogue, elle n'a même pas eu le temps de prononcer un mot, elle l'a regardé avec des yeux ronds en se demandant quelle mouche l'avait piqué et a continué à manger avec la tranquillité qui la caractérise. Que va-t-elle penser de tout ça ? Elle est où, l'épaule bienveillante et réconfortante sur laquelle elle est censée s'appuyer ? Il est où, ce père supposé la propulser dans la société ? Là, sur le canapé, les jambes étendues sur la table basse, plongé dans la lecture de son journal, l'air satisfait du devoir accompli. Grrrrr.
Mais le pire, c'est qu'il a fait mouche. La suite des événements le confirme. Pourquoi, mais pourquoi, tant d'injustice ?

– Tu crois Maman que je devrais faire médecine ? me demande Alice, alors que nous arpentons les galeries de notre centre commercial. Car moi, ce que j'aime vraiment, c'est toucher les gens. Je n'ai pas envie de me contenter d'un diagnostic et ne pas suivre mes malades. Je veux les remettre en état. C'est beaucoup plus gratifiant et intéressant que de rester derrière un bureau.
– Tu as raison ma Chérie, dis-je en écrasant une petite larme d'émotion au coin de l'œil. Il faudra que tu te renseignes sur les écoles. Et là, j'écrase à nouveau une larme d'émotion, mais pas pour la même raison, car je tombe en arrêt devant *LA* bague magnifique, repérée depuis des semaines chez un bijoutier. Pas fine et discrète. Non. Énorme. En or, chargée de diamants. C'est la plus belle de toutes, confirmé par le nombre de zéros qui suit le premier chiffre. Elle n'est pas belle, elle est monstrueusement aguichan-

te ! À chaque fois que je la vois, je suis prise d'une fringale délirante, j'ai envie de dévorer la boutique.
– Regarde ! Là.
– Quoi ?
– La bague, tu vois ?
– Non.
– Mais si ! La plus grosse. Tu pars du bracelet tout en haut, tu descends trois rangs, et tu comptes, c'est la quatrième en partant de la gauche. Tu la vois ?
– Non.
– Viens, je te la montre, je vais demander à l'essayer.
– Mais, Maman…
– Et alors, moi aussi j'ai le droit !
Une vendeuse raffinée s'approche de nous, Alice se cache derrière moi, quand je demande si je peux jeter un coup d'œil à *ÇA*, dis-je en pointant mon doigt sur l'objet de mes fantasmes.
– Un instant je vous prie, entrez dans notre petit salon, je vais vous la chercher.
Je frémis de bonheur quand elle revient avec l'écrin. Après avoir fermé la porte à clé, elle s'installe en face de nous et sort le joyau.
– C'est bien celle-ci, me demande-t-elle ?
J'ai du mal à répondre, car j'ai la bouche remplie de bave.
– Fouiicchhh !
Alice me pousse du coude et chuchote :
– Mais tu es folle !
– Fouiicchhh !
Et je passe la merveille à mon doigt, en manquant de tomber dans les pommes.
– Elle vous va très bien, constate la jeune femme qui a tout de suite flairé que je n'ai aucune intention de

l'acheter (surtout avec mon salaire de fonctionnaire), je vous en ai apporté une autre, plus discrète (entendez par là moins chère, donc peut-être plus abordable pour vous), et tout aussi jolie.
– Ah oui ?
Elle la sort et je l'essaie à contre-cœur, elle pense pouvoir me duper avec ce jonc de trois millimètres de large, coiffé d'un diamant ridicule. Rendez-moi ma bague ! ai-je envie de lui crier, mais je m'abstiens et la lui tends en soufflant que :
– Je préfère l'autre.
– Rien à voir, ajoute-t-elle avec une telle inclinaison de tête, que j'ai cru qu'elle allait se cogner contre le bureau. Mais cette inclinaison signifie tout de même « Elle est belle. Mais, pas pour vous. »
– Maman, ce n'est pas du tout ton style ! me sermonne ma fille quand nous sortons de la bijouterie, elle à pied, moi sur mon nuage.
– Tu ne la trouves pas jolie ?
– Si, mais ça fait rombière.
– Ben justement, je me sens une âme de rombière.
Je ne peux m'empêcher d'en parler à Constance, grande croqueuse de diamants devant l'éternel. Constance a des goûts de luxe. Fi du petit diamant ridicule que l'on étudie à la loupe ! Son rêve : un énorme caillou scintillant de tous ses feux qu'elle pourra un jour exhiber à son doigt.
Peut-être pas demain, mais un jour, qui sait ? Dans ces cas-là, Charles, son mari, hausse les yeux au ciel, et lui met régulièrement une main au front, pour voir si la température de son corps n'excède pas quarante-trois degrés. Elle s'en moque, cela ne l'empêche pas de rêver et d'apprécier les belles choses.

Elle se fait plaisir à sa façon, en léchant jusqu'à totale usure de sa langue toutes les vitrines de bijoutier-joaillier. Car, comme elle l'explique : « Il y a une énorme différence entre un bijoutier – qui n'est qu'un simple revendeur – et un joaillier, qui lui, dessine ses modèles. »
Constance veut se faire incinérer (une fois morte, bien sûr) et son goût du luxe est tel qu'elle nous a demandé de jeter la moitié de ses cendres devant chez Chanel et l'autre moitié devant chez Vuitton. Nous, on lui a proposé de les éparpiller Place Vendôme. Elle a hurlé de joie.
– J'ai vu une bague splendide, dis-je à voix basse, parce que Luc est à côté de nous et que je ne voudrais pas être taxée de superficialité. Nous dînons chez Maud et Patrick, et, vu le bruit, je ne pense pas qu'il puisse m'entendre. Hurlement de Constance qui me somme de lui en faire une description détaillée.
– Des diamants.
– Ça commence bien.
– Partout !
– Oui, mais gros ?
– Pas trois carats chacun bien sûr, mais plein, plein, plein !
– On les voit suffisamment ?
– On ne voit que ça, tu veux dire ! Tu sais, un pavé re-cou-vert de pierres.
– Couleur de l'or ?
– Jaune.
– Tu l'as vu où ?
– Au Comptoir.
Sur ce, Maud nous rejoint et se joint à notre conversation.

– Tu parles de bagues.
– Non ! De *LA* bague ! ajoute Constance qui ne l'a pas vue, mais flaire déjà le bijou du siècle.
Trop heureuse de l'opportunité qui m'est donnée, je repars dans une description ultra détaillée de l'objet de mes obsessions du moment. C'est futile n'est-ce pas, mais j'en rêve. Tout le temps. Et puis c'est une assurance pour l'avenir, on ne sait jamais, s'il prend l'envie à Luc de m'abandonner sur le bord de l'autoroute aux prochaines vacances, je pourrai toujours monnayer mon rapatriement.
C'est odieux de penser ainsi. Et puis, pourquoi l'autoroute, ça peut aussi bien être un petit chemin de campagne, après tout. En tout cas, une chose est certaine, cadeau ou pas, on est deux à vouloir fêter nos quarante-cinq ans.

– Quarante-cinq ans ! Je n'en reviens pas.
– Ah bon… me dit Carole avec qui je vais partager cette grande beuverie.
– Tu te rends compte, dans cinq ans c'est le demi-siècle !
– Et cinquante-cinq, le siècle entier, ajoute-elle, pragmatique.
– Le problème, c'est que dans ma tête, je n'ai toujours pas abordé la trentaine. Je n'ose pas avouer que par moment, je n'ai même pas l'impression d'être vraiment majeure, et je parle de la majorité à vingt et un ans, parce que celle de dix-huit…
– Ah, fait-elle laconique, moi j'ai l'impression d'en avoir soixante-quinze.
– Oui, quand tout va mal, sinon…
– Sinon, quatre-vingt-quinze quand je me lève le

matin et cent deux quand je me regarde dans la glace pas maquillée.
– Tu es certaine de vouloir faire la fête ?
– Certaine.
J'ai quelques doutes, mais son beau sourire me réchauffe le cœur et, en plus, elle a la carte Métro.
– On choisit une date ? proposé-je, histoire qu'elle ne sombre pas irrémédiablement dans une dépression d'où je ne pourrai l'extraire. Étant donné que tu es de décembre, et moi mi-janvier…
– Pourquoi pas fin décembre ? Non, c'est idiot, nous n'aurons personne avec les fêtes de fin d'année. Janvier, ce serait bien. Attends, je jette un coup d'œil à mon agenda. Le 7 c'est impossible, le 14…
– C'est mon anniversaire à moi !
– Oui, mais moi, je ne peux pas. Suis pas là… Le 21… non plus… Le 28, c'est bon.
Ce n'est pas trop tôt, à ce rythme ce n'est pas nos quarante-cinq, mais nos quarante-six ans que l'on risque de fêter. Je tiens la date et suis décidée à ne plus la lâcher.
– J'ai la date, annoncé-je à Luc.
– Quelle date ?
– Celle de mon anniversaire.
– Pourquoi, tu ne la connaissais pas avant ?
– Et toi, tu la connais ?
– 15 janvier !
– Raté. 14. Et puis tu m'énerves à te tromper systématiquement depuis vingt ans, tu le fais exprès ? De toute façon, il s'agit de la date de la fête que l'on va faire avec Carole pour nos amis.
– Parce que nous avons des amis ?
– Oui, quelques-uns, même plusieurs. Cent dix, en fait.

– Quoi ?
– Mais il n'y a pas que nos amis, il y a aussi ceux de Carole, ils seront au moins… une trentaine.
– Et tu comptes les mettre où ?
– J'avais pensé à la maison.
– Pourquoi pas celle de Carole ?
– Le jardin…
– En plein hiver ?
– Avec une tente…
– Sans moi, je n'ai pas envie de me geler.
– On pourra faire un feu à l'intérieur… Non, je plaisante. Une salle alors, c'est ce qu'il y a de moins compliqué.
– Pour qui ?
Finalement, c'est compliqué de trouver une salle, sympa, pas trop chère, disponible au moment voulu. Mais on l'a trouvée, et notre loueur, dans sa grande gentillesse éthylique nous a même fait cadeau de chaises gratuites. Le problème, c'est qu'au moment de verser l'acompte il ne se rappelait plus du tout de ses promesses. Heureusement, le charme de Carole a opéré et il s'est presque excusé de nous faire payer le chauffage.
Je suis euphorique. La vie est belle !

– Maman, tu peux venir me chercher chez Charlotte ? me demande Alice. C'est dimanche, un dimanche de novembre bien sinistre, ensoleillement : zéro. Pluviométrie : trois cents litres par mètre carré. J'enfile mon manteau et cours sous les trombes d'eau.
Dès que je l'ai vue sortir de chez son amie, j'ai su qu'il se passait quelque chose d'anormal. Je la laisse monter en voiture, la regarde et m'interroge sur ce

qui ne va pas. Elle est toute blanche et j'en conclus qu'elle s'est peut-être disputée avec son amie ou qu'elle n'a pas assez dormi. C'est ça. Ou qu'elle est contrariée parce que demain c'est lundi – comme après chaque dimanche d'ailleurs – et que la perspective de reprendre l'école ne la réjouit pas.
– J'ai couché avec Arnaud, fait-elle froidement.
– Argggg... Quoi ?
– Sans préservatif.
– Mais tu es folle !
– Je sais, Maman.
– Tu ne devais plus le revoir, il t'a laissée tomber comme une vieille chaussette, tu as énormément souffert à cause de lui et tu remets ça !
– On s'est revu en amis, j'étais certaine que l'on pouvait être amis. D'ailleurs lui-même me l'a dit, en fait, il voyait en moi la petite sœur qu'il n'a jamais eue, et moi le grand frère que je n'ai pas... Je ne voulais pas vraiment, ça s'est passé vite et d'ailleurs j'étais tellement écœurée par ce que j'ai fait que j'ai voulu me jeter du haut d'un pont.
La vie est horrible.
Ma fille part le samedi après-midi pour Paris faire des courses avec ses amies, puis une soirée entre filles. Et j'apprends le lendemain matin qu'elle a failli se suicider, qu'elle est peut-être enceinte ou, pire, atteinte d'une maladie incurable.
– Comment est-ce possible ? Que tu aies couché avec lui, n'est pas le problème – même si je pensais que cette histoire était définitivement classée –, mais *SANS* préservatif, c'est du suicide, toi qui fais de la prévention dans ton école. Et c'est quoi cette histoire de vouloir se jeter d'un pont, tu es malade ! Tu ne

vas pas mettre fin à tes jours à chaque fois que tu ne seras pas fière de toi, à cette cadence on enterrerait les gens des centaines de fois !
Tout se bouscule dans mon esprit saturé par ces informations toxiques.
Par où commencer ? D'abord essayer de la rassurer. Difficile, car je suis anéantie par tout ce qu'elle me raconte. Ce garçon que je méprise pour son désengagement affectif, mais visiblement pas physique. La vulnérabilité de ma fille qui envisage tout de suite de commettre l'irrémédiable, sous prétexte qu'elle n'est pas conforme à l'image qu'elle a d'elle.
Cet éventuel bébé qui peut arriver (et qui appellerait Luc : Papy !). Mais surtout, la hantise que cet individu ne soit pas sain. Et là, mon cœur de mère est mutilé. Toute la journée nous en avons parlé et reparlé. En chuchotant bien sûr, pour ne pas alerter le reste de la famille. Je l'ai rassurée en lui répétant que, Dieu merci ! cela n'arrive pas systématiquement, sans pouvoir me sortir de la tête cette terrible lecture, faite quelques mois auparavant, d'une jeune fille de dix-sept ans contaminée par son premier prétendant. C'est sous forme de loque humaine que je vais me coucher après avoir fait des sourires optimistes à ma chérie, pour fondre en larmes sous la couette.
– Qu'est-ce qui se passe ? me demande Luc. Moi qui me croyais assez forte, je lui explique entre deux reniflements, le drame qui se joue.
– Je croyais que c'était une histoire terminée ?
– Moi aussi, dis-je dans un hoquet.
– Il faut qu'elle aille voir un médecin et qu'elle fasse un test.

Son calme me fait du bien, mais la nuit est très mauvaise. Je fais des cauchemars insensés où il est question de poursuites dans le métro. Je me réveille le matin, essoufflée, et appelle la gynéco qui nous fixe un rendez-vous pour le soir même en urgence.
– Tu sais qu'il y toujours un risque énorme à ne pas se protéger, dit le médecin à Alice. Tu as pris la pilule du lendemain ?
– Oui, j'ai été à l'hôpital avec une amie et ils me l'ont donnée.
– Bien, au moins un problème d'évacué, pour le reste il faut faire un test HIV. Tu vas aller dans ce laboratoire, tu auras les résultats tout de suite, puis tu en feras un autre dans trois mois, pour être vraiment sûre.
Trois mois ! Mais je vais crever à petit feu ! Plus rien n'a d'importance, ni anniversaire ni bague – même la plus belle du monde – je veux simplement que ma fille puisse continuer à vivre normalement, sans épée de Damoclès au-dessus de la tête, dans l'insouciance de ses dix-sept ans.
Je ne veux pas qu'elle soit malade. Je l'imagine déjà amaigrie, rongée par cette saleté, des kilos de médicaments à prendre tous les jours. Plus de vie sentimentale, pas d'enfants et au bout l'irrémédiable. Je ne veux pas, je ne veux pas ! Sinon, je veux mourir avec elle…
J'appelle le laboratoire.
– C'est pour un test HIV, est-ce possible de passer aujourd'hui ?
– Dix-sept heures.
– Parfait, heu… excusez-moi, pour les résultats, il faut attendre combien de temps ?

– Vous les aurez demain à la même heure.
Sur ce, j'appelle Alice et lui fixe rendez-vous. Quand nous nous retrouvons, j'ai le cœur qui fait des bonds. Elle a une mine chiffonnée, elle esquisse un petit sourire et me demande :
– Tu viens avec moi, Maman.
– Bien sûr ! et c'est la peur au ventre que nous entrons toutes les deux.
Je boirais bien une bouteille de vodka au goulot pour me calmer, mais dans un centre d'examen, ce n'est pas évident à trouver et puis je sens peser le regard des hôtesses sur nous après lecture de l'ordonnance. Si en plus je suis ivre morte, cela risque de faire mauvais genre.
– Tu demanderas à l'infirmière si le test est vraiment fiable, et pourquoi il faut en refaire un dans trois mois. De toute façon, ne n'inquiète pas, tout ira bien.
– Mais toi Maman, tu n'es pas inquiète n'est-ce pas ?
– Pas du tout !
Sur ce, elle se lève à l'appel de son nom et j'en profite pour me ronger les ongles jusqu'à l'os. Quand elle revient au bout de quelques minutes, elle me confie :
– Voilà, c'est fait, le sort en est jeté. On verra demain. Elle m'assure que le test est fiable à 99,99 %, qu'un nouveau test est demandé trois mois après pour une garantie à 100 %. Mais déjà, si celui-là est bon, c'est gagné.
– Bien, allez, on y va ! dis-je en croisant les doigts derrière mon dos, et en enlaçant le premier arbre venu, histoire de toucher du bois.
Mer agitée, enfin, nuit agitée, j'étais sur un bateau

ivre (peut-être lié à mon envie de vodka d'hier), ballottée dans tous les sens et je me réveille complètement nauséeuse.
Surtout ne pas trop y penser. C'est une règle d'or. Plus on réfléchit à un problème, plus on l'amplifie. En fait, essayer d'ignorer toute cette histoire jusqu'à ce soir dix-sept heures. Je vais aller travailler comme de coutume, peut-être même plus consciencieusement que d'habitude, pour oublier, et en rentrant, je me jetterai à corps perdu dans le ménage, la maison sera nickel, puis tran-quil-le-ment, j'irai au laboratoire.
Je ne peux pas travailler. Comment pourrais-je, quand je sais que la vie de ma fille se joue dans un tube à essai ? C'est inhumain. Je n'ai qu'une idée en tête : demander à tous les gens que j'ai au téléphone ou que je croise s'ils ont déjà fait un test HIV.
Finalement, je me confie à une de mes collègues, (puis à quelques autres aussi, je l'avoue), pour leur parler de mon angoisse. Elles me rassurent, enfin la majorité d'entre elles, quelques-unes plus sadiques me disent d'attendre. Enfin, cela m'a fait du bien de parler.
Mais à la maison, je me sens terriblement seule, je pourrais toujours aller chez le boulanger lui demander s'il a déjà fait un test ou chez le boucher, le garagiste, le curé ? Ça ne servirait à rien, alors j'entame mollement le prétendu ménage de l'année. Le balai pèse une tonne, je découvre que l'eau mouille vraiment, parce que je viens de m'asperger de la tête aux pieds. Tout va de travers.
J'arrête, tant pis. De toutes façons il va bientôt falloir que je parte. Bien qu'il ne soit que... Quatorze heures trente ! C'est tout ? Ce n'est pas possible ! La pendule s'est arrêtée ! Ou le temps peut-être ? Je

fonce dans la salle de bains pour vérifier l'heure : Quatorze heures trente deux. Bon le temps fonctionne, c'est déjà rassurant, mais pourquoi si lentement ? Je redescends m'asseoir sur le canapé, vire vers un fauteuil quelques instants plus tard, prends un bouquin que je laisse choir aussitôt parce que je n'ai pas mes lunettes et que je ne sais pas où sont ces garces – qui ont pris l'habitude d'être en haut quand je suis en bas, et inversement.
Quelle barbe d'être dépendante de ces horreurs qui me font une ignoble marque rouge sur le nez parce qu'elles sont trop lourdes, trop moches et me donnent un air abruti. D'ailleurs, si je n'avais pas tant besoin d'elles, j'irais de ce pas les piétiner pour me calmer. Ah bien, non..., finalement elles sont là, je viens de m'asseoir dessus en changeant à nouveau de fauteuil. Très joli. Il ne me reste plus qu'un verre, c'est de mieux en mieux. Et si j'allais au labo ? Quinze heures ... C'est peut-être prêt... Non, il faut que j'attende encore un peu. Un coup de fil de Maman me sauve. Nous restons très exactement quarante-neuf minutes à discuter, surtout elle, de la jeunesse d'aujourd'hui :
– Que veux-tu, actuellement, les filles ont toutes le feu au cul, de mon temps cela ne se passait pas ainsi. Moi je n'ai connu qu'un seul homme dans ma vie – ton Père – il ne me serait pas venu à l'idée de me jeter dans les bras de trente-six bonshommes avant de me marier.
Je la laisse parler, car bien sûr elle ne s'est jetée que dans les bras de Papa, mais quels bras ! Et quelle chance insolente elle a eu de pouvoir s'y blottir pendant cinquante ans. Un rêve que de trouver le grand amour à quinze ans et de l'épouser à dix-huit.

– Bon ! ça me fait quand même bizarre que ma petite-fille ait plus d'expérience que moi dans ce domaine.
– Mais Maman, elle n'a connu qu'un seul garçon.
– Pour l'instant, parce que tu ne crois tout de même pas qu'elle compte s'arrêter là !
Heureusement que Luc est absent, lui qui ne supporte pas que nos échanges téléphoniques dépassent les trente secondes. Enfin, tout cela me mène à seize heures et personne ne va m'empêcher d'y aller maintenant, sinon je vais devenir folle à lier.
Je me gare, respire un grand coup, ferme la porte de la voiture et pars d'un pas mal assuré. J'ai les jambes en pâté de foie et la colonne vertébrale en gélatine. Surtout ne laisser transparaître aucune émotion – genre Clint Eastwood dans *L'Inspecteur Harry* – et demander le plus naturellement du monde si les résultats sont prêts.
– C'est pour quoi ? m'interroge la personne de l'accueil.
J'aurais peut-être dû formuler ma requête par écrit, car aucun son ne sort de ma bouche. Couic, je suis coincée. Je me donne un coup de pied aux fesses et finis par balbutier :
– Les résultats de ma fille.
– Quel nom, dites-vous… ?
Je la regarde manipuler les enveloppes dans son tiroir avec une lenteur exécrable. J'ai envie de lui tirer les cheveux pour qu'elle se remue, elle m'exaspère. Enfin elle en sort une.
– On vous avait dit dix-sept heures, vous avez de la chance que ce soit prêt.
Je m'en fiche de l'heure, passe-moi l'enveloppe, salope,

ai-je envie de hurler. Je la lui arrache presque des mains quand elle me la présente, l'ouvre prestement et parcours le compte rendu. Rien !
Quel bonheur ! Je remplis mon chèque en quatrième vitesse, fais en sortant un gros bisou à l'arbre qui lui a forcément porté chance, et appelle Alice sur son portable.
– Tout va bien ! dis-je.
– Ouf ! Je suis contente, mais je ne m'inquiétais pas tant que ça, vu que tu n'avais pas l'air paniquée.
– Tu as raison, inutile de se faire du cinéma.
Je fais un grand clin d'œil de connivence à son père quand nous nous couchons.
– J'espère que ça va lui servir de leçon, bougonne t-il, mais je le sens ému et rassuré. Je peux enfin m'endormir paisiblement, sans toutefois m'empêcher de repenser à ce drôle de coup de fil de Constance, ce matin au bureau. Alors qu'elle me parlait, j'ai dû me mordre dix fois la langue pour ne pas lui poser ma question sordide, et l'écouter me raconter son expédition au centre commercial pour aller voir… *MA* bague. Car même si je ne l'ai pas achetée, elle est quand même à moi. C'est étrange tout de même, cette démarche. D'ailleurs, les jours suivants, elle m'inonde de coups de fil:
– J'ai été l'essayer, m'annonce-t-elle. Elle est magnifique ! Je n'ai pas pu résister, j'en avais tellement envie, je voulais voir l'effet sur mon doigt.
Qu'est-ce qui lui prend ? Je n'aurais jamais dû lui en parler. Elle me fait mal au cœur, je la lui offrirais bien cette bague si je pouvais, car je sens que cela vire à l'obsession. J'enchaîne pour la calmer :
– Ce n'est qu'une bague.

– Quoi, tu ne l'aimes plus ? Tu en as vu une autre plus jolie ? hurle-t-elle au téléphone.
– Pas du tout, elle est très belle. Il faudrait être cinglée pour ne pas en être folle, mais il faut garder la tête froide.
– Oui, oui… Tu as raison… mais tu es sûre qu'elle te plaît toujours ?
– Bien sûr ! Elle me plaît, elle te plaît, elle nous plaît, et c'est la plus belle bague du monde. Tu te sens bien ? Elle a raccroché. Je n'entends plus que le bip… bip… de la sonnerie dans le vide. Elle va mal. Carole aussi, du reste. Alors que j'arrive chez elle pour le déjeuner, ce qui est rarissime (c'est une grosse travailleuse (elle) et que j'en profite pour me prélasser et admirer son superbe intérieur pendant qu'elle nous prépare une dînette, je l'entends grommeler toute seule, la tête dans le four.
– C'est à moi que tu parles ? dis-je en m'avachissant de plus en plus dans le canapé tout en ajoutant : Tu veux un coup de main ? Je joins le geste à la parole en me glissant un coussin supplémentaire sous la nuque qui me fait très légèrement souffrir depuis ce matin (j'ai dû prendre froid). Je suis merveilleusement bien, dans un état proche de la béatitude, en fait, rien ne me fera bouger.
– Je ne fête plus mon anniversaire, annonce-t-elle, en posant un plateau sur la table basse, garni de choses absolument délicieuses et totalement proscrites pour mon régime.
– Hein ! Je me redresse d'un bond. Mais qu'est-ce que tu racontes ? On va faire la fête, Carole !
– Pas envie, plus envie. Envie de rien.
– Et l'acompte que tu as versé ?

– M'en fous, je t'en fais cadeau.
– Mais Carole, nous *DEVONS* fêter nos quarante-cinq ans !
– Qu'est-ce qui te prend ? Cela n'a jamais été une obligation !?
– Si ! Non, heu… bien sûr, mais quand même…
Comment lui expliquer ? Comment même me l'expliquer ? Gamine déjà, je devais avoir dix-douze ans, je pensais que j'aurais un destin fabuleux – certes – mais que hélas !, je mourrais jeune. Étant chez les religieuses, j'optais pour la crucifixion qui était assez dans mon courant de pensée de l'époque. J'avais donc fixé une échéance définitive à ma vie pour mourir en qualité de martyre à l'âge de quinze ans. L'arrivée de Clotilde pendant mon épopée mystique a mis un sérieux frein à mes élans de suppliciée. Je décidai donc de reculer le terme de dix ans et de disparaître en pleine mer après avoir sauvé des vies humaines.
À vingt-cinq ans, je rencontre Luc, c'est donc chose impossible, puisque très vite je suis mère de famille. Je garde en tête que je peux trépasser – comme beaucoup d'autres gens du reste – mais encore plus vite qu'eux. Impossible de me débarrasser de cette idée, confirmée un jour par mes filles qui avaient alors quatre ans et deux ans, assises à califourchon sur mon dos, alors que je nettoyais à quatre pattes la cuvette des WC (une vie vraiment hors norme comme on peut le constater).
Une interrogation de la part de ma cadette manque de m'envoyer tête la première dans les sanitaires.
– Hein, maman, que tu vas bientôt mourir ?
Ça y est, nous y voilà… Elle ressent quelque chose. Ce

que j'avais enfoui au plus profond de mon être, mon petit bout de femme me le ressort pour me prévenir et me confirmer que je suis en sursis. Le sixième sens des enfants.

Mais mon aînée est venue à ma rescousse en s'exclamant d'un ton outré :

– Dis donc, t'exagères, et qui c'est qui va nous faire à manger après ?

Il n'empêche que je n'en menais pas large et qu'un chiffre m'est venu à l'esprit : quarante-quatre. Pourquoi quarante-quatre ans, je n'en sais rien. Peut-être parce que je les aurai en l'an 2000, année symbolique s'il en est, et que cela me paraissait incroyablement loin à ce moment-là. Mais voilà, le problème c'est qu'on y est, maintenant ! J'y ai pensé toute l'année, j'ai vraiment cru que j'allais mourir et comme pour conjurer un peu le sort, je me suis dis que si on faisait une grande fête à plusieurs, il ne pourrait rien m'arriver. D'où cette idée d'anniversaire collectif. Carole me protège, si elle le fête avec moi, je suis sauvée, si elle me laisse tomber, je n'aurai jamais quarante-cinq ans. C'est tout. J'ai envie de lui hurler qu'elle risque d'avoir ma mort sur la conscience, mais j'ai peur qu'elle ne comprenne pas vraiment.

– Carole, réfléchis. Ça va être super.

– Non.

– Comment ça, non ?

– Parce que je n'ai plus envie de faire la fête.

– À cause d'Yvan ?

– Celui-là, ça fait belle lurette qu'il n'est plus dans la course.

– Ah bon, dis-je faussement étonnée.

– C'était un minable.

– Oui, c'est vrai, enfin si tu le dis. Elle n'a pas tort. Un mètre qautre-vingt-onze de conneries en restant polie. Un frustré qui rêvait d'exercer la même profession qu'elle, et qui finit sa vie dans la peau d'un dessinateur industriel. Il ne l'a jamais digéré et n'avait de cesse de se moquer en l'appelant « Le Grand Architecte » On se serait cru dans une confrérie de francs-maçons à chaque fois qu'il parlait de Carole.
– Je suis amoureuse.
– Merveilleux !
– Impossible, ajoute-t-elle, l'air sombre.
– Ah bon…? Explique-moi.
– Trop compliqué.
Elle m'agace, elle me fait penser à Luc à chaque fois qu'il a un problème et que je veux le faire parler pour qu'il puisse se soulager. Pour toute réponse, j'ai droit aussi à ce « Trop compliqué ». J'ai envie d'ajouter : « Pour qui ? », mais je laisse tomber. Après tout, s'il pense que je ne suis pas suffisamment équipée pour comprendre … C'est vrai qu'avec mes deux neurones – un à droite et un à gauche – je ne peux pas piger grand chose. Surtout si je ne les fais pas fonctionner en même temps.
Carole n'a pas eu une vie facile. À dix-sept ans, elle est tombée follement amoureuse d'un homme marié et fier de l'être (qui aurait pu être le père qu'elle n'a pas eu – classique –) pour qui le mariage était un sacrement, et une gamine en guise de maîtresse, un bain de jouvence. Mais les choses étaient claires : pas d'interférences. Tout s'est gâté quand au bout de huit ans de bons et loyaux services elle a voulu un enfant. Il a dit non, en criant au viol. Elle est restée

sereine quand elle lui a annoncé qu'elle était enceinte de jumeaux. Il a pris la fuite. Elle s'est installée seule avec ses poupons.
Quelle femme ! Quand je repense à ma façon de pleurer comme un veau à la naissance d'Alice et à mon désarroi face à ce nouveau-né, je ne peux qu'admirer sa force de caractère. Alors qu'entourée et choyée, j'étais tout de même à la limite de la confusion mentale, elle orchestrait sa nouvelle vie de mère et sa carrière de façon magistrale. Elle avait perdu un homme mais en avait gagné deux minuscules. Elle était heureuse avec eux.
Bien sûr, elle aurait bien voulu leur donner un papa. Mais si les prétendants se bousculaient pour apprécier ses charmes, leurs fibres paternelles ne faisaient même pas mine de vibrer aux sons des pleurs, braillements, cris et insultes qui jalonnèrent les dix-neuf premières années de ces grands poupons. Je me suis tout de même toujours posé la question : Pourquoi ? Pourquoi aucun homme ne lui restait attaché ?
– Pourquoi ?
– Quoi, pourquoi ? fait-elle étonnée.
– Pourquoi est-ce si compliqué ?
– Parce que.
– Ce n'est pas une réponse. Il est marié ?
– Oui et non, ajoute-t-elle en me regardant d'un drôle d'air (elle a bu ou quoi ?).
– Bon, et même s'il est marié, tu n'en seras pas à ton premier essai, sans vouloir t'offenser.
– Mais il n'est pas marié !
– Ah ! Bon ! Parce que tu viens de me faire comprendre qu'il est quand même un peu marié. Je le connais ?

– Oui.
– C'est qui ?
– Je ne peux pas te le dire.
– Tu es stupide, je ne suis pas du genre à aller le clamer sur tous les toits et puis, je ne vois pas le rapport avec notre anniversaire. Même si c'est compliqué entre vous, ça ne t'empêche pas de t'amuser.
– Je ne veux pas qu'il vienne, c'est pour ça.
– Explique-lui. Je suis certaine qu'il comprend notre langue, non ?
– Oui. Mais même si je ne l'invite pas, il sera forcément là.
– Comment ça ?
– Parce que c'est toi qui vas l'inviter!
– Moi !
– Oui ! Toi. Qui d'autre, à ton avis, fête son anniversaire ?
– Mais si tu es contre, dis-moi qui c'est. Je le raye de ma liste et le tour est joué.
– Ce n'est pas si simple, je vais réfléchir, accorde-moi encore quelques jours et je te donnerai ma réponse définitive. Et elle avale une poignée de chips qui n'auront aucun effet dévastateur sur sa ligne. Le déjeuner prend fin, mais le cœur n'y est pas. Le cœur non, mais l'estomac, si. Je rentre morose et gavée, en passant par la boulangerie chercher du pain. Flûte et zut, c'est contrariant cette histoire. Je me demande qui peut bien être cet olibrius qui met mes projets à l'eau sous prétexte qu'il existe.

– Une baguette, demandé-je en étouffant un rot. Pas vraiment bien digéré. Trop mangé.
– Et un croissant aux amandes, s'il vous plaît. Pas rai-

sonnable, mais je suis contrariée, une petite compensation s'impose. Je fais au mieux pour le manger avec le plus d'élégance possible dans la rue, sous le regard indifférent des passants et l'achève en me cachant dans la voiture, pliée en deux. C'est fait. Je tapote mon manteau pour en décoller les miettes. Et voilà ! Ni vu ni connu. Mission accomplie. Et maintenant je l'ai dans le ventre et sur les hanches… à vie.
Bon, je ne vais pas passer le reste de l'après-midi dans une inactivité totalement destructrice, bourrelée de remords et bourrelée tout court. Ce comportement irrationnel me met en rage et j'ai beaucoup mieux à faire. Lettre recommandée à aller chercher, pantalon à prendre au pressing, quelques livres scolaires commandés depuis la rentrée à récupérer (il serait temps) et, pour finir, du produit contre les puces pour le chien qui mène un combat désespéré depuis plusieurs mois. Il n'en peut plus de se gratter, nous non plus. Excitant. Le genre d'après-midi enrichissant, mais je fais tout cela dans une sorte de dignité douloureuse pour me punir de m'être goinfrée.

Cette promenade m'a fait du bien, si ! si ! Je l'ai bien senti. L'air vivifiant, le rythme accéléré de mes pas, j'ai même monté les escaliers de la poste deux à deux ! Bon d'accord, il n'y avait que quatre marches, mais il y en aurait eu six, c'était pareil. Ma bonne humeur refait surface, il semble qu'un vent de fête vient me caresser le visage, puis me donne une gifle quand, en rentrant dans la maison, je tombe… sur moi.
Dans la glace. Mais quelle horreur. Ce n'est pas possible, je n'étais pas si moche ce matin. Peut-on enlaidir à vitesse accélérée ? Les cheveux : une catastrophe

! Trop longs, filasses et collés par paquets de dix. En plus, apparition de nouvelles rides sur le front – enfin elles me semblent tout à fait récentes.
Ça, c'est à cause de Carole. Pas bon du tout, cela mérite une vérification sous un éclairage disons… plus indulgent. Mais dans la salle de bains, c'est identique. Je songe l'espace d'un instant à mettre fin à mes jours par noyade dans le bidet, puis me ressaisis. Un bon masque, un shampoing, une épilation, une bonne crème hydratante (après avoir macéré trois quarts d'heure dans une eau bien chaude), me redonnent goût à la vie. Ah ! C'est mieux ! Tiens, si je me coupais les cheveux ?
– Qui est dans la salle de bains ? interroge Luc.
– C'est moi. Un coup d'œil à la pendule m'indique dix-neuf heures. Déjà ?
– Qu'est-ce que tu fabriques ?
– Une quiche.
– Sors !
– Je n'ai pas fini, encore quelques minutes.
– Dépêche-toi, j'ai un dîner ce soir, moi !
Vite les ciseaux. Où sont-ils ? Là. Bien… ne pas s'énerver, je l'ai déjà fait cent fois, ce n'est pas du tout compliqué. D'abord, s'installer bien en face du miroir à trois faces, ainsi la vision de profil est parfaite (beurk, je suis vraiment laide) et en avant, c'est parti. Pas mal… Oups ! Raté ! J'ai légèrement dérapé vers le haut. Pas grave, je vais raccourcir l'ensemble et achever la nuque au rasoir.
Ah ! Voilà une coupe rafraîchissante, un carré bien… une boule… un bol… ? Mince qu'est-ce que j'ai fait ? On dirait Jeanne d'Arc sur le point de monter au bûcher.

– Ça y est ? s'énerve-t-il.
– Oui... oui... Je sors.
– Pas trop tôt. Comment peut-on rester aussi longtemps dans une salle de bains ?
– C'est-à-dire que je me sentais tellement moche que...
– Et alors, ce n'est pas parce que tu vas y passer une heure que ça va changer quelque chose.
– Mufle !
– Qu'est-ce que tu as fait à tes cheveux ? dit-il en se retournant, l'air consterné.
– Pas mal, hein ? C'est moi qui les ai coupés.
– Ça se voit. Tu sais qu'il y a des spécialistes pour ce genre de choses, on les appelle des coiffeurs.
– Ah bon ? Il faudra que je me renseigne. Tu dînes avec qui ?
– Des types, tu connais pas, ça me gonfle, mais je ne peux pas faire autrement.
Je prends une mine contrite et lui pose un baiser sonore sur le front en guise d'au revoir. Une fois la porte claquée, j'annonce à la cantonade que ce soir, c'est dîner sur la table basse, devant la télévision et chien sur le canapé. Je sors pour fermer le portail à clé et à cet instant, mon œil est attiré par un petit bolide noir qui fait demi-tour à une vitesse hallucinante. C'est curieux, on dirait la voiture de Carole... Qu'est-ce qu'elle faisait devant la maison à cette heure ? Elle aurait pu s'arrêter.
– Maman ! crie Théo, Constance au téléphone.
– Oui, Constance (pourvu qu'elle ne me reparle pas de la bague).
– Tu vas bien ? Je te dérange ?
– Pas du tout, au contraire...

– Je voulais savoir si…
(Pas la bague ! Pas la bague !)
– Si vous vouliez venir dîner vendredi soir ?
– Mais avec plaisir, tu ne peux pas savoir comme je suis contente, vraiment très heureuse !
– Ce sera un petit truc tout simple, tu sais.
– Formidable, plus c'est simple mieux c'est, vraiment ravie.
– Tu te sens bien ? et elle raccroche sans attendre la réponse. Et moi je décroche pour appeler SOS Pizzas.
– Qu'est-ce que tu as fait à tes cheveux ? me demandent en chœur les enfants, alors que je mâchonne un morceau de pâte ruisselante d'huile d'olive ou de vidange, vu la couleur.
– Rien de grave, ils vont repousser, enfin j'espère.
Nous finissons la soirée tous les quatre enlacés sur le canapé, avec le chien comme couverture chauffante. Le paradis. Je les observe tous les trois en pensant que je n'ai rien fait de plus beau dans ma vie. Je savoure ces instants de pur bonheur, même si Alice, entre deux répliques du film, me déstabilise très légèrement en m'annonçant qu'après mûre réflexion, elle aimerait être artificier.
Je n'ai pas répondu, car j'étais en train de manger un magnum géant à la vanille, tout en avalant une gorgée de bière. J'ai simplement hoché de la tête en espérant qu'elle ne prenne pas cela pour un assentiment.
Bien, il est temps d'aller se coucher. Après des embrassades fougueuses et des câlins hystériques avec le chien, nous montons chacun dans nos chambres. Pour ma part, je vais d'abord me peser, car je me sens, comment dire, légèrement gonflée, ballonnée, enrobée, enfin énorme. Il faut dire que ma

journée n'a pas été un modèle de jeûne. Je fixe un bon bout de temps l'objet de mes humiliations – la balance – et me décide finalement à monter tout doucement dessus, espérant par ce stratagème, somme toute un peu ridicule, pouvoir la berner. Mais la manœuvre, qui aurait pu être subtile, se révèle totalement inefficace.
Cinquante-neuf kilos ! Arrghhh ! C'est impossible, c'est… c'est inhumain. Récapitulons. Chips, croissant aux amandes, pizza, glace, bière, c'est… c'est normal. Oh Mon Dieu ! ne me laissez pas tomber. Je vous promets que si je perds un kilo dans la nuit, j'arrêterai de parler régime avec mes copines tout en m'empiffrant de gâteaux. Merci. Si en plus vous pouviez me mettre sur une piste concernant le mystérieux inconnu de Carole, je vous en serais réellement reconnaissante. PS : pour mes cheveux, si vous avez une idée…
– Qu'est-ce que tu fais ? Tu ne te lèves pas, il est sept heures, constate Luc qui embarque sa veste et descend les escaliers en courant, frais comme un gardon, alors qu'il est debout depuis cinq heures trente.
– Je viens juste de m'endormir.
– Dépêche-toi, crie-t-il avant de claquer la porte.
Feu vert pour le chien qui n'attendait que son départ et saute sur le lit pour se vautrer à sa place. Sa truffe soulève tout ce qui lui fait barrage, oreillers et couette volent dans tous les sens. Il se frotte de tout son long contre les draps (il adore le coton) en ronronnant comme un chat qu'il n'est pas, et termine sa course folle sur le dos, les quatre pattes en l'air, tout essoufflé, en me regardant du coin de l'œil. Il est si mignon que je l'attrape dans mes bras et l'embrasse sur le museau.

– Mais qu'est-ce qu'il fait là, celui-là ? Ça va pas ? Glurps. Retour totalement imprévu du chef de famille.
– Non mais c'est écœurant, un chien dans mon lit, et à ma place en plus. Descends de là tout de suite ! Tu vas descendre, oui ! Le chien se sauve et je panique.
– C'est la première fois...
– Tu me prends pour un idiot ? Et il repart furieux. Puis revient en criant : c'est la dernière fois que je vois ce clébard dans notre chambre !
– Bonne journée Chér... Mais il ne m'entend déjà plus.
Aïe ! Bon, allez debout. Je me sens en pleine forme, svelte et même rajeunie. Foin de la barrique d'hier, j'ai presque le ventre plat et non gonflé à l'hélium comme tous les soirs. J'ai lu quelque part que, nous les femmes, nous avons un côlon très long (bien que jamais mesuré en ce qui me concerne) et particulièrement sensible aux fermentations. Le magazine donnait des astuces anti-gonflette que je n'ai jamais mises en application, du style :
– Manger lentement (suis toujours pressée),
– Éviter de boire en mangeant (impossible),
– Pas de boissons gazeuses (j'aime),
– Pas de plats en sauce (Mmmmhh...),
– Faire des abdominaux (quelle horreur) et puis marcher, courir, nager, etc. (Crevant).
Je n'aurai jamais le ventre plat. Maintenant, il faut tout de même que je me surveille parce qu'à ce rythme, je vais être obligée de l'installer dans une brouette pour traverser la chambre.
Mais ce matin, rien de tout ça. Telle une jeune

gazelle, je saute sur la balance en fermant les yeux. Quand je les ouvre, c'est le cauchemar : 59,2 !
– Je me vengerai ! dis-je en brandissant un poing rageur vers le ciel. Quant à l'inconnu, pas la moindre idée, et les cheveux, n'en parlons pas.

Nous prenons notre petit déjeuner dans un silence religieusement boudeur. Personne n'a envie d'aller en cours, ni au travail du reste, et Théo profite de l'apathie générale pour me glisser une lettre du collège.
– C'est quoi, ce papier ?
– Il faut que tu signes.
– Oui, mais encore ?
– Une colle.
– Ah… Je lis le motif de la retenue : *Comportement désinvolte et irrespectueux à l'égard du professeur, remarques et commentaires déplacés et malsains destinés à amuser les camarades. Refus de travailler en classe durant la période du 12 au 16 novembre.*
Bigre, c'est précis.
– Amuser tes camarades, c'est plutôt sympathique. Mais, tu pourrais choisir un autre endroit que la classe pour faire le pitre. Par contre, « malsains » qu'est-ce que ça veut dire ?
– Qui n'est pas sain.
– Je ne suis pas d'humeur à plaisanter.
– Elle est hystérique, la prof de français ! (curieux comme les professeurs sont souvent dérangés). Il poursuit : elle parlait de Nathalie en disant : « Voilà, elle connaît sa règle », et moi j'ai juste ajouté qu'elle a ses règles.
– C'est fin.
– En plus, on comprend un mot sur dix car elle est

polonaise. Alors on la fait répéter, mais elle n'apprécie pas. Elle pense qu'on le fait exprès.
– Ben voyons...
– Elle m'en veut maman, c'est certain. Pourtant, je fais des efforts pour participer, mais à chaque fois, elle m'ignore et interroge quelqu'un d'autre. Alors je m'occupe.
– Comment ?
– En lançant des boulettes. Avec Paul on a des super plans.
– Ça suffit ! Tu es au collège pour apprendre et respecter tes professeurs, et non pour jouer aux Indiens d'Amazonie avec ton bic transformé en sarbacane. Vous allez les rendre dingues, ces enseignants. Ce n'est pas un métier facile (quoique élève non plus). Il faut de la patience et des nerfs en béton pour supporter une classe entière qui n'a comme souci unique que d'en faire le moins possible. C'est une vocation ! Madame Schapovsky est professeur de français. C'est une matière importante, enfin à mes yeux, et d'ailleurs aux yeux de tout le monde. Elle a le droit au respect, ainsi que vos professeurs de musique et d'arts plastiques qu'on a trop tendance à négliger.
S'ensuit une explosion de rires. Je les regarde tous les trois et demande pardon tout bas à ces êtres humains qui font la terrible erreur d'enseigner de telles matières. Mais pour être vraiment honnête, il faut bien avouer que j'en garde mes meilleurs souvenirs de franches rigolades avec Clotilde, notre challenge de l'époque étant de pouvoir faire la sieste sous notre bureau le plus longtemps possible sans être repérées. C'est Clotilde qui a trinqué la première. La prof de musique l'a surprise vautrée par terre. Elle ne s'en

est pas aperçue tout de suite, parce qu'elle dormait vraiment. Mais le fait que Mademoiselle Zizan la tire violemment par les cheveux pour l'extirper de sous le bureau l'a vite réveillée. Elle a été bêtement trahie par ses chaussures rouges qui dépassaient. Pas de chance, elle a été collée un mois d'affilée et m'en a voulu à mort de ne pas l'avoir prévenue. J'ai eu beau lui dire que je n'avais rien vu venir parce que j'étais en train de colorier ma semelle de chaussure avec un feutre – dans l'espoir secret de laisser mon empreinte pour l'éternité dans la salle de classe – elle n'a rien voulu entendre. Finalement, nous nous sommes réconciliées en cours de dessin.

– Allez, on y va. Je signe la colle, file au bus déposer les filles et fonce au bureau.
– Qu'est-ce que tu as fait à tes cheveux ? questionnent en chœur mes collègues.
Merde, je les avais oubliés, ceux-là.
– Quels cheveux ? Ah, parce qu'il m'en reste ? Puis, je tourne le dos et pars m'installer à mon bureau qui regorge de dossiers et de stylos non rebouchés. S'ensuit un fastidieux processus de rebouchage et de rangement, sous le regard noir et carrément désapprobateur de mon collègue qui est d'une maniaquerie exaspérante, pour un homme du moins. Je l'entends peu après glousser d'écœurement quand je vide sur sa plante ma tasse à moitié remplie du thé de la veille.
– Je ne suis pas sûr qu'elle aime le thé, se risque-t-il.
– Pourquoi, elle t'a fait des confidences ? Elle préfère le café peut-être ? Non, je plaisante, tu as raison, je suis une horrible cochonne, excuse-moi.

À ces mots, il se met à rougir violemment et je me demande s'il a bien compris le sens de mes paroles. Il pique du nez dans ses papiers et je pars nettoyer ma bolée, dont l'émail n'a pas vu le jour depuis environ un bon mois. En revenant à ma place, il me regarde avec insistance (peut-être mes cheveux…).

– Hum ! Hum ! Ça va ? toussote-t-il.

– Oui. Tout va bien. Pas de symptôme particulier, hormis une flemmingite aiguë, mais je ne pense pas que tu aies de remède à ça. Et je pars d'un grand éclat de rire, qui, je le constate, ne lui plaît pas du tout.

Pauvre Lucien (parce qu'il s'appelle Lucien, vraiment pas de chance). Il est touchant dans sa peur obsessionnelle de la maladie, dite contagieuse. Hors de question pour lui de rester à moins de trois kilomètres d'un sujet présentant des signes de rhume, même avec un masque sur le nez. Et si par ignorance, il lui a serré la main ou, pire, l'a embrassé, il se met d'office sous antibiotiques.

D'ailleurs, il aurait pu être pharmacien car il connaît tous les noms, posologie et effets indésirables de tous les produits en vente sur le marché français. Il est tout simplement incollable. Il se soigne beaucoup et surtout à titre préventif. Un vrai trompe-la-mort. D'ailleurs, c'est le nom que je lui ai donné car je trouve cela beaucoup plus amusant que Lucien. C'est un petit secret entre moi et moi car je ne veux surtout pas lui faire de peine. Il est nouveau dans le service, tout aussi maniaque que mon ancien collègue, mais beaucoup plus sympathique. On ne peut pas dire qu'il soit vraiment beau ni vraiment moche, plutôt transparent, ce qui explique peut-être pour-

quoi il ne s'est pas marié. Aucune femme ne l'a jamais remarqué. Pourtant, en y regardant de plus près… enfin avec de bonnes lunettes.
– Dis, tu n'as jamais songé à te marier ?
– Suis pas pressé.
Pas pressé, pas pressé… Il a quand même quarante-trois ans et en paraît dix de plus. Il faudrait qu'il se bouge un peu. Je n'ose plus l'interroger sur sa vie sentimentale ni sur sa vie tout court d'ailleurs, qui doit être à l'image de la décoration de son bureau, enfin de notre bureau, puisque dorénavant nous le partageons. C'est-à-dire vide. Rien. Pas un indice qui puisse trahir une passion quelconque, un centre d'intérêt particulier, des attaches ou des souvenirs. Sauf sa plante verte que j'ai honte de malmener un peu.
Donc je décore pour nous deux et m'étale sur les murs avec avidité. Dernières en date, des photos de mes Lolita debout sur la plage en maillot de bain, des algues qui dépassent de leurs mini slips, et de leurs aisselles, poings sur les hanches, un sourire radieux aux lèvres. Pas chic, mais drôle. Elles sont belles à croquer. Pendant que j'épingle, je le surprends à regarder leurs nichons. Finalement, ce n'est peut-être pas une si bonne idée. Ah ! téléphone…
– J'ai le chrysanthème.
– Quel chrysanthème ?
Je susurre à mon co-locataire que c'est maman. Il me regarde, rougit à nouveau et s'affaire comme un beau diable (au fait, il ne m'a jamais parlé de sa mère).
– Pour le cimetière, tu n'as pas oublié qu'on y va tout à l'heure ? Déjà que je me sens honteuse de ne pas y être allée pour la Toussaint.
Complètement oublié.

– Bien sûr que j'y pense. Je te prends à quelle heure ?
- Treize heures. Je nous ai fait des sandwichs, on les mangera sur place.
J'adore pique-niquer dans la voiture, même dans un cimetière. Maman est silencieuse comme d'habitude, happée par des vagues d'émotion.
– À l'attaque ! dis-je en avalant la dernière bouchée et en la poussant gentiment hors du véhicule.
– N'exagère pas, fait-elle avec une pointe d'inquiétude dans la voix.
– Non, je te promets, juste une ou deux. Et pendant qu'elle va déposer des baisers humides de chagrin sur le marbre froid de la tombe, je pars à la chasse.
Je suis le Robin des Bois des cimetières.
Je dépouille régulièrement les tombes fleuries des nantis pour agrémenter celles des pauvres, des oubliés, des anonymes qui m'ont toujours bouleversée. Cette période post-Toussaint rend les choses beaucoup plus faciles que d'ordinaire, un vrai festival de fleurs et de plantes de toute sorte. J'ai presque honte de la facilité de l'opération.
– C'est du vol, murmure maman qui m'a rejointe pour me demander les clés de la voiture. Un de ces jours, tu vas te faire prendre et on aura l'air fin ! À ton âge...
– Pas d'âge pour être équitable, je suis pour la répartition des biens. Et puis de toute façon, il n'y a personne. Je continue ma course, pour essayer de fleurir un maximum de tombes. C'est toute une organisation, car il ne s'agit pas de le faire n'importe comment. Il serait stupide de mettre une plante sur une tombe abandonnée jouxtant celle qui nous l'a fournie. Trop facilement repérable. Il faut donc brouiller les

pistes et aller la déposer le plus loin possible du lieu d'emprunt.
– Excusez-moi, mais qu'est-ce que vous faites ? C'est *MON* chrysanthème.
– Oups. Je ne l'ai pas vue arriver, cette dame. Heureusement, je venais juste de me pencher pour le prendre. Un vrai soleil jaune citron qui me tendait les bras, une véritable aubaine (ceux de couleur rouille, je les laisse, beaucoup trop sinistres). Trop tard. Je me confonds en excuses, en lui disant que je me suis trompée, et le repose doucement, tout en prenant un air pénétré pour faire mine de retrouver la bonne tombe. Je m'en vais le plus dignement possible et je l'entends râler :
– C'est-y pas possible...
Bon, ça suffit pour aujourd'hui. Je rejoins Maman, qui brique le marbre jusqu'à le rendre luisant avec du papier Sopalin, et lui dis que je l'attends dans la voiture. J'écoute les messages sur mon portable tout en repensant à ce matin où je me suis baladée dans le bureau, la braguette grande ouverte – heureusement que j'avais mis un slip. Il pouvait rougir, le Lucien, de me voir déambuler comme ça, mais surtout il aurait pu me prévenir. C'est une collègue charitable qui m'a dit que je risquais de prendre froid.
Un message de Luc qui me demande de confirmer le dîner de samedi chez les Garnier. L'humeur à l'air excellente et il semble avoir oublié l'incident canin de ce matin.
Un autre de Carole. Le « Rappelle-moi » n'est pas franchement chaleureux, mais le « J'ai du nouveau » me laisse un peu d'espoir.
Puis à nouveau Luc qui visiblement, n'a rien oublié

du tout et me laisse entendre que les jours de notre mascotte sont comptés. Argh ! Mon bébé, mon chien que j'aime tant !
Maman me rejoint.
– Tout va bien ? demande-t-elle. Je suis livide et regrette de ne pas avoir Lucien sous la main pour me donner un remontant.
– Absolument ! On y va ?
– Tu ne vas pas te débarrasser de moi comme ça, j'ai des choses à te montrer.
Mon Dieu, pourquoi est-ce toujours aussi compliqué ? J'ai fait ma BA aujourd'hui. J'ai emmené Maman où elle le souhaitait, nous avons fait un bon petit déjeuner, même si c'était dans la voiture, et maintenant je ne souhaite qu'une seule chose, rentrer à la maison avant que notre chien n'inonde la salle à manger, et faire les courses pour remplir le frigidaire qui se demande un peu à quoi il sert puisqu'il est toujours vide.
En tout cas, je croise les doigts pour qu'elle ne sorte pas ses fameux catalogues, puis les décroise en hurlant de rage intérieurement, quand elle étale sur ses genoux cinq ou six revues de vente par correspondance. Pas sortie de l'auberge.
– Bon voilà, dis-moi ce que tu en penses. Tu comprends, il me faut absolument une tenue pour Noël et le Réveillon. Alors regarde, et je te dirai après ce que j'ai choisi.
J'aurais préféré qu'elle me dise tout de suite ce qui la tente, je l'aurais confortée dans son choix et pas perdu trop de temps. J'attrape le catalogue et le lis à une vitesse ultrasonique – même *Superman* dans ses meilleurs moments n'aurait pu être aussi performant

– puis le lui tend à nouveau.
– Déjà ! s'exclame maman, ça ne t'intéresse pas, on dirait.
J'ai tout vu.
La tunique longue, 100 % viscose, longueur amincissante (je pourrais peut-être m'en commander une ?).
Le *Gilet sans manches en suédine – pour homme* – (terrible. Si Luc n'est pas gentil avec le chien, je le lui offre pour Noël).
Ou alors un *Lot de 6 slips ouverts à taille haute, maille Jersey avec gousset et fonds doublés* (j'hésite...).
Pour les travaux ménagers, *La robe tablier, encolure V, emmanchures et poches plaquées soulignées d'un biais bleu. Empiècement poitrine soutenant de petites fronces* (très coquin).
Et le petit plus qu'on a vraiment envie de s'offrir, l*a pendule range-clés, cadran motif planisphère avec trois petits crochets en métal doré, revêtement tissu, en plastique imitation bois* (pour Clotilde si elle continue à jurer au téléphone).
C'est difficile.
– J'aime assez ça, et ça. Je pointe mon index sur la photo de tailleurs pas trop laids, même relativement jolis, comparés aux horreurs étalées sur les autres pages.
– Tu as de la chance dans ton empressement, c'est ce que j'avais choisi.
Bingo ! Affaire classée. Je mets le moteur en route.
– Minute. Je n'ai pas fini. Laisse-moi te montrer les cadeaux que j'ai choisis pour tes frères.
Je suis foutue. Je coupe le contact et écoute pieusement.
– Excellent choix ! Mais maintenant, il faut vraiment y aller.

– Et pour toi, tu as vu quelque chose ?
Glurps.
Mmmm... Le *Tee-shirt en maille gauffrée* ou alors le *combi-gaine, Bonnet D.* Mais c'est un peu cher.
– Tu te moques de moi, ce n'est pas gentil. Je n'ai pas la possibilité d'aller dans les boutiques, alors il faut bien que je fasse avec ce que j'ai, bougonne-t-elle.
– Je sais, Maman, mais vraiment je n'ai besoin de rien, merci. Je dépose un gros baiser sur sa joue à la peau si douce, en me traitant de fille indigne, et démarre en trombe. Je la dépose devant chez elle et elle m'embrasse tendrement, le regard rempli de tout l'amour maternel recensé sur cette terre. Elle me fait des signes de la main jusqu'à ce qu'elle ne puisse plus voir la voiture.
C'est affreux. Je me dis qu'un jour, moi aussi, mes enfants me laisseront sur le bord d'un trottoir, les bras chargés de prospectus. Pire, je n'aurai peut-être même pas l'occasion de les leur montrer, parce qu'ils m'auront complètement oubliée.
Ou pas envie de me voir.
Ou les deux.
Le constat est catastrophique, la fin inéluctable : je finirai ma vie seule, en croisière avec Pascal Sevran, dans le meilleur des cas.
J'ai le bourdon.
Mais c'est la voiture de Carole ! Elle me passe sous le nez. J'ai l'air d'une courge avec mes bras qui s'agitent dans tous les sens et mon sourire figé sur les lèvres. Je jette un coup d'œil circulaire dans la rue, personne ne m'a vue. Tant mieux. Curieux tout de même, deux fois que je la vois devant la maison, qu'est-ce qu'elle trafique ?

– Tu es déjà là ? dis-je à Luc, sur qui je tombe nez à nez alors que j'essaie vainement d'extirper mes clés du fond de mon sac.
– Pas du tout, répond-il. Je ne fais que passer, je suis venu chercher des papiers.
– Tu as vu Carole ?
– Ta copine ?
– Je n'en connais pas cinquante.
– …
– Pourquoi est-elle venue ? J'ai envie d'ajouter « en mon absence », mais une étrange paralysie du muscle de la langue m'en empêche.
– Sais pas. Il s'en va. Je reste perplexe et le téléphone sonne.
– C'est d'accord ! rugit une voix à l'autre bout du fil.
– D'accord pour quoi ?
– Pour l'anniversaire ! On le fait à deux, super, non ?
– Si.
– Tu devrais cacher un peu plus ta joie, ajoute Carole du ton exaspéré qu'elle réserve à ses employés quand ils ont le malheur de ne pas être d'accord avec elle.
– Très contente, suis très contente.
– Bon je te rappelle pour l'organisation, il y a un tas de choses auxquelles il faut penser, on verra plus tard, j'ai un chantier qui m'attend.
C'est ça, c'est ça… File sur ton chantier aboyer tes ordres. Tiens, moi je vais aboyer sur mon chien, ça va lui filer un coup au moral.

Je n'ai pas envie d'aller chez les Garnier. Je m'ennuie quand je suis là-bas. Je n'ai rien à raconter. Surtout à elle. Rien qu'à elle d'ailleurs.
– Tu ne m'écoutes pas quand je te parle.

Je regarde Luc avec étonnement.
– Mais si !
– Qu'est-ce que je viens de dire ?
– Le, la... suppression par Alcatel d'emplois.
– Trois mille trente huit dans le monde ! Tu imagines, fou non ? Et Philips qui enregistre un déficit de quatre cent cinquante-trois millions...
– De francs ?
– D'euros ! *Exit* les francs, il faudra t'y mettre.
Quelle purge. J'ai déjà eu du mal à me mettre aux nouveaux francs. Je le regarde qui m'explique gentiment et calmement que les francs, multipliés par dix, divisés par 1,5 auxquels je soustrais l'âge de ma grand-mère, me donnent l'équivalent en euros.
– Pas compliqué, hein ?
– Simplissime, dis-je avec un grand sourire.
Puis il repart dans une diatribe où il est question de CAC 40 et autres scatologies. Je hoche la tête régulièrement en prenant un air inspiré, comme les petits chiens qu'on installe sur les plages arrière des voitures. Sauf que j'évite de le faire quand il freine aux feux rouges, pour qu'il ne me prenne pas pour un jouet.
Le réel problème, c'est que je ne comprends qu'un mot sur cinq. Trois dans le meilleur des cas. Enfin je peux faire illusion, en glanant par-ci par-là quelques termes à lui, que je récupère à mon compte. Cela permet de relancer le débat.
Je n'ai pas envie d'aller à cette soirée assommante. Pour être tout à fait honnête, j'apprécie moyennement Sylvie, la compagne de Thomas. Elle est redoutablement intelligente et très belle. Seul élément qui trouve grâce à mes yeux, c'est son postérieur : énorme.

Tant mieux. De plus, malgré nos âges identiques, elle fait beaucoup plus âgée que moi. Bien fait. On ne peut pas tout avoir.
Si.
Thomas s'est précipité dans nos bras quand nous sommes arrivés chez eux. J'aime Thomas, c'est un amour d'homme bedonnant et hilare. Sylvie est la seule compagne qu'il ait eue, et je crois qu'il lui voue pour cela une reconnaissance éternelle, même si je la soupçonne d'être un peu cruelle à son égard. En plus, elle est pingre.
Luc et lui sont associés. Ils s'aiment comme des frères siamois et ne prennent jamais une décision sans se concerter.
La soirée avait démarré dans une ambiance avinée de franche camaraderie, à se raconter des histoires salaces, mais j'étais sur le qui-vive car Cruella mettait du temps à se montrer. J'en ai profité pour me bourrer de cacahuètes et autres noix de cajou, dont je raffole, puis j'en ai déduit qu'elle se faisait un ravalement de façade de dernière minute pour atténuer les outrages du temps, ou qu'elle cherchait désespérément une tenue XXXL pour cacher ses rondeurs.
Je constatais que cela faisait plusieurs mois que je ne l'avais pas vue. Nous allons rarement chez eux, enfin chez elle, puisqu'ils font appartements séparés. C'est surtout Thomas qui vient à la maison. C'est beaucoup mieux ainsi.
Alors que je m'essoufflais intellectuellement à me remémorer la date exacte de notre dernier dîner commun, j'ai vu subitement la bouche de Luc s'agrandir et sa mâchoire tomber d'un coup sec au niveau de ses genoux. Je me suis retournée la bouche

pleine d'arachides et les joues rebondies et je n'ai eu qu'une envie : disparaître.
J'avais misé sur un vieillissement précoce, elle venait de prendre un bain de jouvence. Sur une prise de poids excessive, elle avait perdu quinze kilos.
J'ai avalé d'un seul coup tout ce que j'avais dans la bouche, joues comprises, et j'ai failli m'étouffer. Thomas m'a sauvé la vie en m'envoyant une grande claque dans le dos qui m'a expédiée sur le canapé, où j'ai fait un très bel atterrissage sur le ventre. Quand j'ai enfin pu me relever, j'étais rouge de confusion et verte de rage !
C'est moche, je sais. On m'a toujours dit qu'il ne faut pas être envieux. Peut-être que je suis mauvaise, dans le fond ?
Je me suis rassise après l'avoir embrassée de façon fourbe et l'ai écoutée sagement me raconter, avec beaucoup d'intelligence et de drôlerie, son régime et son opération des paupières. Mais qu'est-ce que je fais à côté de cette beauté ? me suis-je demandé. Des yeux de cocker, un cou de dindon, un QI de moule, je suis bonne pour la SPA et encore, pour l'adoption, c'est pas gagné.
Toute la soirée, elle a agité sous mon nez ses jolies mains aux ongles manucurés. J'en ai profité pour nettoyer les miens sous la table, en deuil depuis trop longtemps. Interminable. Mon moral est en chute libre.
J'ai été trahie.
Par une amie. Enfin supposée telle. Même si je suis son amie, ce n'est pas la mienne. Depuis ce soir, en tout cas plus du tout. Elle aurait pu me prévenir, on ne prend pas les gens en traître.

Par Luc. Qui n'a pas arrêté de la regarder toute la soirée et même de s'esclaffer, dès qu'elle ouvrait la bouche (du jamais vu)

– Bonne soirée, hein…
– Mmmm…
– Tu fais la tête, ou quoi ?
– Pas du tout, mais tu roules trop vite. Je tiens à ma vie, même si en ce moment elle est plutôt moche.
– Incroyable, cette métamorphose de Sylvie.
– Mmmm…
– Si, si.
– Puisque tu le dis.
J'entre dans la maison en traînant les pattes, enfin, les pieds. Nous ne faisons aucun bruit, pour ne pas réveiller les enfants. J'embrasse notre chien sur la tête qui manque d'avoir une crise cardiaque car il ne nous a pas entendus rentrer. Quel trouillard ! C'est le seul chien à ma connaissance qui sursaute quand il pète. Ce n'est pas lui qui nous garde, c'est nous qui le protégeons. Il reste encore très traumatisé par notre récent cambriolage. Normal, il était tout seul – certes planqué – avec les voleurs. Il s'est bien interdit d'aboyer pour ne pas se faire repérer… Pauvre chou.
Luc monte les escaliers quatre à quatre.
Je boude.
Après quelques minutes de réflexion, ma décision est prise. Je saute sur le lit et demande :
– Tu dors ?
– Oui.
– Déjà ?
– Comment ça, déjà ? Il est deux heures du matin. Je bosse, moi, tout à l'heure.

– Un dimanche ?
– J'ai rendez-vous avec Thomas.
– Thomas ou Sylvie ?
– Qu'est-ce qui te prend ?
– Je t'ai vu la regarder toute la soirée. (Je me sens d'humeur belliqueuse, j'ai même envie d'être violente).
– Et alors, il n'y a pas de mal à ça. Elle est plutôt pas mal…
– Comment ça – *pas mal* –, mais tu ne m'as jamais parlé d'une femme en ces termes. Tu es amoureux ?
– Tu es folle ou quoi ? Il faut que je dorme, insiste-t-il en me tournant le dos.
– Dormir ? Tu as mal à la tête peut-être. Ou au ventre ? Aux jambes ? À la prostate ?
– Suis fatigué…
– Impossible ! dis-je en rallumant la lumière. D'habitude, tu ne penses qu'à ça. Tu ne vas pas me faire croire que tu as tes vapeurs ? Il se passe des choses. Tu ne m'aimes plus.
J'ai bêtement envie de pleurer.
– Tu m'aimes ?
– …
– Je te demande de répondre par oui ou par non, et je préférerais que ce soit oui.
– …
– Tu ne réponds pas, c'est que tu ne m'aimes plus. Bon, eh bien j'en prends mon parti. Je partirai demain à la première heure.
– Pour aller où ?
– Sais pas…
Il grogne en riant et me maîtrise sur le lit avec sa jambe qui pèse une tonne. J'éteins et je cogite.

– C'est décidé. Je vais moi aussi me faire opérer des paupières.
– C'est ça, c'est ça...
– Et du nez, depuis le temps que j'en rêve. Et des seins, non mais regarde-les, ils sont monstrueusement énormes. Quel poids ça peut faire, des machins pareils ? Tiens, je vais aller les peser !
Je cours vers la salle de bains, attrape la balance et plaque mes deux seins dessus. Manœuvre difficile et résultat déplorable. Rien ne s'affiche.
– Combien ? marmonne Luc.
– Un kilo cinq par pièce.
– Mhummm, fait-il d'un air glouton en voulant les saisir.
J'esquive et lui fais part de l'urgence de l'opération.
– Jamais... Pas tant que je serai vivant.
– Il faut que j'attende que tu sois mort pour être enfin normale ?
– Quelque sorte...
– Mais moi, je veux être belle, jeune et mince. Je veux la maigreur d'Aly Mc Beal et l'intelligence de Marie Curie.
– Y a du boulot...
– Je te remercie !
Je tourne et me retourne dans le lit sans trouver un sommeil réparateur. Je suis envahie de pensées désastreuses.
– Mais qu'est-ce que tu as, à la fin ? hurle-t-il.
– Rien !
Plutôt me pendre par la langue que de lui avouer que je suis... jalouse. Je voudrais pouvoir sangloter, hurler ma détresse, mon mal de vivre, le vide sidéral qui m'envahit, mon désespoir, la panique de vieillir – et mal en

plus – mon amertume, ma rage, ma rancœur, mon agacement, mon hystérie. J'ai envie de cogner Luc.

– Maman, il est neuf heures.
Je sens un bisou sur ma joue qui dissipe, comme une bulle de savon qui éclate, le rêve que je suis en train de faire. Quel rêve... J'étais assise face à mon médecin, qui me tenait un discours moralisateur dont la teneur m'échappait, fascinée que j'étais par son accoutrement. C'est-à-dire impeccablement vêtu d'une chemise blanche et d'une veste bleu-marine pour le haut, et nu comme un ver pour le bas.
Saisissant ! Il avait des poils pubiens épais comme du fil de nylon pour la pêche, montés comme des ressorts sur des bourses énormes, et l'étalage de son service trois-pièces ne semblait pas lui poser de problèmes particuliers. J'allais tenter de lui en parler, quand Alice m'a réveillée.
– Tu m'accompagnes, je dois donner mon cours de maths ?
Un cours de maths le dimanche, il s'en passe des choses importantes dans cette maison ! Je passe sous la douche, enfile un jean et descends prendre mon petit déjeuner.
– Elle a quel âge, ton élève ?
– Seize ans, elle est en seconde.
– Ça va ? Tu t'en sors ?
– Impeccable, répond-elle guillerette.
Une bouffée d'orgueil m'envahit. Quelle assurance et quel savoir ! Moi qui ne suis même pas capable de réciter correctement mes tables de multiplication. Enfin jusqu'à six, ça va... non cinq, quoique six ... bien que six fois neuf ça fait combien déjà ?

– On y va, maman ?
– C'est parti.
Je lui fais un signe de la main après l'avoir déposée devant la maison de son élève, et me creuse à nouveau la tête. Six fois neuf, ou neuf fois six, ce qui finalement revient au même, c'est-à-dire à rien.
Bon, six fois six égale trente six … Six fois sept, quarante-deux, six fois huit … Je rajoute six, ce qui donne quarante-huit …
Donc en rajoutant six à quarante-huit et en comptant sur mes doigts, j'obtiens …
– Carole ! Qu'est-ce que tu fais là ? Quelle bonne surprise, tu as cinq minutes ? Rentre, on va se faire un thé.
– Merci, c'est gentil.
– Tu es bien matinale, dis-moi.
– Il est dix heures du matin, quand même
– C'est bien ce que je dis.
– Tiens, c'est pour toi.
– Oh !
– T'excite pas, me dit-elle. Ce n'est pas grand-chose, mais je sais que tu les aimes.
Des Roudoudous. J'en ai usé des papilles sur ces bonbons, le jeudi après-midi avec Clotilde, en regardant Zorro dans la salle d'étude.
– Merci.
J'aimerais bien pouvoir les laper tout de suite, mais je n'ose pas. Le strict tailleur de Carole n'incite pas vraiment à des démonstrations de langue, aussi habiles soient-elles. Je les mets de côté, en essuyant discrètement le fin filet de bave, qui coule le long de mon menton et la regarde.
– Alors ? demande-t-elle.

– Alors quoi ?
– Votre soirée chez les Garnier ?
– Rasoir, comme d'habitude.
– Mais encore ?
– Rien de spécial. Excepté le fait qu'elle a terriblement maigri et qu'on dirait ma petite sœur depuis qu'elle s'est fait opérer.
– Mais Luc ?
– Quoi, Luc ? dis-je un peu trop brusquement.
– Je voulais seulement savoir comment il la trouve.
Je hausse les épaules en prenant un air totalement dégagé, pour bien lui montrer que Luc ne s'intéresse qu'à moi, moi, moi et encore moi. Compris ?
– C'est idiot de ma part, s'excuse-t-elle, mais il paraît que c'est une telle métamorphose.
– Pas de quoi fouetter un chat, franchement, à peine si j'ai remarqué quoi que ce soit. Non, c'est faux, elle est belle à en crever, je n'en ai pas fermé l'œil de la nuit, enfin presque. Tous les hommes sont à ses pieds, j'ai l'air d'une clocharde à côté d'elle.
– Mince alors...
– Bon, écoute Carole, tu es venue pour parler d'elle ou de notre anniversaire ? Sylvie peut perdre quatre-vingts kilos et se faire enlever toute la peau de la figure si ça lui chante, on les fête nos quarante-cinq ans, oui ou non ?
– Sais pas, sais plus...
– Mais qu'est-ce que qu'il te prend ? Un coup oui, un coup non. On ne va jamais s'en sortir. Excuse-moi, téléphone...
– Maman ! C'est Alice, passe-moi vite papa, je suis en galère totale avec un exercice que le prof a refilé à mon élève.

– Tu veux que je t'aide, lis l'énoncé...
– Ce n'est pas drôle.
– Ton père n'est pas là, essaie de le joindre sur son portable.
Je raccroche et vois une ombre se profiler derrière moi.
– Ma Pauline Chérie ! Déjà debout, tu es souffrante ?
– Nannn... Mais vous faites trop de bruit.
– Mouche-toi et dis bonjour à la dame.
– B'jour.
– Salut Pauline, fait Carole qui a tout de suite compris que sa vie ne tient qu'à un fil si elle insiste pour savoir si sa nuit a été bonne.
– Tu ne la trouves pas un peu ronchon.
– C'est toi qui compliques tout, laisse-la vivre, ta fille, c'est l'âge où l'on n'a pas envie de parler, surtout à sa mère.
– Pourquoi « surtout à sa mère » ? Je ne lui veux que du bien, moi.
– Elle n'en veut pas de ton bien, enfin, pas pour l'instant.
– Elle ne me parle plus que par onomatopées, R'voir... M'ci... C'est un peu limité. Comment fais-tu avec les garçons, ils te parlent, eux ?
– C'est vrai, mais je ne suis pas pesante. Je les laisse vivre leur vie, et s'ils ont envie de se confier ou de parler, je les laisse venir. Je n'impose rien, ils savent que je suis là de toute façon.
Quelle sagesse ! Je suis pleine d'admiration pour cette femme qui maîtrise si parfaitement son destin et celui de ses proches.

– Mais tu n'as jamais eu l'impression de parfois... rater.
– Rater, le terme n'est pas approprié, disons, faire quelques erreurs de jugement, si, bien sûr, comme tout le monde, mais rien d'insurmontable.
Ça y est, elle m'a bousillé ma journée parce que moi des erreurs de jugement, j'ai l'impression d'en commettre toutes les trente secondes.
J'appelle mon chien avec qui je pars faire une promenade. Tout le monde s'est trouvé une occupation et je reste seule avec lui. Unique avantage : pas de déjeuner à préparer. Théo s'est enfui de la maison avec un sandwich pour aller au foot, Alice et Pauline sont parties manger avec des copains, Luc est resté chez Thomas-Sylvie. J'aurais bien proposé à Carole de jouer à la dînette, mais dès qu'elle m'a donné son accord – définitif cette fois – pour nos festivités communes, je n'ai pas eu le courage de la garder plus longtemps, de peur qu'elle ne change encore d'avis. Finalement, elle a l'air ravi et moi aussi. Plus qu'elle ne peut l'imaginer même : sursitaire depuis des mois, j'ai l'impression que je vais rester en vie.
– Viens ici ! ordonné-je à mon molosse de sept kilos et demi, qui daigne enfin revenir après m'être époumonée pendant un quart d'heure à l'appeler. Il avait complètement disparu, et réapparaît en tenue de camouflage, recouvert de feuilles mortes et de brindilles. Il a l'air tout heureux et se met à courir vers moi en biais, c'est-à-dire ses deux pattes avant bien droites, celles arrière, sur le côté. Curieux.
– Stop ! Je saute sur lui, et le plaque au sol. Un berger allemand l'a remarqué et commence à courir dans sa

direction. J'attrape mon fauve par son collier et le colle contre ma poitrine. Sauvés.

– Pas méchant, m'annonce le propriétaire de Rex ou de Sultan, je n'en sais rien, enfin un nom de berger allemand.

– Le vôtre, peut-être pas, mais le mien, si, dis-je avec un sourire d'excuse.

– Ça ? fait-il en riant, et il poursuit son chemin comme si on lui avait raconté une bonne blague.

Qu'est-ce qu'il sous-entend par « Ça », il cherche à nous vexer ? N'écoute pas, dis-je à mon ami canin qui traîne une branche morte dans les poils de sa queue. Il ne t'a jamais vu à l'œuvre. Ceci étant, si tu pouvais essayer d'être moins agressif avec les autres chiens, cela m'arrangerait. Tu m'écoutes quand je te parle ? Il s'arrête, me regarde, remue la queue et la branche avec. Dans ses yeux, comme dans ceux de Maman, il y a tout l'amour du monde et c'est bien ainsi, parce qu'en ce moment, je suis un peu en manque. Et puis, les paroles de Carole me restent en mémoire : pesante, trop pesante. Moi ?

Le doute s'installe. Est-ce pour cela que je suis désespérément sans compagnie aujourd'hui ? Tout le monde s'est sauvé pour pouvoir enfin respirer. Eh bien qu'ils s'en éclatent les alvéoles des poumons, moi aussi, après tout, ça me fait du bien de pouvoir vivre un peu ma vie. Pas de contrainte, pas de sollicitation, pas de bruit, pas d'énervement. C'est merveilleux.

C'est atroce.

Mais qu'est-ce qu'ils font ?

J'ai essayé de :

– Lire. Mais quand il n'y a pas un seul bruit, c'est stressant. Je n'arrête pas de regarder autour de moi, j'ai l'impression que quelqu'un m'observe. C'est absurde. J'ai peur.

– Regarder la télé. Rien d'intéressant, trop de chaînes, je ne sais plus laquelle choisir.

J'aurais pu :

– Ranger la maison (pas la force).

– Faire un peu de repassage (au secours, il n'y a quasiment que les chemises de Luc).

– Coudre (c'est assez romantique, mais j'ignore tout du maniement d'une aiguille).

– Faire mes comptes (pour évaluer à quelques dizaines – centaines ? – d'euros près le montant de mon découvert. Je ne suis pas maso)

Alors j'ai mangé.

Tout.

Tout ce qui me tombait sous la main, jusqu'à l'écœurement. J'allais sombrer dans un coma gastrique profond quand ils sont *ENFIN* rentrés. Je revis.

Il fait un froid polaire quand nous pénétrons dans Métro. Toutes les marchandises sont entassées les unes sur les autres, pour atteindre le plafond qui doit faire au moins vingt-cinq mètres de haut. Par où commencer, j'ai le vertige ?

– Tu as ta liste ? me demande Carole, sereine.

– Oui, oui. J'y suis accrochée comme si ma vie en dépendait. Calculer à manger et à boire pour quatre-vingts personnes demande réflexion.

– Je propose qu'on se sépare, on se retrouvera à une caisse.

– D'accord, dis-je tout en entraînant avec moi les filles et leurs copains, venus gentiment nous donner un coup de main. L'un pousse le chariot, le deuxième

prend les victuailles, le troisième coche. Mais le doute m'assaille, y aura-t-il assez à manger ? De deux jambons, on passe à trois, de trois saucissons, à quatre. Idem pour les boissons.
Trop ? Insuffisant ? Je ne sais plus. Tant pis, on garde tout et on fonce à la caisse. Carole est déjà là en train de regarder sa montre.
– Dépêche-toi, il faut que je retourne au bureau, et il faut tout décharger avant.
– Excuse-moi, j'ai eu quelques doutes.
– Tu n'avais pas de liste ?
– Si, mais…
– Tu n'avais qu'à t'y tenir !
– C'est ce que j'ai fait.
Pas du tout. Et au moment de payer, j'ai cru que j'allais avoir une attaque. Heureusement que j'avais suffisamment de liquide sur moi, à deux euros près tout de même. Nous avons tout installé dans la voiture et j'ai commencé à ressentir l'appel violent de ma couette. Crevée. Nous sommes arrivés pour décharger, on se serait cru en Sibérie. Je demande au propriétaire de la salle quand il compte mettre le chauffage.
– Fait pas froid ! me répond-il, alors que son haleine congèle dès qu'il ouvre la bouche. Je le mettrai en route dès demain matin, vous allez voir, ça chauffe très vite. Je lui propose un coup de rouge pendant qu'on vide les voitures. Il accepte avec enthousiasme et j'en profite pour m'en servir une rasade aussi. Je gèle. C'est une vieille grange, glaciale certes, mais sympathique, il y a tout de même du boulot pour la rendre un peu plus chaleureuse.
– Ne t'inquiète pas, me dit Carole qui lit dans mes

pensées, j'ai des idées pour la décoration, avec les bougies achetées, ce sera très joli. Bon, maintenant, si tu pouvais arrêter de picoler et nous aider, on irait plus vite.
Bien sûr, j'obéis tout de suite, surtout quand c'est demandé aussi gentiment. Je ne peux pas lui faire de reproches, elle a tout orchestré de façon magistrale et, cerise sur le gâteau, a annulé ses rendez-vous pour que nous puissions faire la fête le jour exact de ma date de naissance. C'est-à-dire demain. Moi ça ne me dérangeait pas outre mesure, car des rendez-vous professionnels le samedi, j'en ai très peu. Jamais, en fait. Que ce soit un samedi ou un autre jour d'ailleurs. Donc je suis très heureuse.
– Bouge ! me dit-elle.
Comment ça, bouge ? J'observe les amis des enfants et leurs muscles tout neufs qui se tendent pour porter les cartons, les miens sont en guimauve et j'ai les jambes coupées. Je pose mon gobelet en plastique où gît un fond de vin rouge et part chercher les essuie-tout dans la voiture. C'est léger et suffisamment volumineux pour justifier ma participation.
– On va faire le buffet ici, près de la cheminée, annonce Carole. Par contre, en haut – et elle monte les trois marches qui divisent la salle – ce sera la piste de danse, on aura plus de place. Au fait, j'espère qu'il y a suffisamment de prises pour la lumière et la sono.
Je trottine vers le mur et constate avec soulagement qu'il y a de quoi éclairer et sonoriser la ville entière.
– Parfait. Puis elle prend une mine contrariée et s'écrie : les ballons, on a oublié les ballons !
Je propose d'aller en acheter demain, elle m'interrompt :

– Non, je préfère les choisir moi-même, il ne s'agit pas d'une soirée Barbie, encore moins d'un goûter pour gamines. Il faut les prendre de la même couleur – ivoire, ce serait pas mal – je m'en occupe, je sais où en trouver.
Elle me fait la bise et file à son bureau. Je me retourne et vois le maître des lieux qui s'est servi un nouveau gobelet. Il me fait un signe de la tête pour savoir s'il en met autant dans mon verre. J'allais dire oui quand Pauline me signifie qu'elle s'en va.
– Tu nous ramènes ?
– Allez ! Je fais promettre au propriétaire du gobelet et de la grange de nous mettre le chauffage dès le lever du soleil, et lui propose de venir faire la fête avec nous le soir. Puis fais d'énormes bisous aux copains, pour les remercier de leur aide, en en profitant un maximum, car j'ai toujours eu un petit faible pour les jeunes.
– Qu'est-ce que tu fabriquais ? J'ai faim, grogne Luc.
– Faim ? Mais il est six heures, on a le temps tout de même, dis-je énervée, surtout que je viens de dépenser l'équivalent de mon salaire en nourriture de toute sorte, et que je n'ai rien prévu pour ce soir. Je vais faire une omelette, personne n'aime ça, mais c'est ce qu'il y a de plus pratique, on mangera mieux demain. Je prends mon bain, redescends mettre la table, inspecte le frigidaire et m'interroge : peut-on être malade avec des œufs périmés depuis quarante-huit heures ? La question ne se pose plus quand je les casse d'un coup sec contre la poêle et qu'ils se mettent à frire, et j'hurle :
– On mange !
Et comme d'habitude, personne ne vient.

J'en profite pour sortir des couteaux et des fourchettes, pour les inconditionnels de l'inox, ceux qui ne peuvent manger ni avec leurs doigts, ni avec des couverts en plastique, et les mets dans la voiture, prêts pour demain, direction la grange.

En rentrant, j'ai tout de suite vu le petit renflement sous la serviette en papier :
– J'ai immédiatement compris l'insistance de Constance.
– J'ai subitement regretté les œufs pourris que j'avais préparés.
– M'en suis voulue de m'être excitée en arrivant.
– Ai cherché un mot qui puisse traduire mon immense bonheur.
J'ai soulevé la serviette et découvert la toute petite boîte carrée
J'ai repensé à la maxime favorite de papa – *Il ne faut pas confondre vitesse et précipitation*. J'ai tout de même arraché le papier.
Puis ouvert la boîte…
La bague reposait sagement dans son écrin, stupéfiante de beauté.
Alors, j'ai sauté dans les bras de Luc.
– Comment as-tu su ?
– Constance, une conversation que vous avez eue chez Maud. J'ai envoyé ta copine en reconnaissance, c'est bien celle-là ?
– Oui ! oui, oui et oui ! Elle est magnifique !
– Ça, tu peux le dire !
– Merci, je ne trouve pas les mots pour…
– Tu trouveras les gestes, ce soir…
– Mets-la à ton doigt, crie Théo, parce qu'une

bague de ce prix… hein…
– Comment ça – hein – tu en feras autant pour ta femme ?
– Oui, ben j'espère qu'elle n'aura pas les mêmes goûts que toi, sinon je serai ruiné.
On rit tous de bon cœur, et je passe la merveille à mon doigt. Les filles l'essaient et la question reste posée : laquelle des deux la récupérera par la suite ?
– Moi ! hurlent-elles à l'unisson.
À peine réveillée, je sais confusément que j'ai de bonnes raisons d'être pleinement heureuse. Je tâte ma main gauche pour vérifier que mon annulaire y est toujours accroché, et un frisson de volupté me parcourt de la tête aux pieds, quand la pulpe de mes doigts rencontre le métal dur. Je me tourne vers Luc et écoute sa respiration pour vérifier s'il dort. Rien. Et pour cause : il n'est pas là.
Je le trouve dans la cuisine en train de prendre son petit déjeuner. Je l'observe de loin. Le teint semble frais et reposé. Je pose mes grosses fesses sur ses genoux et l'embrasse avec passion.
– Doucement, dit-il, j'ai un de ces mal au bide.
– Ah… bon ?
– Un truc qui n'a pas dû passer. Je me demande si on mange suffisamment de choses fraîches dans cette maison.
Oups.
Je ne réponds rien et me précipite à la gare récupérer maman et son amie Henriette, venues me donner un coup de main pour les préparatifs.
C'est vraiment bien d'avoir deux mamies à la maison pour tout orchestrer et surtout s'occuper des corvées, comme l'écaillage de quatre douzaines d'œufs

durs et l'épluchage de cinq kilos de carottes. Sans compter les choux-fleurs et les tomates qu'il faut laver et couper en dés.
Maman, avec son sens de l'esthétisme un peu vieillot, fait de très jolis plateaux qui manquent de se foutre par terre à la moindre occasion, parce que les plats sont en carton. Henriette lui conseille de ne pas trop les charger, mais elle ne veut rien entendre parce que c'est elle qui décide, et personne d'autre.
La compétition est rude entre elles deux, surtout pour les prises de parole. Maman a la langue bien pendue, elle peut sans problème alimenter des conversations entières pendant des jours sans se lasser (par contre, l'entourage...) Henriette est redoutable, aussi. Elle a une culture générale équivalente à celle d'une encyclopédie, ce qui lui permet de rejoindre maman et le Roi Soleil à la moindre occasion.
Lui ou un autre d'ailleurs.
Tout ce qui touche à l'histoire les passionne. Pour ma part, j'ai toujours cru que Louis XV était le fils de Louis XIV, aussi j'évite de m'en mêler.
Le travail est abattu de façon magistrale, nos oreilles malmenées car elles viennent d'entamer en chœur et en boucle le *Temps des Cerises*.
– *Quandd nouuuss chanterrons, le temmmps des ceerrrises, les gais rrrossignols, les mmmerrrles moqueuurs, serrront tous en fêêêêêêttte.*
Luc fait preuve d'un stoïcisme épatant, lui qui adore le calme et les gens qui chuchotent, il est servi. Je décide de commencer à charger la voiture quand on sonne.
– Ouuiii ! dis-je à l'aveuglette.
– Excusez-nous, auriez-vous cinq minutes à nous

accorder, nous aimerions vous présenter notre liste pour les prochaines élections.
Élections ? Quelles élections ?
– Je suis vraiment désolée, mais je n'ai pas le temps, certainement très intéressant, mais ... Repassez un autre jour, si vous voulez. Merci.
Et je ferme la porte, en espérant ne jamais les revoir.
Maintenant c'est parti, il faut tout installer.
Ça a été un véritable marathon. Au moment d'installer le buffet, on s'est aperçu que côté propreté, c'était plus que douteux, donc on a épousseté, balayé, lavé, rangé, sué et stressé.
Seul hic, on ne va pas festoyer dans une grange, mais dans une chambre froide. Il fait dix degrés dans la salle.
Maintenant que tout est prêt, j'ai envie d'aller me coucher. Je suis épuisée. Assise sur mon lit, je regarde bêtement l'armoire pour qu'elle m'envoie à la figure les affaires que je vais porter ce soir. L'évidence s'impose : je n'ai rien à me mettre.
Enfin, rien qui vaille le coup d'être mis.
Surtout pour une soirée d'anniversaire.
Je pourrais peut-être y aller nue, avec seulement ma bague comme accessoire.
En maillot de bain ?
Tenue de plongée ?
De ski, cirque ?
– Qu'est-ce que tu fais ? Tu n'es pas encore prête ? constate Luc en enfilant ses fesses minuscules, et ses jambes d'un mètre cinquante de long, dans un pantalon.
– Bien sûr que si, j'ai juste à enfiler ma robe (laquelle, au fait ?).

C'est facile pour lui, tout lui va.
Mais moi, je fais comment pour ressembler à quelque chose avec un postérieur énorme posé sur des jambes de quarante centimètres ?
Je me dégoûte, je n'ai plus envie d'y aller.
Tiens, et si je mettais celle-là ? Pas vraiment nouvelle, puisque cela fait treize ans que je la traîne, une sacrée affaire, cette robe.
Merde, les collants ? J'ai des sueurs froides dans le dos, impossible de trouver une paire en bon état. Inutile de chercher dans le coin de Luc, je doute qu'il en ait, enfin on ne sait jamais. Je me rabats sur l'armoire de Pauline sans rien lui dire, je veux arriver en bon état à la soirée. Sauvée, j'en trouve une !
Je mets ma robe à toute vitesse et c'est la catastrophe. Je viens d'arracher l'ourlet avec mon talon. Un violent découragement s'abat sur moi, mais j'y fais face en attrapant le rouleau de scotch sur le bureau, et fixe le morceau de tissu qui pendouille lamentablement.
Voilà. Je suis prête.
Nous arrivons à la fête.
Je fais une entrée triomphale avec ma robe de chez Leclerc Textile, et Luc en profite pour siffler dans un sourire éclatant :
– C'est la dernière fois que tu mets ce truc informe.
N'empêche que je me sens belle.
Je tends les bras vers mes amis et en profite pour piquer au passage une coupe de champagne que je bois cul-sec. Tout est magnifique. Les bougies que Carole a disposées tout au long de la rampe scintillent dans la pénombre, faisant miroiter la douce couleur vanille des ballons.

C'est du Technicolor. C'est Hollywood.
Carole arrive, éblouissante, accompagnée par ses deux fils et la fête commence !

Nous avons embrassé tout le monde. Ça, je m'en souviens. Je me souviens aussi qu'après chaque marque d'affection témoignée par mes amis, j'ai bu du champagne. Comme il y avait environ une quarantaine de couples, j'ai dû en boire pas mal. Ainsi que du vin rouge, ce qui explique que très vite, j'ai été assez euphorique. La musique était endiablée et on a dansé comme des fous, sous l'œil consterné des jeunes. Enfin au début, parce qu'ensuite une espèce de fièvre s'est emparée de tout le monde.
J'étais très heureuse quand ils ont hurlé :
– Les filles, un discours ! Les filles, un discours !
J'avais envie de sauter sur la table à pieds joints et de crier « Je suis vivante ! Je suis vivante ! », mais mon sens de l'équilibre m'a fait un peu défaut, et j'avais du mal à articuler. On a juste dit « Merci », et ces cinq lettres leur ont suffi, parce qu'ils nous ont fait un tonnerre d'applaudissements. J'étais terriblement émue et complètement saoûle. L'envie de me jeter dans leurs bras du haut de la table m'a traversé l'esprit. Carole m'a retenue à temps en disant :
– Accélère ! Il faut qu'on découpe les galettes.
Ah… Parce qu'on en est déjà au dessert ?
Bien sûr, il y avait beaucoup trop à manger et à boire. Pourtant, tout le monde a fait des efforts pour ne rien laisser, surtout au niveau de la boisson. Alors pour éliminer, on s'est remis à danser, les couples se tortillaient sur la musique de Thierry (le

plus ado de nos amis quadragénaires, au charme redoutable). J'en ai même vu faire des dérapages totalement incontrôlés, ou jeter leurs verres par-dessus leurs épaules (pleins – c'est mieux pour ceux qui les reçoivent) sous les regards froids de maman et d'Henriette. Je suis passée de bras en bras, avec par moment une furieuse envie de vomir, mais je me suis retenue en me disant que ce n'était pas très chic pour mon partenaire. Puis j'ai cherché Carole des yeux et je l'ai vue adossée contre un pilier, elle avait l'air morose. Je lui ai fait des signes, puis j'ai appelé Luc, en grande discussion avec Thomas, pour qu'il la fasse danser. C'est à ce moment que mon partenaire, dont je voyais les lèvres s'agiter depuis un bon moment, s'est mis à brailler :
– T'es d'accord ?
– D'accord pour quoi ?
La musique est à son maximum et j'entends :
– ... Istes ... Rales !
– Quoi ?!
– ...Istes ... Orales.
– Je ne comprends r-i-e-n, hurlé-je en mettant mes index sur les oreilles, mais oui ! oui ! Si tu veux.
Voilà il est calmé, il me fait un grand sourire que je lui rends et on se quitte bons amis.
– Je baisse la musique ! crie Luc. Ça fait deux fois que les flics viennent pour nous demander de faire moins de bruit, à la troisième, ils verbalisent.
– Non ! offre-leur à boire !

L'ambiance est à son paroxysme, les jeunes nous entraînent dans une immense chenille, avec maman et Henriette en tête, on est tous rouges et on beugle comme des veaux. Il me semble même voir voler des petites culottes. Quelle ambiance ! À quatre heures pourtant, il faut se séparer, sous peine d'emprisonnement immédiat. C'est à contrecœur que l'on se quitte, enfin on en aura bien profité.

– Ta bague, me dit Constance en m'embrassant. Merci de me l'avoir prêtée pour la soirée !

– Merci à toi surtout, et je la serre très fort dans mes bras.

– Elle est magnifique ! déclare Maud.

– Ça ! C'est pas une bague de pédé ! assure Patrick.

– Tu as été gâtée, murmure Thomas.

– Prends-en de la graine, ajoute Sylvie en le regardant fixement.

– Poufiasse ! m'incendie Clotilde.

Je promets à Carole de venir nettoyer tout à l'heure. La salle ressemble à une immense déchetterie, mais pour l'heure, il faut vraiment que je dorme.

D'abord, j'ai été vomir.

Malade comme un chien. Luc a voulu entrer dans la salle de bains, puis est reparti écœuré quand il m'a entendue rendre mes tripes. Maman m'a dit « Vas-y ma fille, purge-toi ! » Seuls les enfants ont été adorables en portant leur mère ivre morte jusqu'à sa couche, pendant que le chien lapait les restes de repas autour des toilettes.

Il faudrait que j'ouvre les yeux, mais je n'y arrive pas. J'ai une sorte de barre à mine sur le front et un casque trop petit sur le crâne. Mon estomac s'est perdu, il erre dans mon corps à la recherche de sa place. Pour l'instant, il erre du côté de ma glotte. J'attends qu'il redescende un peu pour me lever.

Qu'est-ce qui s'est passé ?

J'y suis. Quarante-cinq ans, champagne, vin rouge… arggh.
Respirer calmement et penser à des choses réconfortantes comme du citrate de bétaïne par exemple.
Je peux le faire.
Je dois le faire.
Et vite.
– Maman ! Eh ben dis donc, qu'est-ce que tu as ingurgité, hier ! clament les enfants.
Suis-je vraiment un modèle pour eux ? Je me pose la question pendant que j'avale d'une traite les deux cachets effervescents qui ont fini de bouillonner dans mon eau.
– Tu as été gâtée, s'extasie Théo.
– Bigrement, dis-je en tournant ma tête douloureuse en direction de tous les objets entassés sur la table. Le problème, c'est que je ne sais plus qui m'a offert quoi. J'arrive à mettre un nom sur certains des cadeaux, mais pas tous. Ai-je remercié tout le monde ? Qui par exemple m'a offert cette collection – il y en a au moins quinze – de bougies acidulées ? Qu'il se dénonce.
Mon frère, dans sa grande générosité naturelle, arrive les bras chargés de croissants et de pains au chocolat. Nous prenons un copieux petit déjeuner tous ensemble, et filons ranger. Je n'avais déjà pas envie d'y aller, mais quand on est arrivé, j'ai eu envie de fuir. Surtout quand j'ai vu la tête de Carole. Elle nous a accueillis avec un sourire crispé qui m'a un peu paralysé. J'ai pensé qu'elle allait me sauter à la gorge quand elle m'a lancé :
– Je croyais que tu devais venir pour neuf heures ? Il est dix heures.

La voix posée de mon frère et sa carrure de rugbyman l'ont un peu calmée (je m'étais tout de même cachée derrière lui). Nous avons fait preuve d'une efficacité à toute épreuve, question rangement, puis nous nous sommes quittés.
En froid.
Rien de dramatique en apparence, pas d'insulte ni de cri. Pire. De l'indifférence. Carole est partie de son côté en nous faisant un petit salut bref et glacial, nous sommes rentrés à la maison. Sans rien comprendre.
Quelque chose ne va pas, c'est certain, mais j'ai l'esprit trop embrumé pour analyser la situation et puis il faut dire au revoir à tout le monde, raccompagner maman et Henriette et surtout dormir…

– Chère Madame ! Merci !
J'ai les mains crispées sur le téléphone, je ne réalise pas ce qui m'arrive et surtout pourquoi Madame le maire (la maire ? mairesse ?) de notre chère petite ville m'appelle aujourd'hui, alors que depuis six ans qu'elle a été élue, je ne saurais dire à quoi elle ressemble.
Comme une cruche vide, je réponds :
– Mais de rien, c'est un plaisir.
Là, je m'avance sur un terrain miné, ne sachant absolument pas de quoi je parle. En revanche, elle sait parfaitement de quoi elle compte m'entretenir. Ce que j'attends avec impatience, pour ne pas passer pour une parfaite idiote.
– Il faut que l'on se voie, ajoute-t-elle avec une certaine urgence dans la voix.
– Mais bien sûr, quand souhaitez-vous ?

– Écoutez, il faut faire vite, je suis libre à l'instant, puis-je passer ?
– Heu… Je jette un coup d'œil circulaire à la pièce. C'est une catastrophe, quoique, en me dépêchant.
– Je vous attends.
– Vous savez pourquoi ? me demande-t-elle d'un air entendu.
– ?
– Votre ami Olivier m'a dit que vous étiez d'accord pour être sur ma liste aux prochaines élections municipales.
C'est donc ça ! Je n'avais strictement rien compris à ce qu'il me racontait à la soirée. Et j'ai dit oui ! Plus le temps de réfléchir. En dix minutes je ramasse tout ce qui traîne, donne un coup de balai, aère la pièce et mets un peu de parfum d'ambiance quand elle sonne. J'ouvre, exténuée, un grand sourire aux lèvres.
– Entrez je vous en prie
Je suis un peu émue, j'ai beau n'y connaître strictement rien en politique, c'est toujours saisissant de recevoir une élue chez soi.
Elle est parfaitement à l'aise.
– Agréable, votre maison, consate-t-elle en détaillant la pièce.
– Merci beaucoup.
– Voilà ! Je n'y vais pas par quatre chemins, je vous veux sur ma liste électorale. Pour une question de parité, soupire-t-elle, il nous faut autant de femmes que d'hommes. Il m'en manque une, acceptez-vous d'être celle-là ? Pas d'inquiétudes particulières, je vous mettrai en vingt-neuvième position, ainsi vous n'aurez aucune chance d'être élue.
Sympa comme présentation. En fait, elle est venue

chercher une potiche pour pouvoir boucler sa liste. Je ne peux pas lui en vouloir, puisque de toute façon il n'était pas dans mes intentions de me lancer dans une carrière politique, mais tout de même… Elle fait de gros efforts pour paraître aimable et masquer cette rigidité qui l'habite. Elle est d'une maigreur affolante, dessèchement certainement lié à un trop-plein d'activité. J'observe Fifi-brin d'acier quelques instants et crois surprendre dans son regard une sorte de bienveillance grand-maternelle.
Je sens que je l'émeus.
Moins, quand je lui dis que je ne vote pas.
Beaucoup moins quand j'articule que je n'ai jamais voté pour qui que ce soit, même pas pour un roi ou un président de la République.
Me prend pour une demeurée quand j'ajoute que je n'en ai jamais éprouvé le besoin.
Et pour une trisomique quand je lui avoue que je ne me suis même pas inscrite sur les listes électorales de la commune.
– Aïe ! Ça se corse, dit-elle en gardant un calme apparent. C'est la première fois que j'entends une chose pareille, du jamais vu ! Réfléchissons, cela devrait pouvoir s'arranger. Vous êtes française, majeure… pas commis d'infraction, vous résidez dans notre commune depuis plusieurs années, vous payez la taxe d'habitation…
À chaque fois, je hoche la tête avec vigueur pour bien lui montrer que sur ces points j'ai tout bon, et que je peux sans doute aller au repêchage, tout en demandant pardon aux suffragettes qui se sont démenées pour nous octroyer le droit de vote. Elle se lève d'un bond, me signifiant que l'entretien est clos

et que je peux disposer. Je m'apprête à partir, quand je réalise que je suis chez moi et que c'est elle qui doit prendre la porte.
Luc fait une brève apparition pour la saluer et fuit lâchement en faisant un sourire navré, quand il se rend compte de l'étendue des dégâts.
Madame le maire me fait face pour me dire au revoir et pointe un index un tantinet menaçant en direction de mon sternum :
– Vous allez faire ce que je vous dis. Je vais me renseigner, mais je suis quasiment certaine que l'on peut s'en sortir. Je vous appelle dès que possible. Au revoir, Madame. Sur ce, elle balance d'un coup sec son écharpe autour de son cou et me salue.
Raisonnablement, il faut en penser quoi ?
Mais que je suis une star !
Enfin, pas de panique, les jeux ne sont pas encore faits.
Eh bien si ! Elle me rappelle pour me confirmer que j'aurai mon rôle de gourde communale en lui envoyant un extrait de casier judiciaire vierge – c'est mieux –, une photocopie de ma carte d'identité et un relevé de taxe d'imposition. Je suis aux anges, je suis une bête de politique et je lis dans les yeux de Luc une certaine admiration pour sa compagne énarque, enfin c'est ce que je crois y déceler.

– Impossible de te mettre sur cette liste, m'assène Guillaume. Ils n'ont aucune chance. Viens avec nous !
Tout avait pourtant bien commencé, un agréable petit dîner entre amis puis la conversation a ripé sur les élections et je me retrouve assise à côté de ce

géant qui me somme d'abandonner mon chef de meute électorale, pour suivre le sien.
– Peux pas, dis-je en avalant d'un trait mon verre de rouge. Je me suis engagée, impossible de trahir.
– Tu rigoles, nous on te propose un vrai rôle, pas de la représentation, tu auras une participation réelle dans la vie de notre ville.
– Mais je ne demande rien du tout moi, qu'est-ce qui vous prend, à tous ?
– Il faut qu'on boucle notre liste.
– C'est une obsession ! Cherche-toi une autre femelle.
– Ce n'est pas évident…
– Passe une annonce.
– C'est toi que l'on veut.
– Tu plaisantes, tu n'avais jamais pensé à moi, alors ne me dis pas que maintenant je suis indispensable.
– Le destin nous a mis ce soir côte à côte pour que tu te rallies à notre cause.
– C'est ça, c'est ça…
– Alors, c'est oui ?
– C'est non ! Non, non et NON, je n'ai pas envie de faire de politique, je n'ai pas envie d'être active, je n'ai pas envie d'aller à des réunions, je ne veux participer à rien ! Je ne veux pas m'impliquer, je veux être une grosse larve passive et puis j'ai donné ma parole.
– Et alors ? fait-il l'air surpris.
Ça commence bien.

– Dépêche-toi, on a encore un paquet de maisons à faire.
Il veut ma peau ou quoi ? Et qu'est-ce que je fais avec ce grand machin qui sonne à toutes les portes

pour distribuer des tracts et essayer de convaincre les gens de voter pour nous ?
Il m'a eue, enfin ils m'ont eue. Quelques jours après le dîner, ils sont venus à deux pour me parler de mes activités une fois les élections gagnées. Je les ai trouvés gonflés d'être aussi sûrs d'eux. J'ai reparlé de la parole donnée, de l'honneur, de la trahison..., mais j'ai très vite compris qu'il s'agissait du cadet de leurs soucis. J'ai tenu bon – un quart d'heure – et j'ai signé mon engagement dans leur équipe. Je n'ose même pas imaginer avec quelle facilité déconcertante j'aurais pu balancer les noms de mes concitoyens si j'avais fait de la résistance. Je me répugne. Enfin, c'est fait maintenant. J'ai écrit une lettre d'adieux déchirante à Madame le maire et à son anorexie, et me sauve à toute vitesse à chaque fois que je suis sur le point de la croiser dans la rue.
Guillaume débite son baratin habituel. On a bien failli ne pas pouvoir entrer dans cette maison. Le maître des lieux ne comprenait rien à ce qu'on lui racontait à l'interphone. Il nous a intimé l'ordre de partir, sinon il lâchait le chien. Moi, j'ai voulu me sauver. Guillaume a insisté, l'autre a augmenté le volume de son sonotone et finalement, c'est sa femme qui nous a souhaité la bienvenue. D'ailleurs, en ce moment même, elle est à la cuisine pour nous préparer un thé. Il y a des gens vraiment gentils. Les hommes blablatent politique de façon passionnée, j'en profite pour faire une étude détaillée des volumes de la pièce où je me trouve, et passe en revue les objets et meubles qui la composent.
Intéressant. Très intéressant, ces visites chez les gens. Globalement, l'accueil est charmant, à de rares

exceptions. Et puis c'est tellement excitant de pouvoir pénétrer dans ces propriétés que l'on reluque, sans aucune pudeur, lors de nos promenades dominicales. Maintenant que je suis à l'intérieur, je ne vais pas me priver. Je pousserais bien la prospection un peu plus loin, mais cela me paraît difficile de demander à faire une visite complète des lieux. Pourtant, ce n'est pas l'envie qui me manque. Et puis, c'est une juste compensation, parce qu'il n'y a rien de vraiment rigolo à parler politique. D'ailleurs, je ne parle pas. Je souris, j'acquiesce. Si l'on me pose une question, je rougis et me tourne vers Guillaume qui répond à ma place. À la rigueur, je veux bien donner quelques conseils question décoration…

– Plutôt chargé… fait Carole avec une moue dédaigneuse et elle repose le morceau de tissu sur la table. Tu nous prépares un thé ?
– Si tu veux, dis-je sans aucun allant. Mon cœur s'est crispé dans ma poitrine, quand elle a sonné tout à l'heure et qu'elle s'est engouffrée dans la maison sans crier gare. Parce que si j'avais su ce que c'était elle, eh bien je n'aurais pas ouvert.
– Alors, ces élections ?
– Gagnées.
– Incroyable ! Elle se prend alors la tête entre les mains et l'agite dans tous les sens, pour me montrer combien l'événement lui semble étonnant. Stupéfiant, toi qui n'y connais rien, te voilà élue conseiller municipal, trop drôle ! Quant au tissu, laisse tomber, il est ringard.
– Luc l'aime bien…
– Ah, si Luc l'aime, alors là, bien sûr…

– C'est-à-dire que je préfère ne pas lui imposer…
– Évidemment.
Je ne réponds pas, mais je reçois une gifle en peine face. Ce n'est pas juste. Elle n'est pas juste. On s'installe devant nos tasses fumantes sans piper.
Je sais.
Et elle sait que je sais.
Le malaise entre nous est palpable. Nos regards se fuient. Nous surfons sur le registre de « On est toujours bonnes amies », alors que j'ai envie de lui crier « T'es plus ma copine ! » et que je ne dis rien, parce que j'ai de la peine. Que je n'ai jamais assumé les conflits. Que je préfère l'esquive à l'affrontement, la fuite aux explications. Parce qu'elle m'a terrassée par sa mauvaise foi, piquée de son venin, ridiculisée, a broyé notre amitié en me dénigrant auprès de nos amis par touches subtiles et assassines.
Parce que je n'aurais jamais imaginé que ça puisse arriver, surtout à notre âge.
Parce que je croyais sincèrement en notre amitié.
Parce que je suis bête.
Et naïve.
Et nulle.
Et je me lève :
– Désolée, il faut que j'aille faire des courses.
– Moi aussi de toute façon, je dois partir. Et ce Judas m'embrasse comme du bon pain. Je referme la porte derrière elle avec un vif soulagement. C'est une torture. Dès que je la croise, j'ai peur. Et rester en tête-à-tête avec elle me terrorise. J'ai envie d'appeler maman au secours.
Mais c'est elle qui m'appelle.

– Je suis tombée ! Dans le dressing, j'ai pris l'escabeau pour aller récupérer des couvertures en haut de l'armoire et patatras, je suis partie à la renverse. Ma tête a heurté la poignée de la porte, je vais avoir une sacrée bosse !
– Mais tu te sens bien ? Tu as perdu connaissance ? je questionne angoissée.
– Pas du tout ! D'ailleurs, je me suis tout de suite récité : *Le carré de l'hypoténuse est égal, si je ne m'abuse, à la somme des carrés des deux autres côtés.* Juste pour vérifier que j'avais toute ma tête. Elle est bien accrochée va, ne t'inquiète pas. Au fait, tu sais comment se calcule le carré de l'hypoténuse ?
– Non, et pour tout te dire…
Je m'interroge, je lui en parle ou pas ? Pauvre maman elle est sonnée, je ne vais pas lui infliger mes problèmes amicaux en plus, j'ai largement l'âge de raison, je peux résoudre cela moi-même, je suis à la hauteur de la situation…
Et je sanglote :
– Mammmaann…
– Qu'est-ce qu'il y a ? Un problème avec les enfants ? Vous vous êtes disputés avec Luc ? Il t'a quittée ?
– Mais non ! Pas du tout. Rien à voir…
– Bon, ce n'est pas grave alors !
– Si ! C'est une amie, elle n'a pas été sympa avec moi, elle m'a dénigrée auprès d'autres personnes. Des choses plutôt blessantes, et puis...
– Et puis quoi ? De qui s'agit-il ? Son nom ?
Je mens :
– Tu ne la connais pas (je n'ai pas envie d'en rajouter en lui déclinant son identité ni que maman la tabasse la prochaine fois qu'elle la rencontre).

– Heureusement pour elle, parce que sinon je me serais fâchée !
Qu'est-ce que je disais !
– Écoute-moi bien ! Les véritables amis se comptent sur les doigts d'une seule main. Tu as compris ! Bon, qu'est ce que tu fais à dîner, ce soir ?
– Je ne sais pas…
– Occupe-toi de ta famille, au lieu de t'éparpiller avec des copines qui sont mauvaises et jalouses.
– Jalouses ?… De quoi ?
– De tout. Fais des légumes à tes enfants, arrête de les bourrer de pommes de terre et de riz, tu crois que c'est avec ce que tu leur donnes qu'ils vont avoir une croissance normale ? Bon sang, quand vas-tu apprendre à faire la cuisine et puis cesse de te faire du mal avec des bêtises. Tu as quel âge ?
Quatre ans au moment où je raccroche. Je trimballe une énorme poche pleine de chagrin au niveau du cœur, identique à celle que j'avais quand j'ai essuyé ma première trahison en maternelle parce que Béatrice, ma petite copine de l'époque, avait donné la main à une autre camarade pour entrer en classe. C'est pareil.
Il y a des gens qui n'aiment personne. Moi c'est tout le contraire, j'aime tout le monde. Avec plus ou moins de lucidité, de maladresse parfois, mais toujours avec bienveillance. Parce que je pense que la vie nous assène suffisamment de coups tordus de toute sorte, sans s'en rajouter. Parce qu'il vaut mieux se faire du bien que du mal, rigoler que pleurer, aimer que détester.
Maintenant, je suis déstabilisée et je dois me justifier. Elle m'a volé un droit essentiel : celui d'être

comme je suis. C'est injuste, parce que je ne veux pas être différente.

– Elle est folle.
– A pété un câble.
– Son string.
– Une durite.
Me disent mes nièces chéries qui ont l'âge d'être mes petites sœurs.
– Tu veux qu'on lui refasse la face :
 – Au cutter.
 – À la ponceuse.
 – À l'acide,
me demandent mes neveux qui ne jouent plus depuis belle lurette avec leurs trains électriques. J'adore ce parti pris en ma faveur. Cela me met en joie. Ça fait du bien. Quant aux enfants, ils font un véritable rempart de leurs corps pour me protéger et filtrent les appels que je reçois. Car je ne veux plus la voir ni lui parler. Pas pour le moment.

Je suis assise face au médecin et me penche vers mon sac pour faire mine d'y chercher quelque chose, dans le seul but de vérifier sous le bureau qu'il est bien habillé de la tête aux pieds. Sa tenue est correcte et un fou rire incontrôlable s'empare de moi, quand je repense à mon rêve.
– Tout va bien ? demande-t-il en soulevant un sourcil interrogateur.
– Oui, oui... Excusez-moi... C'est nerveux.
– Vous allez faire trente flexions – genre ça vous calmera. Je reviens dès que vous aurez terminé.
Trente ! Mais il est dingue, je vais crever. Je suis

venue demander un certificat médical pour faire de la gymnastique aquatique, pas un passeport pour la morgue. J'en fait huit avec bruitage de trente-cinq et le rappelle.
– Terminé, dis-je en prenant un air faussement essoufflé.
– Pas facile, hein ?… et il applique son stéthoscope sur mon cœur, un sourire ironique aux lèvres. J'ai envie de lui avouer que j'étais allongée sur sa table d'examen en train de fumer une clope au lieu de faire ses pompes, mais je ne veux pas le contrarier.
– Parfait. Les battements sont réguliers… même après l'effort. Il me regarde d'un air soupçonneux et ajoute :
– Bon… Je vous fais votre papier.
– Merci beaucoup. Je fourre l'attestation dans mon sac et m'enfuis avant qu'il ne décide de tout reprendre à zéro.

– Je n'ai pas de maillot de bain, dis-je à Luc qui me regarde d'un œil morne vider l'armoire.
– Il est onze heures du soir, tu ne peux pas chercher demain ?
– Il faut absolument que je sache si j'en ai un de potable à me mettre, sinon j'en rachète un.
– Rachète aussi des sous-vêtements, parce que tes slips…
– Elles sont bien, mes culottes Petit Bateau.
– Je te parle de sous-vêtements sexy, pas de culottes de vieilles, mais de string par exemple.
– « String Paquebot » alors. Ils n'en font pas encore. Ça y est, j'en ai trouvé un, pas mal non ?
– Bof… C'est quoi cette horreur ? Allez, coucher !

Le lendemain, je pars à la piscine. La température affichée est de vingt-sept degrés, je suis certaine qu'elle ne dépasse pas les onze. Glaciale ! C'est Paule qui a eu cette idée de génie de nous inscrire au cours du soir. Vingt heure trente –vingt et une heure trente. Je ne connais aucune personne de sensée qui ressortirait de chez elle à cette heure. Excepté sous la menace. Mais Paule est une excellente commerciale. Elle m'a vanté les bénéfices que je pouvais retirer de ces leçons de natation, en me promettant de retrouver une ligne de sirène d'ici à la fin de l'année. J'ai signé et j'en bave.
Je joue aux Esther Williams sous le regard accablé du maître nageur, qui désespère d'avoir de véritables êtres humains dans son bassin. Je regarde autour de moi, effectivement, nous ne sommes qu'un troupeau de veaux marins échoués dans un aquarium. Paule fait son apparition et rallume tout à coup, dans les yeux de notre professeur, la petite flamme olympique qui s'y était éteinte depuis les JO de Rome de 1960. Je le sens très intéressé par mon amie et le cours collectif se transforme très vite en individuel. Paule par-ci, Paule par-là. Les autres, débrouillez-vous.
Le cours est terminé depuis une bonne heure et nous sommes toujours à bavarder dans la voiture.
– Tu m'en veux ? demande-t-elle en croquant dans sa barre de chocolat.
– De quoi ? D'avoir fait tapisserie pendant que le maître nageur te draguait de façon éhontée ?
– Non. Au sujet de Carole et des propos qu'elle tient à ton égard.
Je hausse les épaules.

– Non. Une chape de cafard m'étreint brusquement la poitrine. C'est curieux de se sentir aussi misérable pour des histoires de ce genre.
– Disons, que ça ne me transporte pas de joie de savoir qu'elle raconte partout que je suis une imbécile, doublée d'une incapable. Mon ego en a pris un coup, mais je pense qu'il s'en remettra. Quoique… Je sors une cigarette de mon paquet et l'allume en tremblant.
– Arrête… Si je t'en ai parlé, c'est justement parce que toute cette histoire est ridicule.
– Ridicule. Tu as trouvé le terme exact. Ridicule, c'est ce que je suis aux yeux de tout le monde actuellement. Je ne fais pas le poids, Paule. Entre *Wonder woman* et *Bécassine*, tu choisis qui ?
– Les gens te connaissent…
– Me découvrent, et grâce à elle, sous un angle différent et pas franchement flatteur.
– C'est ton interprétation. D'ailleurs, personne n'a relevé.
– Donc ils cautionnent ! C'est bien ce que je te dis.
– Personne ne cautionne quoi que ce soit, s'énerve Paule. Ce serait trop simple. Tu es gentille, donc crétine. Perfectionniste, donc névrosée. Économe, donc avare. Attentive aux autres, donc indiscrète… La liste est longue. Quand on veut trouver le travers d'une qualité, il suffit d'être dans une logique négative et destructrice. Tu dois dépasser tout cela, sinon tu vas y perdre une énergie phénoménale. Tu n'as pas à légitimer ta façon d'être. Les gens t'aiment comme tu es.
– Tu crois ?
– C'est évident !

– Mais pourquoi ne pas m'avoir défendue ?
– Parce qu'il n'y a rien à défendre. Qu'il y a toujours une petite part de vérité dans ce que l'on raconte, même si c'est déformé. Que la surprise laisse place à l'étonnement, puis à l'indifférence et enfin à l'oubli, parce que personne n'y adhère finalement. Les gens ne sont pas des imbéciles.
– Ni des courageux.
– Nous ne sommes pas tous de vaillants soldats prêts à rendre justice. Mais les démonstrations d'affection des uns et des autres à ton égard prouvent à elles seules que Carole s'est fourvoyée. Que te faut-il de plus ?
– J'ai quand même de la peine. Qu'est-ce que je lui ai fait ?
– Je n'en sais rien. Je ne cherche pas à l'excuser, mais je vois bien que quelque chose ne tourne pas rond chez elle. Elle vient de moins en moins au bureau et j'en ai marre de me décarcasser à trouver des marchés, si rien ne suit derrière.
Le dernier morceau de chocolat avalé, je regarde sa montre de tableau de bord : vingt-deux quarante-cinq !
– Il faut que j'y aille. Je vais être incapable de me lever demain matin ! Je l'embrasse. Encore merci pour ta gentillesse, cela m'a fait du bien de pouvoir discuter avec toi.
Je réintègre la maison. Il n'y a pas un bruit. Tout le monde dort. Je passe de chambre en chambre déposer des bisous sur les joues chaudes et pleines de sommeil des enfants, puis entre dans notre chambre. La respiration régulière de Luc m'indique qu'il dort. Je fais extrêmement attention à ne pas faire de bruit

pour ne pas le réveiller, car j'ai eu ma dose d'exercice physique pour ce soir. Je n'arrive cependant pas dans le noir à éviter une latte de plancher qui se met à grincer comme une démente. Ô ! temps ! suspends ton vol… Je ne bouge plus et bloque ma respiration. Tout va bien. Je reprends ma reptation jusqu'à notre lit, tire doucement la couette, m'assois délicatement et m'allonge sans provoquer le moindre déplacement d'air. Ça y est ! Je me tourne légèrement sur le côté et ferme les yeux pour les ouvrir aussitôt, prise de panique.
Comme dans les films d'épouvante, une main s'agrippe à ma taille et j'entends Luc marmonner :
– Hep ! Par ici la bonne soupe !
Ahhh… Nannn. Saleté de latte !

Je baille en entrant en salle de réunion. Impossible de m'en empêcher. J'ai beau contracter mes mâchoires, elles se décollent d'elles-mêmes et j'ouvre une bouche aussi grande qu'un four que je cache de mes deux mains. C'est chic.
– Qu'est-ce que tu fais la nuit ? me demande Lucien. Tu sais que ça sert aussi à dormir.
Je lui adresse un petit sourire en coin. J'ai envie de lui répondre que ce n'est pas à moi qu'il faut dire ça, et me remets aussitôt à bailler.
Nous sommes tous réunis pour une bonne séance de travail, comme aime à le préciser notre chef de service. Peut-il d'ailleurs y en avoir de mauvaises ? Nous faisons un bilan global, mais précis, de nos six premiers mois d'activité et même si les chiffres enregistrés montrent un travail d'équipe performant et efficace, notre responsable n'en reste pas moins un éternel insatisfait.

Nous redoutons ce tour de table, durant lequel chacun devra prendre la parole pour exposer ses projets actuels et à venir. L'humiliation – subtile certes, mais aussi féroce – étant un de ses sports favoris, ce n'est pas sans une certaine appréhension que nous attendons de savoir qui il va désigner comme premier candidat au jeu de massacre.
Moi.
Je n'ai plus du tout envie de bailler.
– Je vous écoute. Mais… avant toute chose, je dois vous faire part d'une nouvelle qui m'attriste et me réjouit à la fois, puisqu'elle me touche personnellement et vous aussi par voie de conséquences. Qui m'attriste, parce que je vous annonce mon départ prochain. Je vais donc vous quitter, et ce n'est pas sans regrets, car nous formons un bon groupe. Qui me réjouit, puisque j'ai enfin obtenu ma mutation dans les Vosges. Voilà. Je tenais à vous le dire moi-même. Vous pouvez poursuivre maintenant.
Ouahhh ! Super! Je bâcle mon rapport en cinq minutes, puis me tourne vers Lucien et referme mon dossier d'un coup sec pour signifier que ma prestation est terminée.

– Ils vont s'amuser dans les Vosges, quand ils vont le voir débarquer ! s'écrie le petit groupe réuni dans notre bureau.
– Sensationnel ! Scoop de l'année ! Mieux qu'une augmentation ! renchérit un collègue qui vient de nous rejoindre.
Je suis aux anges. Comme la vie est chouette !
Le soir à table, j'annonce la nouvelle de la journée. Tout le monde se réjouit et l'humeur est parfaite.

Luc ouvre une bonne bouteille de vin pour fêter l'événement. Enfin, une deuxième, pour être honnête et mon gosier applaudit à tout rompre à cette excellente initiative. Alors que nous donnons l'image de la famille idéale, soudée et sans problème – une vraie publicité télévisée pour les « Assurances-Vie-Éternelle », le père de mes enfants se tourne vers notre cadette et lui conseille le plus naturellement du monde :

– Pauline, il faut que tu consultes.

Je manque de m'étrangler. Je le regarde avec des yeux ronds en me demandant quelle mouche l'a piqué ?

– Qu'est-ce que tu racontes ? dis-je dans un souffle.

– Si ! Si ! insiste-t-il en se tournant vers sa fille. Il faut que tu voies quelqu'un. J'étais pareil à ton âge, mal dans ma peau et je suis certain que parler à un psy te ferait beaucoup de bien.

Un silence douloureux s'installe. Pourquoi tout gâcher ? La soirée avait si bien commencé.

Je redoute la réaction de ma cadette, je suis terrorisée à l'idée qu'elle le prenne très mal et qu'elle quitte la table en nous traitant de bourreaux. Je voudrais me cacher sous mon assiette.

Mais elle murmure :

– Une femme, alors. Oui, je veux voir quelqu'un...

– Tu prends un rendez-vous, me dit Luc. Il manque toujours un bouton à une de mes chemises, personne ne sait coudre dans cette maison ? Puis il chope son verre et part, le plus naturellement du monde, me laissant seule face à la terre qui vient de s'ouvrir en deux.

Rongée de remords.

Abattue, parce que je n'ai pas su décoder la souf-

france dans le comportement de ma petite fille. Je me lève d'un bond et me jette sur les pages jaunes de l'annuaire. Je ne connais aucun psychologue et il est trop tard pour passer des coups de fil à des amis susceptibles de m'aider.
Je dresse une liste de noms au hasard de mes trouvailles et la glisse dans mon sac, puis je monte embrasser Pauline. L'accueil est réservé et elle m'expédie dans ma chambre plus vite que je n'aurais souhaité y retourner.
Je demande à Luc :
– Comment as-tu deviné ?
– Ça crève les yeux.
Et moi, je suis aveugle.
Après m'être tournée et retournée un millier de fois dans mon lit et avoir envisagé les différentes causes responsables de son mal de vivre, je finis par m'endormir en me disant que le problème réside dans les rapports difficiles qu'elle entretient avec son frère et que je préfère avoir deux cents Carole sur le dos que de voir ma fille malheureuse.

Je ferme la porte de mon bureau pour être tranquille et attrape mon téléphone. Lucien est absent aujourd'hui, je n'en connais pas la raison, mais c'est mieux ainsi. Je vais pouvoir appeler tranquillement les différents praticiens.
Je suis vite renvoyée dans mes foyers. Pas de place, ou dans six mois. Je commence à perdre espoir quand le miracle se produit.
– Bonjour Madame, je voudrais prendre un rendez-vous pour ma fille. Je m'attends au pire, mais elle me répond d'une voix charmante :

– Mardi 17 heures, ça vous va ?
– Mais c'est parfait !
– De plus, ajoute-t-elle, je suis juste à côté du lycée, elle me trouvera aisément.
Après avoir pris toutes les coordonnées, elle raccroche et je me sens déjà un peu mieux.
Puis, je m'inquiète. Trop facile à obtenir, le rendez-vous. Est-ce qu'autant de disponibilité ne cacherait pas une incompétence notoire ?
J'annonce la nouvelle à ma cadette qui rugit immédiatement parce que ni le jour ni l'heure, ne lui conviennent. Je lui explique que cela n'a pas été sans mal de trouver un rendez-vous aussi rapidement et que c'est vraiment une chance à ne pas louper. Elle grogne, mais finit par accepter d'y aller.
Une fois par mois le mardi soir, nous avons notre conseil municipal. Jusqu'à 22 heures dans le meilleur des cas. Ce soir, plusieurs votes sont à l'ordre du jour et l'ambiance à la mairie est surchauffée.
Moi, c'est dans ma tête que ça bouillonne. J'ai attendu le retour de Pauline avec beaucoup d'impatience. Je commençais vraiment à me faire du souci quand j'ai reconnu son claquement de porte très personnel. Après avoir remis droit quelques cadres déstabilisés par son entrée fracassante, j'ai fait mine de m'activer dans la cuisine sans paraître soucieuse, comme si le fait que ma fille aille voir un psy était la chose la plus banale au monde.
J'avais préparé des tripes. Mais c'était les miennes. Parce qu'à force de me ronger, je n'avais plus rien dans le ventre. J'ai cru un instant qu'elle n'allait pas venir me voir. Ce fut tout le contraire.
– Maman ! a-t-elle hurlé.

J'ai volé hors de la cuisine jusqu'à elle.
– Oui...
– Je l'ai vue ! Ça y est, j'ai eu mon rendez-vous !
– Et alors ?
– Alors ? Rien. C'est *TOI* qu'elle veut voir.
MOI ? Mais pourquoi moi ? Je n'ai rien fait...
Depuis, je me triture l'esprit et lève machinalement la main pour chaque vote. J'attends avec impatience la fin de la séance pour que la journée se termine enfin et que je puisse déjà être à demain pour pouvoir contacter la psy.
Car Pauline n'a pas parlé. Pas l'ombre d'une piste. Rien. J'aurais voulu la soudoyer pour qu'elle me donne quelques indices. Elle ne s'est pas laissé fléchir.
L'inquiétude parasite encore mon esprit quand je compose son numéro. Je suis arrivée tôt au bureau pour ne pas être dérangée et je croise les doigts pour la joindre immédiatement.
Victoire ! Je l'ai.
Défaite ! Elle me dit de rappeler dans une demi-heure.
Débâcle ! Elle a été odieuse, mais m'a donné un rendez-vous pour le soir même quand je l'ai rappelée.
Je me gare dans une allée en espérant ne pas gêner la sortie d'autres véhicules. J'arrive en avance, parce que je déteste être en retard. Et je sonne. Personne ne se manifeste et je me demande si je ne me suis pas trompée de pavillon. Je vérifie. C'est le bon numéro.
Au bout de quelques secondes d'attente, elle vient enfin m'ouvrir, fort mécontente.
– Nous avions dit dix-sept heures trente, vous avez dix minutes d'avance.
– Excusez-moi, mais je peux patienter dans la salle d'attente.

– Eh bien non, maintenant que je vous ai ouvert, vous n'avez qu'à me suivre. Mais imaginez que j'aie été avec quelqu'un en entretien…
Ça commence bien. Quel caractère, cette bonne femme !
Règle numéro un : ne pas se laisser impressionner.
Règle numéro deux : ne pas se laisser impressionner.
Elle s'assoit et me regarde fixement.
– Bon, commence-t-elle. J'ai vu votre fille qui va bien. Elle a la tête sur les épaules. Des petits problèmes d'adolescente, liés à son âge. Tout à fait classique. Rien de spectaculaire. Elle m'a parlé de sa famille…
– Elle vous a sûrement parlé de son frère…
– Ne m'interrompez pas s'il vous plaît, je vous explique – sans la trahir – son état d'esprit du moment, je vous laisserai la parole ensuite. Donc elle m'a parlé de sa famille en général…
– Vous a-t-elle parlé de son grand-père ? Pour qui elle a une tendresse toute particulière, mais qui nous a malheureusement quittés, il y a…
– Laissez-moi terminer, fait-elle énervée.
Il faut que je me calme.
– Je continue, ajoute-t-elle sèchement. Donc, la famille dans son ensemble ne lui pose pas de problème. Par contre, vous. Si.
Je meurs.
– Je vous écoute maintenant. Elle se frotte la figure de ses deux mains, dans un geste d'extrême lassitude, puis se jette en arrière dans son siège à bascule, et attend.
On est deux, parce que je ne sais pas quoi dire. Suis-je un monstre ? Une Ténardière ? J'essaie de

remettre un peu d'ordre dans mon esprit. Puis les mots viennent tout seuls.
– Quand notre fils est né, j'avais donc déjà mes deux filles, âgées respectivement de quatre ans et deux ans. Ce qui faisait trois petits bouts de chou. Peut-être, c'est même certain, que j'ai plus eu tendance à considérer la fratrie dans son ensemble, que trois bambins pris individuellement.
– Vous venez de mettre le doigt sur le problème qui nous intéresse. Pauline n'a pas eu l'impression d'être considérée comme quelqu'un d'unique et c'est ce qui lui a toujours fait défaut.
Je respire un grand coup et continue :
– C'est peut-être le cas, enfin sûrement même, mais vous savez, élever trois enfants aussi rapprochés demande une organisation infaillible et le temps que je pouvais accorder à chacun était difficile à trouver...
– Vous auriez cependant dû deviner que votre fille recherchait des moments privilégiés à partager avec vous...
– Avec des enfants petits, il faut toujours pallier l'urgence. Cela demande beaucoup d'organisation. Je reconnais très sincèrement que j'ai pu commettre des erreurs. Involontaires. Parce que j'aime mes enfants plus que tout au monde et que je n'ai jamais cherché à les blesser.
Elle se gratte le nez :
– Alors dites-le-lui, parlez de votre maladresse.
– Je vais lui dire que je l'aime...
– Surtout pas ! s'écrie-t-elle, hors d'elle. Rien à voir !
Ah bon ?
Je ressors contaminée par le virus de la mauvaise mère.
Je tiens bon et après avoir signé mon chèque, serre sa

main vigoureusement. Elle me fait comprendre qu'elle n'a pas besoin de me revoir, ni Pauline non plus. Je crâne et me fends d'un sourire du style « OK ! J'ai parfaitement compris et j'assume ».

Je retourne à ma voiture, ébranlée par ce que je viens d'entendre. Prends le papier déposé sur mon pare-brise sur lequel est inscrit « Bouge ta caisse ! Salope ! » M'assois. Et fonds en larmes.

Quand je rentre à la maison, Pauline est déjà là.

– Viens ma Chérie, dis-je en l'entraînant dans la cuisine. J'ai compris beaucoup de choses. Une essentielle, c'est qu'il semble que tu te sois sentie oubliée et perdue dans cette mêlée de frère et sœur. J'aurais dû être plus attentive et comprendre que tu avais besoin que je m'occupe de toi de façon plus… unique. Me crois-tu si je te dis que c'était surtout par manque de temps ? Que je n'ai pas réalisé à quel point c'était difficile pour toi de trouver ta place entre une grande sœur et un petit frère ? Qu'il aurait vraiment fallu que je sois beaucoup plus attentive et te préserver des moments privilégiés ? Mais mon bébé, je t'aime de toutes mes forces. Et ça, il faut que tu le saches (la psy peut dire ce qu'elle veut, je m'en fous).

Elle ne bronche pas et quitte la pièce. Cela a dû réveiller chez elle des émotions, car Alice vient me voir en disant qu'elle pleure. J'ai envie de hurler « Je t'aime ma chérie ! », mais elle a pris son manteau et sort voir une copine.

Nous partons dîner chez Patrick et Maud pour une soirée russe. Enfin, c'est surtout russe au niveau de la vodka.

– Alors, tu as vu la psy ? me questionne Maud.

– Oui, cet après-midi.

– Comment est-elle ?
– Pas commode...
Je lui relate notre conversation. Maud m'écoute très attentivement et commente :
– Facile de culpabiliser les gens après coup. Elle a des enfants, elle ?
– Je ne le lui ai pas demandé.
– Faut croire que non, parce que sans quoi elle comprendrait que ce n'est pas si simple. Tu en connais des mères parfaites ?
– Non.
– Moi non plus. Et tu sais pourquoi ?
– ?
– Parce que personne n'est parfait. Voilà, c'est aussi simple. On fait ce que l'on peut. Mais tu sais, il n'y a pas que l'éducation qui entre en ligne de compte. Tu as trois enfants, tous différents. Pourquoi ? Parce qu'ils ont des tempéraments différents, des sensibilités différentes, des caractères différents et quoi que tu fasses, il y aura toujours des moments où tu seras totalement à côté de la plaque.
Je demande, inquiète :
– Tu penses que je suis une mauvaise mère ?
– Tu es folle. Tu es comme chacune d'entre nous. Tu fais ton possible. C'est tout. Ta fille n'est pas dupe, elle te connaît, il y avait juste ce petit point à éclaircir.
– Et la France peut s'enorgueillir ! clame-Marie-Claire qui a un peu abusé de l'eau de feu. Enfin, elle a placé sa phrase fétiche de la journée, même si elle tombe comme un cheveu sur la soupe. Mais son petit challenge personnel est réussi.
Effectivement, il consiste pour elle à caler dans une

conversation quotidienne une phrase de son choix, dont le thème est très variable. Allant de :
– Et ayant la qualité d'électeur.
– Dans un jardin planté de roses.
– Par arrêté spécial.
À :
– Belle et imprévisible.
La liste est longue. Son défi journalier l'amuse et la comble d'aise. Nous restons un moment silencieux, puis je me tourne vers Thomas venu nous rejoindre. J'aime vraiment Thomas, parce qu'il apprécie nos conversations de femmes. En fait, c'est une bonne amie, mais en homme. Tout est simple avec lui, il ne nous juge pas. Il est toujours calme, serein et de bonne humeur. Ce soir, il semble un peu lointain.
– Pas de Sylvie à l'horizon ? dis-je en mettant ma main en forme de visière.
– Non. Elle est fatiguée. Cela fait quelques jours que l'on ne s'est pas vu.
– Attention, Thomas ! Belle comme elle est maintenant, tu risques de te la faire piquer !
Il hausse les épaules, mais ne répond pas et se ressert un verre de Vodka.
– Tu en veux ? me demande-t-il.
– Pourquoi pas ? Je me sens mieux depuis ma conversation avec Maud et essaie de relativiser ma part de responsabilité. C'est comme si ma poitrine se libérait d'un corset trop serré. Je respire à nouveau.
– Voilà notre Laura ! braillent les hommes qui dansent sur l'air de *Kalinka.*
– Tu as vu comme elle est belle, ma fille ! s'enorgueillit Maud, les yeux brillants d'admiration.
C'est vrai qu'elle est jolie avec ses grands cheveux

bruns et ses immenses yeux verts. Mais surtout, elle est gentille et toujours de bonne humeur. Elle fonce vers nous et nous embrasse. Je lui demande si elle était avec Pauline.
– Bien sûr, on était chez Fabien ensemble.
– Comment va-t-elle ?
– Oh, très bien ! me répond-elle, maintenant qu'elle sait que tout est de ta faute !
Je me tourne vers Maud.
– Juste un petit point à éclaircir... et je m'effondre sur son épaule.
– Qu'est ce que tu racontes ? rugit Maud en se levant du canapé, comment ça « Tout est de sa faute ? »
– Ben oui, c'est ce que la psy a dit à Pauline, d'ailleurs ça lui a fait plaisir de voir qu'elle n'est pas responsable, ajoute Laura.
– C'est... c'est, c'est vrai ? réussis-je à bégayer alors que les vapeurs d'alcool s'attaquent sévèrement à mon cerveau.
– Ben oui... Mais, vous avez bu ! s'indigne-t-elle
– Pas... pas du ton !... Du tout ! et je crie victoire intérieurement parce que j'ai enfin réussi à me mettre debout. L'équilibre reste toutefois incertain et la syntaxe laborieuse. Laura n'est pas dupe.
– Vous êtes vraiment une génération de déglinglos, que des soixante-huitards attardés, se fâche-t-elle.
– Soixante-neuf ! beuglent les hommes qui commencent à enlever leurs chemises et à les secouer au-dessus de leurs têtes sur l'air de *YMCA*.
Maud poursuit :
– On fait de notre mieux pour vous élever et en retour, on se fait massacrer ! Vous n'êtes pas évidents... Et elle s'assoit sur un fauteuil qui a eu la

bonne idée de se glisser sous ses fesses au moment où elle se laissait choir.
Laura part outrée. Je soufle à Maud :
– Vraiment traître, la Vodka…
– Mais en 68, on avait douze ans ! s'exclame-t-elle indignée, c'est pas nous qui faisions la révolution…
Et elle m'entraîne sur la piste de danse, délimitée par le tapis du salon. La pièce est le juste reflet de l'atmosphère qui y règne : sens dessus dessous. Je regarde Maud les yeux remplis de compassion en l'imaginant le lendemain, gants Mappa, chiffons et autres accessoires seyants, remettre tout en ordre. Parce que, à la fin de la soirée, on s'est tous défilés en proposant mollement un coup de main pour ranger, extrêmement soulagés de l'entendre nous dire « Vous plaisantez j'en ai pour cinq minutes. » Nous l'embrassons très fort pour nous racheter de notre dégonflage collectif et lui retournons l'invitation ponctuée de mercis à n'en plus finir.

Un sentiment de culpabilité galope dans ma tête, faisant des allers et retours incessants entre les hémisphères gauche et droit de mon cerveau. Je stoppe net ce va-et-vient perpétuel en prenant la sage résolution de m'endormir. Car si je me sens fautive d'avoir abandonné Maud dans son appartement ressemblant après notre départ à un champ de bataille digne des plus beaux affrontements de la première guerre mondiale, je me sens surtout coupable d'être une ennemie dans le cœur de ma petite fille et d'infliger à son muscle cardiaque des battements rythmés par la colère, la rancœur et l'incompréhension. Je ne mérite plus de vivre. Qu'on me fusille sur la place publique !

Et tout de suite.
Enfin, demain.
Plus tard.
Car maintenant, elle va mieux. Me charger l'allège, et si cela lui fait du bien, je préfère encore avoir mal. C'est mieux ainsi.
Nouvelle préoccupation : Alice qui, une fois son bac en poche, souhaiterait pouvoir s'installer dans un appartement parisien avec une copine. Je manque de m'étrangler quand, très gentiment, sans vouloir me brusquer et avec beaucoup de tact, elle me fait comprendre que la vie à la maison n'a plus beaucoup d'attrait. Aucun, en fait. Et qu'il est temps pour elle de voler de ses propres ailes.
– Tu n'as même pas dix-huit ans… je lui fais remarquer, décontenancée.
– Je les aurai dans quelques mois.
– Il serait beaucoup plus raisonnable que tu fasses déjà ta préparation pour ton école de kiné ; une fois ton concours obtenu tu pourras t'installer avec qui tu veux. C'est une année extrêmement importante, et vivre seule n'est pas une chose facile à gérer. Je doute de plus que papa soit d'accord pour financer le loyer d'un appartement alors que tu seras à un quart d'heure de la maison.
Nous sommes lundi matin, il fait un temps d'une laideur repoussante et la circulation est aussi pénible que la conversation que nous avons en ce moment.
Car elle est mécontente. Contrariée, dépitée que je touche aux petites ailes blanches et duveteuses de la liberté fixées entre ses omoplates.
– Je peux travailler pour payer mon loyer, répond-elle avec l'accent de désespoir du condamné qui voit

sa peine prolongée à perpétuité. J'irai à mes cours dans la journée et je bosserai le soir, je trouverai bien un petit job…
Je ne réponds pas, car je lis dans son regard ce qu'il y avait d'inscrit dans le mien au même âge quand mes parents s'opposaient à un projet : l'envie de tuer.
Je voudrais lui dire que je connais bien cette première année de totale liberté où la chambre, le studio, qu'importe, se transforme très vite en squat pour les copains. Les journées gâchées, malgré les bonnes résolutions d'aller en cours tous les jours, car contrecarrées par des soirées délirantes où tout le monde s'invite pour faire la foire jusqu'à quatre heures du matin. Je l'ai fait pendant six mois merveilleux. Bilan, j'ai avorté de mes études et de l'envie de les continuer.
C'est ce que je souhaite lui éviter. Une fois son intégration réussie dans l'école de son choix, le problème sera différent, car elle sera sur des rails.
– Des rails, dis-je.
– Tu comptes prendre un train ?
– Non, je souhaite simplement que tu quittes la maison quand tu seras acceptée dans une école. Si tu redoubles par la suite, ce ne sera pas grave, le plus coriace sera fait.
Elle pince sa bouche sévèrement, certainement pour empêcher des mots blessants de traverser la frontière de ses lèvres. Son regard est noir et dans un geste d'impatience ouvre la porte de la voiture et la claque avec toute la violence de sa déception.
Et de deux.

En quarante-huit heures, je suis devenue l'ennemie de mes deux filles. À ce rythme, il ne va plus me rester d'enfants. J'oscille entre le désespoir et le découragement quand j'entre dans mon bureau. Un post-it signé de mon patron m'indique qu'il souhaite me voir immédiatement. Ce n'est pas ma journée. Qu'est-ce qu'il va encore me raconter ? Depuis qu'il nous a annoncé son départ, il me convoque sans cesse pour me parler de toutes les bizarreries anatomiques dont il est affligé. J'ai eu droit à de longs et pénibles exposés sur :

- son ongle incarné,
- sa verrue sur la langue,
- sa transpiration dont il ne maîtrise plus le débit,
- ses cheveux qu'il perd par poignées et qui oublient de repousser,
- son psoriasis géant sur les cuisses.

Aujourd'hui, il peut bien m'annoncer qu'il a une tumeur au cerveau de la taille d'un ballon de foot, je ne ferai même pas mine de m'y intéresser. Quoique, cela mettrait certainement un terme à tous ses déballages corporels. J'ai la nausée. Je frappe brusquement à la porte de son bureau, pour me débarrasser au plus vite de cette corvée.

– Entrez ! dit-il en se levant prestement dès que j'apparais. Fermez la porte derrière vous, nous serons plus tranquilles.

J'étouffe un râlement parce que je n'ai pas envie de me prendre un coup de règle sur la tête et m'assois du bout des fesses sur une chaise. Lui s'installe dans son fauteuil directorial en calant son bide d'un mètre cube sur ses genoux et me regarde. Attentivement.

Au bout de quelques instants d'un silence pesant et

ennuyeux, il finit par prendre la parole d'une voix étrangement lascive :
– Vous allez me manquer.
J'articule dans un bâillement :
– Je suis certaine que vous allez trouver une excellente équipe à Épinal.
Il titille sa règle du bout des doigts et ajoute :
– Vous n'avez pas compris. C'est vous, qui allez me manquer...
Bing ! Prends-toi ça en pleine face, me dis-je sans laisser transparaître la moindre émotion en regrettant déjà qu'il ne me parle pas plutôt du dirigeable qu'il est censé avoir dans le crâne. C'est donc ça la *rencontre inattendue et pleine de promesses* que mon horoscope m'a prédite ? De qui se moque-t-on ? Qu'est-ce que c'est que cette histoire de vieux pervers sentant le bouc qui me déclare sa flamme ? Il doit y avoir eu une monstrueuse collision interplanétaire pour que les astres se soient trompés à ce point.
Au secours, maman.
J'ai peur.
– C'est très gentil à vous, et je me lève. Je reste convaincue que vous vous ferez des amis...
Il m'interrompt :
– Ce n'est pas d'amis dont j'ai besoin, mais d'une amie.
– Moi, c'est impossible. J'affiche complet. J'ai plein d'amis, beaucoup trop d'ailleurs, je n'arrive même plus à les compter. Ne vous inquiétez pas, tout va s'arranger avec votre déménagement.
– Asseyez-vous ! m'ordonne-t-il. Vous ne comprenez donc pas ? Le psoriasis, la chute de cheveux, ma transpiration déréglée, tout ça, c'est vous !

Moi ? Ce ramassis de cochonneries ? Beurk !
– C'est de votre faute, vous mettez mon organisme dans tous ses états. Je me ronge parce que vous ne m'accordez pas le moindre regard. Et quand vous me regardez, je ne vois que du mépris dans vos yeux. Suis-je un monstre pour vous ? crie-t-il.
– Oui. Enfin non, ce n'est pas ce que je veux dire. Je suis surprise, étonnée… C'est ça, étonnée. Écoutez, tout va rentrer dans l'ordre dès que vous aurez pris vos nouvelles fonctions. Une nouvelle vie s'offre à vous, pensez à votre femme. Et je me lève subrepticement, tout en me dirigeant vers la sortie – vos enfants qui ont besoin de leur père… Vous n'en avez pas… Votre chien alors, vous avez sûrement un chien ? Pas de chien non plus… Des poissons rouges… Tortues de compagnie ? Je réussis à ouvrir la porte, que je referme d'un coup sec et me sauve.
Je retourne à mon bureau et m'assois. J'ai les jambes coupées et le cœur qui bat la chamade. Qu'est-ce que c'est que cette histoire ?
– Il te voulait quoi, le boss ? me demande Lucien.
– Rien, rien, des broutilles…
– Tant mieux, parce que vois-tu… il faut que je te parle, fait-il en mordillant son stylo, signe chez lui d'une extrême nervosité.
Naannn… Je lui réponds dans un souffle :
– S'il te plaît, Lucien, pas aujourd'hui, et me plonge tête la première dans un dossier. Il faut que je me ressaisisse, j'ai la cervelle liquide, je la sens qui dégouline par mes trous de nez et mes oreilles. Je suis incapable de penser normalement. Je ne parle même pas d'analyser ou de comprendre cette situation totalement loufoque. Je m'interroge seulement : pourquoi moi ?

La question reste sans réponse. Après m'être fait pipi dessus une bonne vingtaine de fois, à chaque coup frappé à la porte du bureau, l'heure de la délivrance sonne enfin. Je vais pouvoir rentrer à la maison et me détendre un peu. J'attrape mes affaires et détale sans demander mon reste, sous l'œil halluciné de Lucien, qui doit se dire que la situation est grave, vu que je n'ai même pas passé un seul coup de fil personnel dans la matinée.
Pas le cœur à ça.

Je me gare devant la maison et réalise que je n'en ai pas fini avec les contrariétés. Alors que je pénètre dans le salon tout en dépouillant le courrier, ma vision latérale m'alerte qu'une silhouette vient de passer dans le jardin. Sans réfléchir un instant de plus, mon instinct de survie m'ordonne de m'accroupir et de ramper jusqu'à la cuisine pour me mettre hors d'atteinte du danger. Une fois en lieu sûr, je me relève doucement en grinçant, avec l'agilité d'un vieux Sioux, et observe l'intrus qui met en péril ma tranquillité.
La menace est bien réelle. Il est là. L'apparence peut paraître banale. Il s'agit d'un être humain de type masculin, le corps revêtu d'un bleu de travail enveloppant un ventre conséquent, une éternelle cigarette vissée aux lèvres et une canette de bière greffée à la main droite.
Rien de terrifiant en soi. Sauf que sous des allures bonasses, l'individu est redoutable. Effrayant même, car depuis de nombreux mois maintenant, il hante notre domicile. Notre maison est devenue sa résidence secondaire, sa cabane au Canada, son château

en Espagne. Il la bichonne, l'entretient comme s'il en était le propriétaire, poussant même la plaisanterie à prendre l'initiative de menus travaux qui prennent des semaines avant d'être achevés. Le tout exécuté sous le regard bienveillant de ses acolytes alcooliques venus lui prêter main forte pour tenir un mur quand lui fait un trou dedans et la bénédiction de Luc qui regarde tous ces petits gars s'agiter en faisant Oui-Oui de la tête à chaque fois que le bleu de travail ouvre la bouche pour lui proposer de nouveaux arrangements. Mais je n'en peux plus. Dans un mois, jour pour jour, on va pouvoir sabrer le champagne pour fêter son année de présence abusive, irrégulière et dramatiquement horripilante. Car non content d'envahir notre territoire, il lui faut en plus nous faire part constamment de l'avancée des travaux. Ayant un grand besoin de reconnaissance, il a pris la fâcheuse habitude de frapper comme un sourd sur les vitres du séjour pour nous intimer l'ordre de sortir pour venir admirer son bel ouvrage ou lui apporter une bière.

J'ai les nerfs en pelote. Je ne le supporte plus et, coincée dans la cuisine, je me demande comment je vais m'en extraire sans me faire remarquer si je veux sauver mon après-midi. Je me redresse et au moment où je jette un œil pour voir s'il est toujours là, lui en profite pour en jeter deux et nos regards se croisent. Merde ! Piquée ! Je m'accroupis à toute vitesse, lui se met à tambouriner à la porte. Je jure comme un charretier, parfaitement consciente qu'il ne m'entend pas et ouvre en m'obligeant à prendre un air aimable.

En fait, j'ai envie de lui crever le ventre à coups de pioche et d'enterrer son cadavre sous un arbre.

Durée de nos échanges : sept secondes et demie. Je n'ai pas pu faire plus long. Il y va de ma santé mentale. C'est décidé, ce soir je parle à Luc. Si cet olibrius continue à considérer notre logis comme une extension logique de son foyer, je change d'auberge. Je quitte la maison, jusqu'à ce que sa soif de travaux soit totalement épongée.
Je ne veux plus le voir. Car lorsqu'il est là, il me crispe. Quand il n'est pas là, il m'angoisse, car il peut surgir à tout instant.

Je ne peux pas quitter la maison, me dis-je en jetant de façon désinvolte les articles que je prends des rayons du magasin où je suis partie faire les courses (histoire de me calmer les nerfs) pour les envoyer dans mon caddy qui se trouve à trois mètres de là. Car si je pars, où vais-je aller ?
Maman ? Hors de question.
Les amis ? Délicat.
L'hôtel ? Trop cher, surtout si la plaisanterie dure encore un bon mois.
J'ai mieux ! Les clients me regardent surpris. Mais la plus étonnée c'est quand même cette petite dame qui me demande pourquoi je m'acharne à lancer toutes ces victuailles dans *SON* chariot. Je lui présente mes excuses et reprends mes affaires.
J'ai trouvé. Ce sera jeûne et abstinence pour Luc jusqu'à ce que l'autre déguerpisse.
Je jouerai les intouchables tant qu'il n'aura pas vidé les lieux. Ce sera lui ou moi. Le bras de fer est entamé.
Je respire un grand coup et m'exhorte à retrouver mon infinie patience quand j'entends la porte d'entrée claquer et la voix aimable du maître des lieux grogner :

– C'est quoi, tout ce bordel ? Vous ne pouvez pas ranger les vélos ?
Je prends sur moi pour l'accueillir avec un grand sourire, l'embrasse chaleureusement, m'intéresse à sa journée et l'aiguille prudemment sur l'un des objets de mes tourments de la journée.
Il ne m'écoute pas.
Je fais de gros efforts de prononciation en lui demandant s'il a une vague idée de l'année à laquelle vont s'achever les travaux ?
Il ne me répond pas.
Je hurle :
– Ça suffit ! Je ne le supporte plus ! Je ne veux plus le voir ici !
Il me regarde étonné :
– Pourquoi est-ce que tu t'énerves ? Il partira quand il aura fini.
– Mais il n'aura jamais fini. À ce rythme, tu n'as qu'à lui installer une chambre au sous-sol. Je suis certaine qu'il sera ravi.
– Puisqu'il a encore des choses à terminer, laisse-lui un peu de temps.
Je deviens hystérique :
– Du temps, du temps ! Mais ça va faire un an qu'il est là à nous assommer. Je vais devenir folle, dis-je au bord des larmes, et en plus mon patron est complètement cinglé, Alice veut quitter la maison, Pauline ne m'aime pas et Carole me déteste ! Alors puisque c'est comme ça, nous ferons chambre à part jusqu'à ce qu'il dégage !
– Mais je n'ai rien fait, moi… fait-il décontenancé.
Je hurle, en grimpant les escaliers :
– Si ! Tout est de ta faute ! Tu entretiens son besoin

obsessionnel de trouer, percer et combler. Quand il aura fini, on reprendra une vie commune ! En attendant, trouve-toi qui tu veux pour me remplacer !
– Je prends une maîtresse alors, déclare-t-il en riant, histoire de détendre l'atmosphère.
Je me jette sur le lit en pleurant. Il peut bien prendre une maîtresse, un chien, un sens interdit, une cuite, un rendez-vous chez le dentiste. Tout ce qu'il veut. Je m'en fiche et je sanglote. En plus, le chien en a profité pour se vautrer sur notre couette, il y a de la boue partout. Qu'est-ce que c'est que cette maison ? Je ne suis qu'un tas de ruines. Tout part à vau-l'eau.

Je ne desserre plus les dents.
Ni au bureau où j'ai envoyé mon patron aux pelotes, en lui signifiant par post-it interposé, qu'il ferait mieux de consulter un vrai médecin et un psychiatre par la même occasion.
Ni avec Lucien à qui j'ai coupé toute envie de se répandre en lui intimant l'ordre de me laisser travailler.
Ni avec maman à qui j'ai fait comprendre que j'étais encore vaguement en vie, mais écrasée par une charge de travail hallucinante.
Ni à la maison où d'ailleurs personne n'a rien remarqué.
Sauf Luc.

– Ce serait bien que l'on parte quelques jours au soleil tous les deux, propose-t-il avec un gentil sourire.
Je ne parle plus, mais mon esprit cogite encore normalement.

– Soleil au mois de février, il y en a partout dans le tiers-monde, sauf ici. La réponse est non.
– Deux. C'est-à-dire 1 + 1. Lui et moi. Donc sans les enfants. Re-non.
Je ne pars pas à douze mille années-lumière en les laissant seuls ici. Car même s'ils ne m'aiment plus ou moins, ce qui revient à peu près au même, j'ai le cœur déchiré de partir sans eux aussi loin.
– Je t'emmène où tu veux, précise t-il. Une île au soleil ! J'ai besoin de me détendre, de faire un break...
Je réponds :
– Je ne pars pas loin de la maison en les laissant tout seuls... en signifiant : « Je ne pars pas de la maison du tout. »
Il insiste :
– On peut aller au Maroc pour une cure de thalasso, ça nous fera du bien, en plus ce n'est pas loin du tout.
Beurk... J'ai envie d'aller nulle part. Pourtant, je sens qu'il y a urgence et trouve un compromis. Une île d'accord, mais celle de Ré avec sa thalasso.
– Pourquoi pas le Maroc ? gémit-il.
– Tu es fou ! Et si l'avion s'écrase ?
Il abdique :
– Bon, alors trouve-nous un endroit sympa, mais je ne vois vraiment pas ce que l'on va pouvoir faire là-bas.
C'est exactement la question que je me pose. Maintenant que je suis sur mon banc face à la mer, je me sens comme Napoléon à Sainte Hélène : en exil. Nous sommes arrivés sur l'île, hier, dans un somptueux établissement... vide. Pas âme qui vive. J'ai eu envie de crier « Ouh ! Ouh ! Les curistes, vous êtes

où ? » Personne. Un très gentil jeune homme nous a montré notre chambre et j'en ai eu le souffle coupé. Ce n'est pas une chambre avec « vue-sur-mer » mais deux, séparées l'une de l'autre par un couloir de dix mètres de long. Magnifique, mais un peu paniquant. Le regard ravi de Luc m'a fait lui sauter au cou et l'embrasser pour le remercier en lui demandant :

– Pour cette nuit, tu prends laquelle ?

Ensuite, nous sommes descendus dîner au restaurant où règne une ambiance du tonnerre ! Les pensionnaires sont arrivés un par un en traînant un peu les pieds. Je les ai comptés, il y en a huit. Trois couples et deux célibataires. Moyenne d'âge : soixante-dix-sept ans. Personne ne parle, tout le monde chuchote. Moi je dis qu'il faut un mental hors du commun pour survivre à tout ça. Nous nous sommes regardés, puis nous avons commandé une bouteille de Pommard 76 sous le regard réprobateur et diététique des curistes. Nous avons trinqué à notre santé.

Donc ce matin, pendant que Luc est en train de patauger, je décide de partir à la découverte de ce petit village charmant. Premier arrêt sur un banc, première cigarette et premier vague à l'âme. Il faut cependant reconnaître que le spectacle que j'ai devant les yeux est magnifique.

D'abord, il fait beau. Et il fait beau.

Et je n'ai personne à qui parler.

Je scrute l'horizon avec l'espoir secret d'y voir au loin mes enfants et mes amis, sur un canot de fortune, agiter les bras en signe de bienvenue. Rien. Le bleu de la mer se fond dans celui du ciel en une frontière invisible mais désespérément vide. Quelques mouettes braillent

comme des excitées, d'autres se laissent bercer par les flots, profitant de la douceur du climat.
Je me décolle du siège où mes fesses commencent à prendre racine et me dirige vers un café.
Bingo ! Le fessier à peine posé sur ma chaise, la serveuse et patronne de l'établissement, après avoir pris ma commande, m'interroge pour connaître les raisons de notre venue dans son patelin, hors saison. C'est parti ! Voyant qu'elle pourra très bien assumer la charge de travail que je représente, vu que je suis la seule cliente, je pousse ostensiblement une chaise dans sa direction en lui montrant que je serais très heureuse de pouvoir discuter quelques minutes avec elle. Elle ne se fait pas prier et s'assoit de tout son poids, qu'elle a conséquent.
Une reine. Une reine du dialogue. Qui se transformerait vite en monologue, si je n'étais pas attentive ; mais pas question que je la laisse s'égarer. Je veux tout connaître de cet endroit.
Magique ! dit-elle. Et elle semble réellement sincère. Je la crois sur parole. Mais encore ?
– Le lieu rêvé pour des vacances, promenez-vous à pied ou à vélo. Allez partout, dans les ruelles, en bord de mer, vous découvrirez toute la beauté de notre village, sa douceur et le bien-être qui s'en dégage. C'est un site protégé et authentique.
Authentique ! Les maisons aussi. Surtout leurs prix. Ils ne trichent pas.
C'est horriblement cher.
Gagnée par son discours enchanteur, j'ai suivi mes jambes qui m'ont amenée devant les vitrines d'agences immobilières, car chemin faisant, j'ai eu

une révélation.
Inutile de se voiler la face, d'ici deux à trois ans, les enfants crieront victoire, une fois la porte de la maison définitivement franchie. Espoir de retour, quasiment nul. Allez, dans le meilleur des cas, à Noël, mais vite fait, et peut-être une ou deux autres fois dans l'année pour des circonstances plus ou moins drôles. Ce qui veut dire en clair que je ne les reverrai plus jamais, sauf… Et c'est ce qui m'a empêchée de me jeter dans le port avec la ferme intention de me laisser couler, si on achète une maison de vacances qui rassemblerait tout le monde.
Ici.
Et tout de suite.
J'ai tout vu. J'ai parcouru la commune en tout sens. J'ai respiré à pleins poumons pour m'imprégner des différentes fragrances. J'ai tout dans le cerveau : iode, crêpes au beurre, gaufres, thym, miel, caramels au sel. C'est parfait. Il n'y a pas à tergiverser, c'est idéal.
Je fonce au sanatorium rejoindre Luc à qui je vais exposer ce merveilleux plan.
Il est en ligne sur son portable, je lui fais un grand sourire pour lui montrer que je ne veux pas le déranger, surtout que ce que je compte lui annoncer ne va peut-être pas forcément le mettre en liesse. Du moins au début. Après, quand il aura compris la nécessité de l'opération, je suis certaine qu'il me remerciera.
Il raccroche enfin :
– On va déjeuner ? propose-t-il en homme encore heureux.

– Avec plaisir !
Nous nous dirigeons vers un petit bistrot très sympathique, face à la mer.
– Qu'est-ce que tu prends ? demande t-il.
– Une sole meunière… C'est parfait !
– Alors deux, répond-il au serveur. Avec deux demis, s'il-vous-plaît, ajoute-t-il en riant.
J'enchaîne :
– Je comprends Véronique et Philippe (des amis, qui ont une maison de vacances ici, eux), c'est très mignon ce village. Si tu veux, cet après-midi on pourrait faire le tour (j'ai envie d'ajouter « des agences immobilières », mais cela me paraît encore un peu prématuré) du coin, tu verras comme c'est charmant.
– Un peu mort, non ?
Je lance, sentant ma maison m'échapper :
– Mais pas du tout ! Regarde comme ça bouge, deux bistrots ouverts, trois restaurants…
– Deux boulangeries, pas de quoi s'énerver…
– Oui, mais hors saison !
– Une route unique pour traverser l'île, imagine l'enfer en été.
– Mais non ! dis-je en faisant un grand geste pour retourner ma sole, que je flanque par terre. Je me baisse pour la ramasser sous l'œil consterné de Luc.
– Comment peut-on faire tomber sa sole, tu ne sais pas comment on s'y prend pour qu'elle reste dans l'assiette ? fait-il l'air sombre.
– Pas grave ; je gratte les poussières venues s'y coller. Elle est comme neuve, maintenant, et j'enfourne une énorme bouchée pour le lui prouver.
Finalement, je vais peut-être différer un peu notre

discussion concernant l'achat de notre résidence secondaire.

– Pas de résidence secondaire ! crie-t-il de la salle de bains.

Je beugle :

– Mais pourquoi ?

– Parce que. On a déjà une maison, je ne vois pas l'utilité d'en avoir deux.

– Une maison en région parisienne. Ce n'est pas là que nos enfants auront envie de se retrouver pour les vacances. Tu es cruel. Et nos petits-enfants, tu y as pensé ? dis-je dans une plainte.

– Mais quels petits-enfants ? Nous n'en avons pas.

– Ceux que l'on va avoir. Tu es tout de même conscient que nous sommes des grands-parents en puissance ! Et puis, tes parents aussi seront heureux de venir passer des vacances à la mer… J'allais ajouter maman, mais je ne veux pas saboter le projet, alors qu'il est sur le point de prendre vie. Dans mon esprit du moins.

Pourtant, après notre déjeuner, j'ai mis les bouchées doubles. Nous sommes partis en couple uni, ratisser le village. Je me suis extasiée sur tout. Nous avons discuté avec un véritable Rétais qui n'a jamais mis les pieds à la Rochelle. Un peu difficile à comprendre, élocution hasardeuse, mais un grand sourire édenté aux lèvres et beaucoup de malice dans les yeux. J'ai littéralement bavé d'envie devant sa maison toute en longueur et lui ai longuement serré la main avec beaucoup d'affection. J'ai regretté de ne pas avoir de carte de visite à lui glisser dedans, au cas où il se déciderait à entrer dans la maison de retraite de « l'Amicale des Pêcheurs d'Huîtres ». Après avoir

sillonné toutes les rues, ruelles, venelles et chemins vicinaux, j'ai habilement amené Luc à se poster face à la vitrine d'une agence immobilière.
En toute innocence.
Mais il n'est pas dupe.
– Non ! a-t-il déclaré avant même de jeter un coup d'œil aux annonces alléchantes.
– Je te demande juste de regarder, pas d'acheter (enfin pas dans le quart d'heure qui vient), uniquement pour voir.
– Voir quoi ? C'est tout vu, il n'est pas question que l'on acquière quoi que ce soit ici.
– J'ai réfléchi à ce sujet, dis-je, en le rattrapant. Ça fait longtemps que j'y pense, des mois en fait (quelle menteuse), car si l'on veut continuer à voir nos enfants, qu'il y ait une vie après leur départ, que l'on ne se retrouve pas comme deux vieux croûtons, eh bien on tient la solution.
– Tu tiens la solution ! hurle-t-il en fuyant.
Je n'ai réussi à le rejoindre qu'à l'hôtel où l'un des curistes, contre toute attente, s'est risqué à me lancer un bonjour amical. J'ai failli lui répondre « Pas le temps mon vieux, vous voyez bien que je suis occupée », mais étant profondément humaine, je lui ai balancé un bref salut et j'ai couru jusqu'à la chambre.
Ça fait une demi-heure que l'on parle par cloison interposée et j'attends maintenant qu'il sorte de sa douche. La porte s'ouvre enfin et l'air se parfume immédiatement de son eau de toilette. Je vais pour ouvrir la bouche afin de continuer notre discussion. Il m'interrompt :
– On va dîner.

Je le suis en trottinant et m'installe confortablement à notre table.
– Savigny-les-Beaunes 82, demande-t-il au serveur, éperdu d'admiration que l'on puisse consommer autant de pinard en cure. Les pensionnaires nous font carrément la tronche en se plongeant dans leur verre d'Evian. Quelle tristesse…
J'embraye :
– Tu comprends ce que je veux dire…
– Je comprends qu'au prix où sont les maisons ici, on peut louer pendant cent ans, ça reviendra strictement au même.
– Non, car ce sera notre maison. Être dans une location ou chez soi, ce n'est pas du tout pareil, tout le monde te le dira.
– Qui ça, tout le monde ?
– Heu…. Véronique par exemple.
– Quelle différence ?
– Eh bien, dans une location, comme son nom l'indique, on loue. On n'est pas chez nous. C'est-à-dire qu'au bout de trois semaines, on tourne en rond, sans repères. Alors que dans une maison qui nous appartient, tout prend une autre dimension. On peut l'installer comme on veut, la décorer à notre façon – d'ailleurs j'ai pensé à toi – tu pourrais y avoir ton bureau, ce serait comme à la maison, mais en vacances. De plus, tout le monde pourrait en profiter : les enfants qui pourraient y venir seuls avec des copains, nos amis, parents, etc.
– Et nous ? On y viendrait quand ? Si les copains des enfants, les copains de mes parents et les copains des copains viennent…
– C'est juste un exemple pour te montrer la foultitude

de possibilités qu'offre ce type de résidence, dis-je en baissant la tête, tout en me servant de mon pain comme souffre-douleur.
– Et la multitude d'emmerdements que ça va générer aussi. Faut voir.
Le *Faut voir* n'est pas tombé dans l'oreille d'une sourde. Le lendemain matin, je prends rendez-vous dans une agence dès neuf heures et c'est hagarde, les yeux complètement exorbités que je rentre chancelante, Luc à mon bras, dans l'étude de cette brave femme.
– Vous cherchez quoi exactement, s'enquiert-elle en nous regardant de façon sympathique.
– Moi, rien, du tout, s'empresse de répondre Luc. Mais ma femme...
Puisque la parole est dans mon camp, je me hâte d'ajouter :
– Rien de bien compliqué. Une cabane de pêcheur de... disons deux cents m2 environ, donnant sur la mer, avec accès à une plage privée.
Un blanc et la généreuse femme qui me fait face éclate de rire. Moi aussi.
– C'est pour détendre l'atmosphère, dis-je à Luc.
Si l'atmosphère est certes plus détendue, en ce qui le concerne, il y a encore du boulot.
La négociatrice, qui n'est pas née de la dernière pluie, reprend la parole et poursuit :
– Votre choix – je parle de celui d'investir dans l'île – est très judicieux. En ce qui concerne votre conception de la cabane de pêcheur, peut-être moins avisé. Mais il est vrai qu'acheter dans l'île est très fédérateur.
Fédérateur ! Quel mot simple et merveilleux ! Un terme qui résume à lui seul ce que j'ai essayé de

démontrer à Luc, en phrases et périphrases compliquées.

Elle continue sur sa lancée :

– Vous savez, nous avons de nombreux clients qui finissent toujours par se débarrasser de leurs autres résidences secondaires, pour ne garder que celle de l'île. C'est un très bon investissement, vous ne le regretterez pas.

Luc, lui, regrette déjà d'avoir mis un orteil dans ce lieu de perdition et c'est la mort dans l'âme que je l'emmène visiter quelques belles maisons de l'île.

– Ce n'est pas cent, mais deux cents ans que l'on pourrait louer d'affilée, au prix où sont les baraques. C'est odieusement cher. Quelle arnaque.

Je renchéris :

– Quel paradis ! Franchement, tu n'aimerais pas avoir ton chez toi, ici ? Aller jouer sur la plage avec tes petits-enfants, organiser de grands repas familiaux avec nos gendres et belles-filles, toute la famille réunie…

Il lève un sourcil et conclut :

– Franchement ?… Non.

– Bon, dans ce cas, j'ai une autre idée pour donner un sens à notre vie après le départ des enfants, on ira ouvrir un dispensaire en Afrique. Voilà.

Nous avons éclusé tous les grands crus sous le regard éteint des curistes qui se sont pendus un à un dans la salle de restaurant. Puis nous sommes rentrés à la maison.

Chez nous.

Enfin.

– Alors, c'était comment ? demandent les enfants.

– Très bonne semaine, dis-je, rayonnante de joie de pouvoir les serrer contre mon cœur.
Je n'ai pas osé leur avouer que leur père avait été un poil tatillon, me pistant aussitôt que j'allumais une cigarette, vociférant dès que je dépassais les cinq minutes de conversation sur mon portable et grognant comme un verrat à la recherche de truffes lorsque j'étalais un peu trop de beurre sur mon pain aux noix.
Je demande en regardant le courrier :
– Pas d'appels particuliers ?
– Si ! Carole t'a appelée trois fois hier.
Arghh…
– Elle t'a dit ce qu'elle voulait ? dis-je, prise d'affolement.
– Non, elle a simplement précisé qu'elle rappellerait, fait Alice ennuyée.
Et moi, je suis contrariée.
– C'est stupide cette histoire de bonne femme, dit Luc en ajustant la couette sur ses épaules et en calant sa tête contre l'oreiller. Organise un repas avec tous les potes. Dans le lot, elle passera inaperçue et les choses finiront bien par s'arranger. Puis il baille et s'endort.
Le cap n'est pas évident à franchir, mais il est certain qu'il a raison. Je ne peux pas laisser la situation pourrir ainsi. C'est donc armée de tout mon courage que je compose son numéro. Certes, il m'a fallu plusieurs jours avant de pouvoir me décider, et maintenant que j'entends la sonnerie, je ne vais pas raccrocher.
Si.
Bêtement je l'ai fait.
J'ai raccroché, parce que j'ai eu peur.

Elle m'a rappelée immédiatement en me disant qu'elle avait composé le 31-31 et qu'elle savait que j'avais essayé de la joindre. J'ai odieusement menti, en lui disant qu'en effet j'avais tenté de la contacter, mais que j'avais été interrompue par le facteur qui apportait un recommandé. Elle a eu l'air heureux de m'entendre :

– J'aimerais pouvoir te parler, m'a-t-elle confié.

Mais comme je redoute plus que toute chose au monde de me retrouver seule avec elle, j'ai écourté la conversation en l'invitant précipitamment à dîner dans quinze jours. C'est le temps qu'il me faut pour réunir tout le monde et trouver une recette potable.

– Vous aimez la fondue savoyarde ?

Mes invités sont unanimes :

– Oui ! crient-ils en chœur.

Ouf ! Je suis rassurée.

Carole n'est toujours pas là et je m'inquiète ; si elle ne vient pas c'est que nous sommes irrémédiablement fâchées, qu'il n'y a pas possibilité de discussion, je ne connaîtrai jamais les motifs qui l'ont poussée…

On sonne, et le chien aboie comme un fou furieux, en faisant un très beau dérapage sur le parquet.

– Carole. Entre.

Je suis gênée de la voir devant moi.

– Tiens, pour toi, fait-elle en me tendant un joli bouquet de fleurs fraîches – ce qui est bien mieux qu'un bouquet de fleurs fanées. Tout le monde est arrivé ? me demande-t-elle nerveusement.

Je lui réponds qu'on n'attendait plus qu'elle pour boire le champagne. Je mets autant d'empressement à l'embrasser que lorsqu'à six ans on m'obligeait à baisoter mon arrière-grand-tante Louise, avec son

éternelle barbe de trois jours qui me râpait la joue et son dentier mal fixé qui me pinçait les pommettes.
Je la fais entrer au salon. J'ai le cœur qui fait boum et un peu de mal à coordonner mes mouvements, tellement je me sens tendue.
Pauline me saute dessus en criant :
– Et nous ? Qu'est-ce qu'on mange ?
– Heu… Je n'ai rien prévu de particulier pour vous. Cherche dans le réfrigérateur et prenez ce que vous voulez. Ça ira ? Je lui fais un petit sourire d'excuse et file rejoindre mes invités.
C'est déjà suffisamment compliqué d'organiser un repas pour treize adultes, alors les enfants en plus…
Je me jette sur ma coupe de champagne et prends en route la discussion entamée par Paule concernant le départ de sa fille en Espagne.
Sur un coup de tête.
Après avoir abandonné ses études.
C'est mieux pour le moral des parents.

Dieu merci, Carole a eu la bonne idée de s'intégrer dans la zone masculine, relativement éloignée de celle des femmes.
D'ailleurs, je pense que si nous décidions de dîner à la cuisine pour les laisser seuls entre eux dans la salle à manger, ça ne leur poserait pas d'insurmontables problèmes existentiels. À condition, bien sûr que nous les servions…
Les conversations vont bon train, mais l'heure du fameux « plan de table » a sonné.
– Qu'est-ce que tu as prévu ? demande Luc au moment où tout le monde se lève pour s'installer.
– Mince, j'ai oublié de consulter mon guide du

« Savoir Recevoir » de Nadine de Rothschild dis-je en pouffant. Mais j'ai quand même mon idée sur la question.
Carole.
1. Pas à côté de moi (pas le courage).
2. Pas à côté de Luc (je les ai trouvés étrangement proches pendant l'apéritif).
3. Pas à côté de Sylvie (elles ne se supportent pas).
– Eh bien, voilà, Carole ici et je lui montre le bout de la table, Thomas à côté.
Après tout, ils se connaissent depuis la maternelle et ont suffisamment joué à touche-pipi quand ils étaient petits pour se sentir à l'aise l'un à côté de l'autre. De plus, elle doit être ravie, elle adore l'asticoter à la moindre occasion.
Et voilà, c'est réglé. Les autres, installez-vous comme vous voulez. Ça m'est égal. Pour ne froisser personne, j'ai tout de même fait mine de réfléchir un dixième de seconde. Finalement, tout le monde s'en moque, ils ne veulent qu'une chose : la fondue !
Et le vin.
Blanc, rouge, champagne. On a tout bu.
– Vous vous êtes expliquées ? me demande Luc qui a une étrange lueur lubrique dans les yeux, alors que je prépare mon nid pour la nuit.
– Avec qui ?
– Carole. Tu lui as parlé ?
– Non. Et je ferme les yeux. Il est quatre heures du matin et je ne veux pas lui laisser le moindre espoir de poursuivre la soirée en faisant des galipettes.
Je me retourne et ne m'endors pas.
On n'a pas échangé un mot.
Si, deux en fait.

Je lui ai dit merci quand elle est entrée dans la cuisine pour m'apporter des assiettes sales.
Et au revoir.
Sinon rien. Cela ne m'a pas empêchée de l'observer pendant le dîner. Première surprise, quand j'ai installé Thomas près d'elle, elle avait l'air absent. Elle a regardé Sylvie, mais sans la voir vraiment et a commencé à tripoter ses bagues pour se donner une contenance. Puis son regard est allé vers Luc, ce qui m'a beaucoup agacée, pour retomber dans son assiette. Elle a tripoté une de ses mèches de cheveux et fait un sourire à Paule, que le hasard du plan de table sauvage avait désigné près d'elle.
Ensuite, elle nous l'a joué plutôt mondaine que poivrote affranchie. A bu du bout des lèvres, mangé comme un moineau qui vient de naître. Et discuté autant qu'une religieuse qui a fait vœu de silence. Même Thomas n'a pas eu droit à leurs interminables querelles dégénérant en fous rires.
Puis elle est partie.
La première.
En s'excusant presque d'être venue.
Parce que je ne suis pas une chienne enragée, j'ai tenté quelques sourires dans sa direction pendant la soirée, qu'elle a évités le plus habilement possible en détournant à chaque fois sa tête ravissante.
Voilà. Bilan de l'opération : néant. En plus, Paule s'est cassé la clavicule au ski, dès le premier jour.
C'est atroce.
Je vais devoir aller toute seule à la piscine.
La vie est cruelle parfois.

C'est ce que je continue à me dire en me relevant

péniblement, aidée par deux personnes charitables qui m'ont vue partir à la renverse. Je suis dans une rue commerçante et je viens de me prendre en pleine face la porte vitrée d'une boutique que je croyais ouverte. Ah ! la vache. Ça fait mal ! Physiquement.
Parce que psychiquement, j'ai eu aussi ma dose, après avoir rayé l'aile avant droite de ma voiture dans un virage de parking souterrain, plutôt prévu pour les deux roues que pour les véhicules qui en ont quatre. À l'air libre, j'ai essayé d'atténuer les dommages causés par ce mur irresponsable avec un peu de salive, mais les marques réapparaissaient progressivement. Bien sûr, je n'ai rien dit à Luc, en croisant les doigts pour qu'il ne s'en aperçoive pas.
C'est ce qu'il a remarqué en premier dès que je suis arrivée.
– Qu'est-ce que c'est que ça ? a-t-il demandé d'un ton furax, alors qu'il sortait les poubelles.
– Quoi ? Ça ?...ai-je fait avec un sourire enthousiaste et carrément forcé.
– Là ! Ta voiture... Elle est toute rayée !
Je me suis retournée. J'ai joué les pauvres d'esprit et pris un air stupéfait quand il a pointé le bout de sa chaussure sur les éraflures.
– Oh ! non... C'est incroyable ! Elle était nickel ce matin. Je ne comprends pas... Qui a bien pu me faire ça, ai-je ajouté, désireuse de charger le premier inconnu.
– Ça, c'est un mur, a-t-il grogné en se baissant pour examiner les plaies de l'engin.
– Un mur ? Quel mur ? Je suis restée en ville...
Ce n'est pas beau de mentir, mais je n'avais pas envie de me prendre un coup de poing dans les dents. On

ne sait jamais ce qui peut se passer dans le cerveau d'un homme, surtout avec une femme qui abîme une voiture.
– File-moi tes clés. Je vais chez le garagiste.
Puis il a sauté dedans et crié :
– Mais c'est quoi ce foutoir ? C'est une véritable poubelle ! Et ce machin, ça sert à quoi dans une voiture ? a-t-il crié en balançant un de mes soutiens-gorge par la fenêtre.
Je l'avais oublié, celui-là. Après un achat impulsif de sous-vêtement, j'étais paniquée à l'idée d'avoir pris une taille trop petite. Pour me rassurer, j'ai immédiatement défait l'emballage et essayé à nouveau mon acquisition à quatre pattes dans la voiture. Comme c'était parfait, je l'ai gardé et oublié l'autre. Pas de quoi fouetter un chat.
Qu'est-ce que les hommes s'énervent vite… Tout ça pour un morceau de tôle, même pas froissé… Pas matière à écrire un bouquin. Non, ce qui aurait été franchement contrariant, c'est que mon soutien-gorge ait été trop petit. Vu que j'avais déjà arraché l'étiquette.
Ça, c'était il y a deux jours.
Actuellement, je vois trente-six étoiles. La vendeuse du magasin, contre la porte duquel je me suis jetée, est sortie affolée quand elle m'a vue tomber et m'offre un café pour me remettre d'aplomb. Je n'arrive pas à lui dire que je n'aime pas le café, parce que je suis encore sous le choc, qu'elle file déjà m'en préparer un et, comble de l'horreur, m'oblige à le boire. Non seulement maintenant j'ai mal à la tête, mais en plus j'ai envie de vomir. Elle me propose gentiment de me ramener à la maison, mais comme j'ai très

peur qu'elle me refasse du café, je lui réponds que non et repars en titubant. Ce n'est pas ma semaine de chance.

Incontestablement, mon nez a doublé de volume, je sens une chaleur diffuse et inquiétante en émaner. Je suis certaine qu'on pourrait s'en servir de barbecue. En arrivant à la maison, je monte les escaliers en courant et me propulse dans la salle de bains, avec le chien à mes trousses. Qu'est-ce que je disais ! Il est gonflé et tout rouge.

– Pas terrible tout ça ! Hein ? dis-je à mon compagnon poilu. Il s'en moque et se met à se lécher les pattes avec une application soutenue et irritante, totalement inconscient de la tragédie que je suis en train de vivre. J'aimerais bien qu'il en fasse autant sur mon appendice nasal, mais je viens de mettre de la crème et je ne souhaite pas qu'il s'intoxique.

– Allez, viens mon vieux. On va se promener. Il ne se fait pas prier et sort comme une fusée. Seule petite éclaircie dans cette journée sombre, pas de dîner à préparer, puisque nous allons au restaurant. C'est donc les mains dans les poches et le nez au vent – histoire de le rafraîchir – que nous entamons notre balade de fin d'après-midi. Le jour tombe, et j'inspecte les alentours pour voir si aucun chien n'erre dans les parages sans laisse.

Seuls.

Je me baisse pour défaire son collier, quand au même moment je mets le pied dans la plus grosse crotte jamais recensée dans le département. Je fulmine. Nous ne serons plus jamais treize à table, si après je dois écoper de toutes les catastrophes !

Mon chien en profite pour renifler toutes les autres,

d'un gabarit bien inférieur, pendant que je m'acharne sur une touffe d'herbe, pour nettoyer ma chaussure.

Je n'ai rien vu venir.

Et pour cause, puisque le danger est arrivé par derrière.

J'ai juste entendu un léger bruit de cavalcade, je me suis retournée, mais c'était déjà trop tard. J'ai couru comme une forcenée quand je l'ai vu sauter, babines retroussées, à la gorge d'un labrador. Puis comme dans les dessins animés, ce fut une ronde endiablée, où ils tournoyaient tous les deux à une vitesse ahurissante. J'ai voulu m'interposer en criant de toutes mes forces. J'allais mettre ma main dans cet enchevêtrement de fauves en furie, quand quelqu'un m'a saisie par la capuche et projetée en arrière.

J'ai atterri sur les fesses. Muette de stupeur.

Lui s'est approché, en disant d'une voix forte et tranquille :

– Caramel ! Stop ! Le chien a levé la tête surpris et son maître a profité de ce millième de seconde d'attention pour le choper par son collier et le mettre en retrait.

Le mien, dans sa rage, continuait à se battre dans le vide. Mais en sang.

– Vous n'avez rien ? me demande l'inconnu en m'aidant à me relever.

Je ne lui réponds pas et fonce sur mon chien.

J'articule :

– Je... Il... saigne.

La pauvre bête est dans un état lamentable. Des gouttes de sang perlent de la paupière de son œil gauche et il tremble de tous ses membres, complètement affolé.

Je n'arrive pas à me contrôler et de grosses larmes coulent le long de mes joues. J'aimerais pouvoir les retenir, parce que c'est idiot de pleurer devant une personne que l'on ne connaît pas. En plus, je n'ai pas de mouchoir, alors je m'essuie sur la manche de mon manteau, ce qui me fait odieusement souffrir, car mon nez est ultra sensible.

– Ne pleurez pas, me dit l'homme qui me conduit dans son vieux break chez un de ses copains vétérinaire. Ça va aller. Ne vous inquiétez pas. Tenez... Mmmm... Drôle d'odeur dans cette voiture, fait-il en me tendant un kleenex.

Je le prends en le remerciant, sans oser lui avouer que c'est moi qui sens la crotte.

– Toi ! Tu ne bouges pas, ordonne-t-il à son chien, puis il m'entraîne par le bras, dans le cabinet du véto.

L'homme de sciences a été d'une efficacité redoutable. Il n'a fait aucun commentaire, sauf quand l'inconnu lui a parlé de Caramel. Il a juste prononcé « Caramel ?... » Tiens donc ! Puis il a fait « Tss, tss... » en inclinant la tête et a demandé le prix de la consultation à son copain.

J'ai réalisé que je n'avais pas d'argent sur moi. Mais l'inconnu a tenu à régler. J'ai insisté pour le rembourser quand il m'a déposée devant la maison ; il m'a simplement répondu :

– Mon chien n'est pas innocent dans cette histoire.

Puis il est parti en me souhaitant bon courage.

Dès que sa voiture a disparu au bout de la rue, je me suis sentie étrangement seule.

Bien sûr, à la maison, tout le monde a été paniqué de voir le chien dans cet état. J'ai raconté que

j'avais été chez le vétérinaire, qui s'était montré très gentil.
Mais je n'ai pas précisé avec qui.
Ce qui peut paraître totalement stupide puisque je n'avais rien à cacher. Sauf que, dès le lendemain, je suis retournée sur le petit chemin, habitée par le risible espoir de le voir à nouveau. J'ai marché de long en large, poussant même mes investigations sous un banc, au cas où il s'y serait glissé. C'est quand j'ai entendu « Vous avez perdu quelque chose ? » que j'ai compris que si, moi, j'espérais le revoir, visiblement, lui le souhaitait aussi.
Il s'est décollé de l'arbre, contre lequel il était appuyé, a écrasé sa cigarette et s'est posté devant moi. Je l'ai regardé comme une courge et suis devenue cramoisie.
– Comment va notre petite terreur ? a-t-il fait en flattant la croupe de mon chien.
Je me suis surprise à espérer qu'il en fasse autant sur moi, puis j'ai bégayé :
– Bien, très bien.
– Bon alors… On y va ?
Je n'ai même pas demandé où. Et nous avons entamé notre balade, suivis des deux toutous.
Depuis un bon mois maintenant que nous nous promenons régulièrement, j'ai appris qu'il s'appelle Clément, du latin *Clemens – Doux et indulgent*.
Qu'il n'est pas stupide, puisqu'il est ingénieur en informatique.
Mais contrarié, car il aurait voulu être garde-forestier.
Que son chien change de noms comme lui de chemises, c'est-à-dire tous les jours. Avec une très nette prédilection pour les parfums de glace : Pistache–

Cacahouète– Chocolat – Vanille – Café. Et bien sûr Caramel.
Qu'il ponctue chacune de ses phrases par « Un jour… quand je serai grand… », parce qu'il a des rêves plein la tête.
Qu'il est généreux. Il ne vient jamais les mains vides lors de nos pauses apéritives sur le banc à la tombée du jour.
– Saucisson pur porc, mais maigre, parce que sinon je ne le mangerais pas.
– Heineken pour ne pas être déshydraté.
– Cigarettes. Qu'il me roule. Même que parfois, j'aimerais bien être le papier.
Attentif : crème pour les mains, subtilisée à son épouse, parce que les miennes étaient un peu rougies par le froid
Délicat : surtout avec moi. Mes rondeurs sont signe de bien-être. Un peu moins avec sa femme dont l'appétit et la joie de vivre ont disparu dans de funestes régimes. Ce qui le fait beaucoup souffrir. Je l'aide de mon mieux en mangeant deux fois plus.
Intrépide : dès qu'il fonce dans un jardin public pour m'y cueillir des fleurs.
Fort : quand il me porte sur son dos, pour me montrer les plus belles maisons du coin, cachées derrière de hauts murs.
Et beau. Mais ça, je l'avais déjà remarqué.
C'est la deuxième fois cette semaine que je pars en courant pour promener le chien, mais que je l'oublie à la maison. Nous ne faisons rien de mal. Si ce n'est que nous sommes bien ensemble. Pourtant, un signal d'alarme s'est déclenché dans ce qui me reste de cervelle. Je suis consciente de manœuvrer

en terrain sensible et que le « C'est-si-bon-d'avoir-un-véritable-ami » ne bluffe que moi. Néanmoins, ces rencontres quasi journalières me dopent de façon étrange.
– Je trouve que le ciel est plus bleu, même s'il pleut.
– J'aide les petites vieilles à traverser la rue en les portant dans mes bras.
– Je fais des sourires béats à tous les commerçants qui se demandent si je ne fume que des cigarettes.
– J'embrasse chaque tronc d'arbre en lui disant qu'il est mon ami.
C'est surprenant.
Étonnante aussi, la remarque de Clément quand j'arrive à sa hauteur. Il est là depuis quelques minutes et me regarde bien en face :
– C'est incroyable, tu as deux yeux...
– Je sais, dis-je, saisie d'un trouble évident, cela peut paraître singulier, mais c'est somme tout assez fréquent. Un à droite, l'autre à gauche...
– Non, deux yeux, mais de couleur différente. Dans l'un, j'y vois une mer agitée et dans l'autre du rêve avec un peu de ciel bleu...
Arrgg. C'est inhumain.
Je le détaille à mon tour, et réponds pour détendre l'atmosphère :
– Eh bien dans les tiens, j'y vois de la bière avec une pointe de Bourbon.
Mais il ne rit pas et contracte les muscles de sa mâchoire, dans un signe de contrariété évident. Bon, nous y voilà, me dis-je en baissant la tête. Il ne sourit plus. Il doit être fatigué de toujours arpenter le même sentier, avec moi pendue à ses basques (quand je ne suis pas sur son dos), lassé de mon humour, qui

ne fait rire que moi, repu de nos mini banquets sur le banc, accablé d'ennui par mes conversations sans intérêt.
De toute façon, il fallait que ça cesse. Ça ne mène à rien.
– Je veux que tu viennes chez moi, murmure-t-il sans me regarder.
– Chez toi ! crie-je, comme si je venais de me prendre une météorite sur la nuque. Mais tu es fou ?
– Non, ajoute-t-il hâtivement, je veux te voir chez moi. Tu passeras inaperçue.
– Tu veux peut-être que je me cache dans un sac ou que je me déguise en portemanteau ?
– Non, vous allez venir à l'anniversaire de ma femme qui a lieu dans quinze jours. On sera nombreux.
– Et à quel titre ? On ne se connaissait même pas il y a encore deux mois.
– Voisinage ! fait-il avec un large sourire.
– Voisinage ? Tu penses que ta femme va apprécier d'avoir des inconnus à sa fête ?
– Aucune importance ! Je me charge de la convaincre que c'est l'occasion idéale pour faire plus ample connaissance avec l'entourage. D'ailleurs, j'inviterai d'autres personnes qu'elle ne connaît pas afin qu'elle n'ait pas le moindre soupçon.
– Mais où iras-tu les chercher ? Votre maison est totalement excentrée…
– T'inquiète. Je ratisserai large.

Luc bougonne dans la voiture. Il est déjà vingt et une heure trente et nous étions attendus à partir de dix-neuf heures. Autant dire que nous sommes un peu en retard. Mais je ne peux pas lui en vouloir.

Tout d'abord, j'ai longuement hésité à lui parler de cette invitation. « Folie ! Hérésie ! » me suis-je dit en quittant Clément après notre discussion. « Génial ! Quelle aubaine ! » m'a susurré une autre voix, qui n'était pas vraiment celle de ma conscience. Après quelques joutes purement intellectuelles, j'ai sommé la voix de ma raison de se taire une bonne fois pour toutes. Elle n'a plus bronché. C'est donc l'esprit au repos, mais le regard enfiévré, que j'ai commencé mon exposé à Luc pour lui dire que, suite à une initiative municipale, des réunions de quartiers sont organisées pour le rapprochement (Mmmm...) des administrés et qu'à ce titre, nous sommes invités à venir festoyer chez un de nos voisins pour fêter les quarante ans de sa femme.
– Quelle chance hein ! ai-je crié, les yeux étincelants comme des gros vers luisants dans une nuit sans étoiles.
– Chance pour qui ? m'a demandé Luc, dont le degré d'émotion, suite à cette merveilleuse nouvelle, devait se situer sur l'échelle de Richter aux alentours de moins vingt-cinq.
– Mais, pour moi ! Enfin, pour nous... D'ailleurs, en qualité de conseiller municipal, je me dois d'y assister, ai-je rétorqué, en arborant fièrement mon pin's d'élue que, dans un pur moment de patriotisme fou, j'étais prête à épingler sur mon sein... nu.
– Bof ! a-t-il fait, pas franchement convaincu par cette invitation surprenante et cet acte de civisme aussi étrange que barbare. OK, a-t-il ajouté, mais on ne s'éternisera pas...
Certes, je me suis sentie un peu coupable de l'entraîner dans cette affaire burlesque où intrigue et

scénario sentimental sont tellement puissants que ça frise le machiavélisme. Du moins dans un livre de Barbara Cartland.

La chaussée est défoncée et Luc jure entre ses dents quand nous arrivons à la hauteur de la maison. Nous avons eu du mal à trouver. Enfin surtout lui, parce que moi, je connaissais déjà. Je n'ai pas pu l'aider, puisque je n'étais pas censée savoir où nous allions exactement.

Je descends de voiture et je suis tellement stressée que mon cœur fait des bonds dans ma poitrine, au risque de me déformer la cage thoracique. Ma tension a dû monter à trente-deux, et j'ai les doigts glacés et engourdis quand j'appuie sur la sonnette. La porte s'ouvre avant même que la sonnerie ait fini de retentir. Clément apparaît sur le seuil, une bouteille de vin calée sous chaque aisselle. J'ai eu peur un instant qu'il ne lève les bras en signe de bienvenue, ce qui aurait pu être catastrophique pour le vin, mais il s'est contenté de nous sourire.

– Bonsoir, dis-je le plus naturellement du monde. Nous sommes des voisins.

– Entrez, je vous en prie, fait-il en regardant Luc avec un brin d'insistance. Soyez les bienvenus ! Je vais prendre vos affaires... Il dépose les bouteilles, saisit le blouson de Luc, puis ma veste, qu'il récupère en se collant derrière moi.

Glurps.

Je les regarde tous les deux : ils sont de la même taille et la gêne commence à s'installer lorsque Chocolat-Vanille-Pistache me fonce dessus pour me faire une fête extraordinaire. J'essaie de calmer les ardeurs du

chien, visiblement très heureux de me voir, et explique à Luc que j'ai toujours eu beaucoup de succès avec la gent canine quand une voix douce, mais ferme crie :
– Altesse, ça suffit ! Viens ma fille !
Altesse ?… Fille ?… Qu'est-ce que c'est que cette histoire ? Étonnée, je regarde Clément qui prend nos affaires et la poudre d'escampette. Puis je réalise que cette voix est sortie tout droit de la bouche d'une jeune femme mince, au visage fin et aux traits réguliers. Je suis obligée de lever mon bras bien haut pour lui serrer la main, car elle est beaucoup plus grande que moi. Je me redresse d'un coup pour me donner un peu de hauteur et décide de passer le reste de la soirée sur la pointe des pieds. Je salue à ses côtés une personne qui n'a pas l'air commode et qui prend un air carrément furax quand à mon « Bonsoir, Monsieur », elle me répond « Madame ». Oups. La gaffe du siècle. Il faut dire qu'elle n'a pas du tout l'apparence d'une femme, même pas d'un être humain d'ailleurs.
Notre hôtesse nous propulse dans le salon où des petits groupes se sont formés en fonction des affinités. Les baies vitrées sont ouvertes sur le jardin d'où s'échappent de la musique et des rires.
– Vous ne bougez pas ! nous dit-elle en chantant. Je vais chercher Clément, pour que vous fassiez connaissance et surtout qu'il vous apporte à boire, fait-elle avec un clin d'œil, puis elle repart d'une démarche féline. J'ai honte de moi. Si elle savait que je m'amuse à faire à da-da sur le dos de son mari…
– On étouffe, ici, constate Luc. Je vais faire un tour dehors.

– Tu ne bois rien ?
– Je trouverai à l'extérieur, fait-il en me montrant le jardin où il s'engage d'un pas décidé.
Je jette un coup d'œil circulaire quand Clément arrive enfin avec deux coupes de champagne.
– Où est ton mari ? me demande-t-il, tout en m'entraînant habilement dans un couloir, un peu à l'écart de la foule.
– Parti dans le jardin.
– Tu vois la grosse là-bas ? ajoute-t-il. Je me retourne discrètement et vois le cerbère que j'ai pris pour un homme nous regarder attentivement. C'est sa meilleure copine. Redoutable. Elle renifle tout, fait-il inquiet.
– J'ai compris. De toute façon, il n'est pas dans mes intentions de te sauter dessus.
– Toi non, mais moi… si ! En plus, je me suis tapé toutes les bonnes femmes de la soirée pour les faire danser afin d'avoir une chance de te tenir dans mes bras ce soir. Je n'ai pas fait tout ce boulot pour rien. Et puis j'ai cru que vous n'alliez pas venir. Qu'est-ce que tu faisais ?
Je fais un vague geste de la main. Je ne souhaite pas entrer dans les détails, ni surtout lui avouer que Luc a traîné de façon exaspérante pour bien me montrer qu'il n'avait aucune envie de venir.
Je demande :
– C'est quoi, cette histoire de chien ?
– Quel chien ? répond-il, faussement surpris.
– Le tien. Ou la tienne. C'est un chien ou une chienne ?
– Chienne. Fait-il confus.
– Pourquoi ne pas me l'avoir dit ? C'est idiot, j'ai toujours cru que c'était un mâle.

– Je ne voulais pas te contrarier. Et puis, est-ce que cela a de l'importance ? déclare-t-il en riant.
– En fait, non, mais dans ce cas, on est en droit de se poser des questions concernant l'identité d'autres personnes, dis-je en le regardant fixement.
Il éclate de rire :
– J'ai des preuves… Il ne tient qu'à toi de les étudier.
Je rougis. Je ne suis pas venue pour faire une étude complète de son anatomie. Quoique…
Je repars au salon, inutile de se faire remarquer. Je récupère au passage une coupe de champagne, histoire de me donner une contenance et cherche Luc des yeux. Je ne le trouve pas, il doit encore être dehors. Le public de la soirée, très Cyrillus, avec une petite touche d'Agnès B., commence à s'encanailler. J'observe tous ces gens que je ne connais pas et dont la puissance des rires et du timbre de voix prouve qu'ils ont au moins cinquante centilitres d'alcool d'avance sur moi.
Au moment où je décide de me rapatrier dans le jardin, la copine de sa femme, alias Sœur Sourire, s'avance dans ma direction. En fait, elle ne m'a pas quittée des yeux depuis que je suis rentrée, et je suis certaine qu'elle n'a pas été dupe de notre petit manège dans le couloir. Elle déplace son corps dégrossi à la machette, se plante devant moi et me demande d'une voix métallique :
– Vous êtes une amie de Clément ?
Je reste interdite. Cette lanceuse de poids russe, piquée aux hormones, a du flair. Je prends un air imbécile et lui demande :
– Clément ?
Elle articule, comme si elle s'adressait à une demeurée :

– Le mari de Céline. Le maître de maison.
Je me frappe le front de la paume de la main, comme si je venais de retrouver comme par miracle le fil conducteur des protagonistes qui ont organisé cette soirée, et m'empresse d'ajouter :
– Non. Pas du tout, nous sommes des voisins. C'est d'ailleurs très gentil à lui, enfin à eux, de nous avoir conviés… Je n'ai pas le temps de finir ma phrase que Clément me happe le bras, pour m'entraîner dans le jardin éclairé par quelques bougies. The Everly Brothers hurlent *Wake up Little Susie*. Tout le monde est en transe, son épouse la première qui, déchaînée, se contorsionne sur une piste de danse improvisée, propulsée par un grand machin d'au moins deux mètres qui se prend pour Travolta.
Il me saisit la main et nous commençons à danser. C'est la première fois que j'ai sa main dans la mienne, cela me fait un choc. Entre deux pirouettes, je lui désigne sa femme du menton :
– Pour une anorexique déprimée, elle cache bien son jeu.
– Ne te fie pas aux apparences, fait-il en me tirant vivement contre lui.
Je voudrais répondre que ça devient une habitude, mais il ne m'en laisse pas le temps, puisqu'il me balance comme un morceau de viande froide dans les bras d'un autre danseur, dont il récupère la cavalière. Ah ! mais non ! C'est trop fort. Moi je voulais la danse en entier. Deux minutes et une seconde, c'est tout de même pas la mer à boire. La chanson terminée, je remercie mon cavalier d'un sourire et me dirige vers Luc que je surprends en grande conversation avec une… femme.

Reconnaissable entre toutes.
Un port de tête royale et son éternel tailleur impeccable. Ils sont de dos et rient aux éclats. Il la prend par les épaules et l'attire contre lui.
Je suis soufflée.
Et rebrousse chemin.
Mais qu'est-ce qu'elle fait là ?
C'était donc ça.
Je sombre. Je suis dans des sables mouvants et mon corps s'enlise, doucement enveloppé par la musique de *Muse*. Clément me saisit par les épaules. Tout se mélange. La chaleur de son corps, la voix angélique de Matthew Bellamy. Et sa propre voix qui me chuchote que la chienne de garde de sa femme a été bipée et qu'elle est partie à l'hôpital pour une urgence. Je me surprends à plaindre le patient qui va voir arriver cette horreur, comme si le fait d'être malade n'était déjà pas amplement suffisant.
La chanson est bouleversante et la mélodie émouvante. Et malgré mon anglais approximatif, j'en saisis tout le sens.
You could be my unintended Choice to live my life extended...
You could be the one I'll always love...
– C'est pour toi, me dit-il.
Nous ne bougeons quasiment pas.
I'll be there as soon as I can...
– Si tu veux bien... Une fois, même rien qu'une fois... fait-il en me serrant contre lui.
J'ai envie de pleurer de désespoir, parce que je ne pourrai jamais franchir ce pas fatidique et de rage, parce que Luc a visiblement moins de scrupules.

– Je suis pitoyable dans un lit, j'ai dix kilos de trop et en plus j'ai les seins qui tombent.
– Et alors ? ajoute-t-il. Écoute… nos cœurs battent au même rythme, c'est ça le plus important… non ?…
– Si… Enfin, non. Ce n'est pas possible…
Il plaque ma main sur sa poitrine et murmure :
– Il ne bat que pour toi. Depuis le jour où je t'ai vue…
Ma main glisse le long de son pull, il la rattrape pour la remettre en place sur son cœur. Je fais non de la tête. Je voudrais lui dire que, chez une femme, une seule fois ne veut rien dire. Mais surtout que, sans Luc, je suis démunie comme un bigorneau qui a perdu son opercule, misérable comme un bernard-l'hermite qui recherche désespérément une coquille vide… Qu'on est en train de me le voler sous mes propres yeux. Et que je ne peux pas le supporter.
– Excuse-moi, dis-je en me détachant de lui.
Il me regarde partir, mais je ne sais même pas où aller. Une chose est certaine, je ne veux plus rester dans cette maison. Je cherche ma veste en me frayant un passage parmi les invités. C'est une obsession, il faut que je la trouve, comme si elle seule pouvait me ramener à la maison, et me rendre ma vie d'il y a quelques heures. Je force le passage parmi les invités, mais pas un seul ne semble vouloir bouger.
– Pardonnez-moi, alors que je heurte une épaule.
– Désolé… me répond une voix… familière.
Il a rougi violemment dès qu'il m'a vue. Je l'ai regardé avec cet air qu'on doit avoir quand on voit une soucoupe volante atterrir dans son jardin.
– Mais qu'est-ce que tu fais là ? dis-je, la bouche toujours grande ouverte.

– Et toi ? me répond-il aussi stupéfait.
– Je...
– Moi aussi. Je... On... Enfin, nous...
– Non ! Tu veux dire que toi ! Elle !...
– Oui... C'est notre première sortie ensemble. Nous pensions être en territoire totalement inconnu. Ce type qui l'a gentiment invitée... Pourtant, ce n'est pas la porte à côté...
Je lui saute au cou et l'entraîne dehors.
Ils sont toujours en grande conversation, mais maintenant que je sais qu'il n'y a aucun danger, ils peuvent se raconter leur vie depuis la naissance, ça m'est égal. Quand nous sommes arrivés à leur hauteur, il l'a doucement attirée contre lui, pour la bercer. Elle a fermé les yeux de ravissement et a lové sa tête dans son cou. Puis ils se sont penchés dans un même élan vers moi, pour qu'elle puisse me faire la bise, sans se décoller l'un de l'autre.
– Bonsoir, dis-je, je suis tellement heureuse pour vous deux et surprise aussi ... Enfin un peu... beaucoup...
Elle sourit sans rien dire et lève les yeux vers lui. Il resserre son étreinte.
Pas de doute. Ils s'aiment. C'est beau. C'est romantique.
Luc a étudié la scène, avec le flegme d'un ruminant, qui regarde passer un train. Puis avec sa sensibilité à fleur de peau, a lâché :
– Bon, c'est pas le tout, mais je suis crevé moi. On y va ?
– Oui, oui... dis-je en me retournant, habitée par l'espoir de voir Clément une dernière fois.
– Au revoir vous deux !

– Je t'appelle, me fait-elle.
Luc pourfend la foule. Je le suis en soufflant.
– Je ne sais pas où sont nos affaires… et il faudrait au moins dire bonsoir à la maîtresse de maison (enfin surtout au maître), en plus, on n'a même pas mangé le gâteau ni vu les cadeaux…
Luc s'arrête net devant une chambre. Clément est devant nous, brandissant nos affaires :
– C'est ce que vous cherchez ? demande-t-il en me regardant fixement.
– Oui ! Merci ! répond Luc, tellement heureux de récupérer son blouson aussi rapidement que j'ai cru un instant qu'il allait lui donner un pourboire.
– Vous partez déjà ? C'est dommage, la soirée ne fait que commencer, souligne Clément qui, visiblement, ne compte pas lâcher l'affaire comme ça.
– Très sympa. Vraiment ! Mais là… fait Luc en regardant sa montre.
– Il n'est pas si tard. Restez encore un peu, insiste-t-il.
Ça sent le roussi.
J'interviens :
– Nous sommes vraiment navrés. Excellente soirée, mais demain, nous avons une journée chargée… Encore merci. Mes amitiés à votre femme.
Il m'aide à enfiler ma veste, à contrecœur. Puis me serrant le bras, il ajoute :
– J'espère que nous nous reverrons prochainement.
Je ne réponds pas. Lui fais un sourire d'excuse et m'éclipse. Dieu merci, Luc a déjà filé vers la voiture, prêt à démarrer. Le moteur ronronne et je dis, histoire d'entendre le son de ma propre voix :
– Ces gens sont sympathiques.
Il répond par un :

– Mmmm ooouaaiss, sans appel.
J'enchaîne :
– Pourquoi tu ne m'as rien dit pour les amoureux ? Tu étais au courant, n'est-ce pas ?
– J'avais des consignes.
– Consignes ? Et alors ? Ce n'est pas une raison pour me cacher des choses…
– Et toi ? Tu ne me caches rien ?… ajoute-t-il en fixant la route.
Oups.

J'ai le moral dans les chaussettes. Ce matin, en me réveillant, je ressemblais à une pomme de terre toute flétrie. Ni l'eau ni ma crème super hydratante étalée généreusement par couches successives de cinq centimètres d'épaisseur n'ont le moindre effet sur mon épiderme ravagé. Face au miroir, je contemple les outrages des ans. Je plaque mes mains sur mon front et tire la peau en arrière. Résultat immédiat, j'ai rajeuni de dix ans.
Je lâche tout, j'en reprends quarante. Je tire à nouveau et l'envie de me scotcher les excédents de peau derrière les oreilles, à la frontière des cheveux, m'effleure. Mmmmm… Mais serait-ce vraiment raisonnable de sortir comme ça ?
– Dis maman, tu penses que papa serait d'accord pour que je fête mes dix-huit ans à la maison ? me demande Alice, la tête plongée dans son bol de céréales.
Dix-huit ans ! Voilà pourquoi subitement j'ai pris un coup de vieux.
– Comment ça, dix-huit ans ? Déjà ! Mais on ne me dit rien dans cette maison.

– Sans rire, tu penses que papa voudra bien ? J'aimerais faire une fête avec tout le monde.
– Pourquoi veux-tu qu'il soit contre si on le lui demande gentiment. Enfin, disons plutôt, qu'il faut trouver le bon moment pour lui en parler. Mais ne t'inquiète pas, c'est dans la poche ! dis-je en l'embrassant.
– Comment ça, une fête? crie Luc dans son portable.
J'entends le bruit de la circulation et quelques injures lancées par des automobilistes raffinés. Finalement, je n'aurais peut-être pas dû l'appeler dans la voiture.
– Pour ses dix-huit ans !
– Pourquoi ses dix-huit ans ?
– Parce que, pour l'instant elle en a dix-sept, et la logique veut qu'après...
– Qu'est-ce que c'est que cette histoire ? Et où compte-t-elle faire ça ?
– À la maison.
– Sans moi, alors !
– Mais c'est quand même ta fille ! Ça lui fait tellement plaisir !
– Et moi ? On m'a demandé si ça me faisait plaisir ? dit-il en raccrochant.
Ce n'est pas gagné.
– Tu as eu papa ? me demande Alice alors que j'arrive au bureau.
– Oui.
– Alors ?
– Pas de problèmes. Encore quelques petites choses à mettre au point, des broutilles, mais sur le principe il ne voit pas d'inconvénients... majeurs.
Hurlements de joie à l'autre bout de la ligne.

– Si j'invite disons trente… trente-cinq, peut-être quarante copains, papa ne dira rien ? interroge-t-elle, soucieuse.
Je déglutis difficilement. Comment lui avouer que pour l'instant, il n'est même pas d'accord pour un seul et ajoute :
– Prends ton temps pour réfléchir, nous en reparlerons.
– Merci maman, dit-elle, en m'envoyant des dizaines de bisous dans le combiné, je n'aurais pas voulu avoir d'autres parents que vous.
Je fonds. Une telle déclaration d'amour vaut bien un petit combat.
– Elle compte en inviter combien ? me demande Luc, alors que je viens à peine de raccrocher. Ma parole, il a mis mon téléphone sur écoute ?
Je mens :
– Une petite dizaine…
– Est-ce qu'on est certain qu'ils sont bien élevés au moins ?
– Tu veux que je demande à leurs parents ?
– Et qui d'autre ?
– Comment ça qui d'autre ?
– À cette fête, on aura droit à qui d'autre ?
– Ah !… Eh bien juste des proches, la famille et quelques amis.
– Ça fait combien, au total ?
– Je ne sais pas, je n'ai pas encore vraiment compté…
– Ça veut dire une ribambelle ! Alors c'est non !

C'est oui. Je ne peux pas décevoir ma fille. En plus, tout est déjà organisé dans ma tête. Reste à manœuvrer de façon subtile.
Je le rappelle :

– C'est sa majorité qu'on va fêter.
– Majorité, tu parles !
– N'empêche que c'est comme ça, tu ne vas pas refaire la loi…
– On est adulte quand on peut s'assumer financièrement.
– Mais tu l'aimes ta fille, non ?
– Je ne vois pas le rapport.
– …
– Bon, alors trente, pas plus ! ajoute-t-il excédé.
– Trente copains ?
– En tout ! Sinon, j'y mets pas les pieds à cette fête.
– Qu'est-ce que tu fabriques avec ton téléphone ? bougonne maman, ça fait une demi-heure que j'essaie de te joindre ! Tu ferais peut-être bien de travailler un peu.
– Qui te dit que mes appels ne sont pas d'ordre professionnel ?
– Je te connais. Bon et puis c'est quoi ce message que tu m'as laissé ?
– Quel message ?
– Sur mon répondeur. Je cite : *Maman, rappelle-moi, il faut que je te parle de quelqu'un… J'aimerais avoir ton avis…* De qui s'agit-il ?
Je regarde Lucien qui, depuis une bonne heure, n'arrête pas de siffloter, ce qui est particulièrement horripilant. En plus, il semble terriblement heureux, je n'en connais pas la cause, et cela m'exaspère. Enfin, j'aimerais pouvoir avoir un peu d'intimité dans mon bureau, même si on le partage à deux.
Je chuchote :
– Si tu veux, je te rappelle, je ne peux pas trop parler pour l'instant…

– Tu en as trop dit ou pas assez. Continue.

Je fais pivoter mon fauteuil d'un demi-tour, offrant une vue panoramique du dossier de mon fauteuil à Lucien. Ne l'ayant plus dans mon champ de vision, je me sens déjà plus isolée.

– Bon eh bien, comment t'expliquer... Tout d'abord maman, crois-tu en l'amitié ?

– C'est un de tes sujets favoris en ce moment, dis-moi...

– Je veux parler d'amitié entre un homme et une femme...

– Tu as une liaison ?

– Maman ! Écoute, au moins ! Je jette un coup d'œil par-dessus mon épaule et pousse un ouf de soulagement : Lucien est parti faire son petit marché dans l'armoire à fournitures. Je te parle d'amitié sincère, avec une personne qui partage la même vision des choses que toi, quelqu'un d'un peu unique avec qui tu aimes passer du temps, sans rien faire de mal bien sûr...

– De la pure camaraderie en sorte ?

– C'est ça !

– Et si ma tante en avait, on l'appellerait mon oncle ! C'est quoi ces salades ? Ta famille ne te suffit pas ? Il faut que tu te rajoutes un bonhomme qui n'a qu'une idée en tête, te mettre dans son lit ?

– Mais non ! dis-je d'une voix étouffée par l'indignation et par la présence de Lucien qui vient de réapparaître, toujours aussi guilleret. Je te parle d'a-mitié.

– Cesse de prendre ce ton d'adolescente exaltée, si tu es aussi innocente que ça, parles-en à ton mari, pour lui demander ce qu'il en pense. Tu fais quoi pour dîner ?

Je raccroche et regarde Lucien qui me fixe. Il a cessé de siffler, ce qui pour mes nerfs est un réel soulagement. J'espère qu'il n'a rien compris à notre conversation. Il a un sourire béat aux lèvres et je me demande s'il n'a pas fumé sa moquette avant de venir travailler. En tout cas, je n'ai personne pour me conseiller. Ai-je vraiment besoin d'un conseil d'ailleurs ? Qu'est-ce que je cherche ? Une oreille conciliante et innocente qui n'aurait jamais entendu parler du mot adultère ?

Je ne suis plus allée sur le petit chemin depuis l'anniversaire, cela va bientôt faire quinze jours. Depuis, mon chien me fait la tête, mais je préfère qu'il soit mécontent plutôt que de m'attirer les foudres de Luc. À notre retour de chez Clément, nous n'avons plus échangé un mot, laissant planer un doute affreusement flou et pas du tout artistique. Je dois être réaliste, ne plus le voir est la seule solution.
Je l'ai revu.
Primo.
Parce que, outre mes rides taillées au burin, j'avais le cheveu pauvre et miteux. Je me suis dit qu'un petit tour chez un spécialiste de la coiffure ne pourrait que m'être salutaire. Après avoir compté mes économies et rabioté sur l'argent des courses, je suis entrée dans un salon alignant trois prénoms prestigieux. Le décor chaleureux et le sourire engageant des hôtesses m'ont incitée à prendre place dans un fauteuil. J'ai longuement expliqué que je cherchais simplement à donner un peu de volume à la touffe de poils sur le sommet de mon crâne. Joignant le geste à la parole, j'ai attrapé une revue en pointant mon index sur la photo

d'une sublime Lolita à la mine boudeuse – visiblement exaspérée d'être aussi belle – et à la chevelure bouffante. Puis j'ai expliqué que c'est exactement ce que je voudrais. Quelque chose de vraiment naturel.
La capillicultrice a regardé attentivement la photo, puis a saisi – comme à regret – une de mes mèches et a déclaré, pensivement :
– C'est possible.
J'ai failli défaillir de bonheur, quand, prise d'un doute affreux, je lui ai demandé si elle était bien certaine du résultat, car j'avais déjà vécu des expériences on ne peut plus douloureuses d'où j'étais ressortie frisée comme un mouton, puis tondue dans la première bergerie qui s'était présentée à moi, en bêlant à fendre l'âme.
– La permanente et la coloration lavande sur les cheveux blancs des mamies de quatre-vingt-dix ans ont leur charme, ai-je dit en riant, mais j'ai encore quelques années devant moi.
– Ne vous inquiétez pas, ce que nous allons vous faire s'appelle un décollement de racines. Nous avons l'habitude, m'a affirmé la jeune femme que j'ai tout de suite considéré comme une sainte.
Sauf que ce n'est pas elle qui s'est occupée de moi. Mais une tigresse, qui s'est appropriée ma tête, en tirant comme une forcenée sur mes cheveux, pour y mettre des bigoudis, dont le diamètre m'a laissé songeuse.
Je me suis inquiétée :
– Je ne veux pas être bouclée… juste…
– Cessez d'être angoissée, je sais exactement ce que je fais, m'a-t-elle répondu durement. Ça fait huit ans que je fais ce métier.

– Parce qu'il me semble que la taille des rouleaux est peut-être un peu petite…
– Vous avez des cheveux courts, on ne peut pas vous en mettre des gros…
À cet instant, j'ai compris que j'étais foutue et qu'en plus cela allait me coûter une fortune. J'ai fermé les yeux, comme le condamné qui attend d'être exécuté. Quand je les ai ouverts, j'ai su que j'avais raison et que je devrai patienter une petite année pour retrouver une apparence normale. Elle s'est acharnée à vouloir me faire un brushing (alors que je déteste ce côté apprêté) et m'a inondée de laque. La totale. J'avais l'impression d'avoir sur la tête un de ces vieux casques en bakélite des années 50 qui faisait office de sèche-cheveux. J'ai payé en refoulant mes larmes et suis partie sans rien dire, en m'interrogeant sur le sens des mots « décollement de racines ».
Deusio
Parce que l'humeur de Luc était équivalente à celle d'un rottweiller, dressé à l'attaque.
J'ai craint par moment qu'il ne me saute à la gorge et j'avais presque envie de lui jeter ses aliments de loin. N'ayant pas envie de me faire mordre, j'installai entre nous un périmètre de sécurité indispensable à ma survie, en épiant tous ses déplacements dans la maison. Bien sûr j'ai tenté d'avoir quelques explications, mais peut-on raisonnablement demander à une porte blindée de parler de ses états d'âme ?
Peut-être m'en voulait-il de lui avoir fait acheter un tout petit bout de terrain sur… l'île de Ré. – C'est un bien que j'acquiers en mon nom, a-t-il déclaré au type de l'agence. Pour des raisons fiscales, a-t-il poursuivi en me regardant droit dans les yeux.

Pourquoi lui et pas nous ?
J'étais furax. Après tout, c'est tout de même moi qui ai eu l'idée. Mais je n'ai rien dit, j'ai même fait un large sourire, pour lui montrer que j'étais très contente. Car c'est un beau projet, non ? J'ai comme l'impression qu'il ne partage pas le même enthousiasme que moi.
Tertio
Parce que j'avais un problème avec ma balance. Elle ne fonctionnait plus. Du moins, c'est ce que j'ai cru il y a quelques jours. J'ai eu un choc, bien entendu pas dans le bon sens : je venais de dépasser la barre archifatidique des soixante kilos. Du jamais vu. Je suis montée une première fois dessus, puis une deuxième et une troisième. J'ai prié pour voir réapparaître le chiffre cinquante-neuf, ce qui n'était pas glorieux en soi, mais moralement plus acceptable que soixante. Rien n'avait changé. J'ai fait grimper les enfants à tour de rôle pour vérifier son état de marche et me suis même pesée avec le chien, dont le poids invariable (confirmé par le vétérinaire) est de sept kilos et demi. Résultat : soixante-sept kilos et demi avec mon toutou dans les bras. Il fallait réagir, prendre le taureau par les cornes, ne pas céder à l'abattement, bref, être une vraie femme d'action.
J'ai changé de balance. J'en ai acheté une toute neuve.
Mais j'ai eu beau sauter de l'une à l'autre, en croisant les doigts et les orteils, ces garces m'indiquaient toutes les deux le même poids, ce qui m'a terriblement déprimée.
Je suis donc repartie sur la petite route pour :
– Oublier la choucroute que j'ai sur la tête,

– Parler à un être humain,
– Me sentir plus légère (ou moins lourde…).
J'avais douze mille raisons de penser qu'il ne serait pas là.
Toutes fausses.
Et j'étais bien contente de voir son profil se dessiner au loin. J'ai cru qu'il allait éclater de rire en me voyant arriver et me demander combien de temps j'avais passé les doigts coincés dans une prise électrique, mais il s'est juste contenté de me sourire et me dire combien j'étais belle.
Je n'en suis pas revenue.
– Assieds-toi, a-t-il chuchoté en me faisant de la place sur le banc. Ça fait plus de deux semaines que je ne t'ai pas vue, dix-sept jours exactement, soit quatre-cent huit heures, je t'épargne les minutes et les secondes, a-t-il dit en me soufflant sur le front pour en dégager une fourmi qui y faisait des allers et retours incessants à la recherche de sa fourmillière. Tu m'as manqué… C'était nul, cette histoire d'anniversaire, je n'aurais jamais dû t'entraîner là-dedans. Quand tu es partie, j'ai compris que tout était gâché et quand je ne t'ai pas revue les jours suivants, j'ai su que c'était grillé…
Je n'ai rien répondu, parce que tout à coup le banc s'est mis à trembler et je me suis demandé ce qui pouvait encore bien m'arriver. Il m'a fallu plusieurs secondes pour réaliser qu'il s'agissait de mon téléphone qui vibrait. Mais il a pris mon mutisme pour de l'assentiment et a ajouté :
– C'est donc fichu…
Puis il a détourné la tête pour masquer les plis amers qui s'étaient formés autour de sa bouche. Il tenait le

bout de mes doigts dans la paume de sa main et je ne savais plus quoi faire.
Altesse-Chocolat avait posé sa tête sur mes genoux et me fixait d'un regard confiant et humide.
Clément a poursuivi :
– C'est crétin, je sais, mais peut-être qu'un jour... Quand je serai grand, tu pourras m'aimer... Puis il a libéré mes phalanges et s'est levé. J'ai chuchoté son nom et pris la tête de son chien entre mes mains, pour déposer sur sa truffe chaude un doux baiser. J'aurais préféré embrasser son maître sur la bouche, mais je ne pouvais pas.
Alors Clément m'a regardée une dernière fois et a murmuré :
– Je ne t'oublierai pas.
Puis il est parti.
Et je suis restée assise, sans bouger, parce que je pensais à la fête des mères qui aurait lieu dans deux semaines et aux cadeaux que j'allais avoir, tout en me demandant qui avait bien pu me laisser un message sur mon portable.
C'était Carole. *Rendez-vous à la maison jeudi pour déjeuner.*

J'ai un peu la tremblote au volant pour me rendre chez elle. Et je repense aux événements de ces derniers mois. En y réfléchissant, ça crevait les yeux. Comme j'ai été bête ! Son besoin de voir Luc, son mutisme lors du dernier dîner à la maison, sa gêne face à Sylvie. Tout concorde ! Sauf que je ne comprends toujours pas pourquoi elle m'en a voulu à ce point.
Elle court vers moi, dès que je claque la porte de la

voiture et je retrouve dans ses yeux cette bienveillance depuis longtemps disparue. Je suis heureuse de la voir ainsi, rayonnante et rajeunie. Elle me serre dans ses bras et m'entraîne dans le salon où je bute sur… Thomas. Il a une mine réjouie d'homme heureux et comblé. Je les observe tour à tour, puis on éclate de rire et on s'enlace tous les trois comme des gamins en sautillant sur place.

– Les filles, je vous laisse, je déjeune avec Luc, dit Thomas en se dégageant doucement de nos étreintes.

– Va, mon Chéri, fait Carole en l'embrassant, puis elle se retourne vers moi en criant. Tu te rends compte, c'est mon Chéri ! Mon Chéri à moi. Tu sais, je suis folle de lui, folle de joie, folle tout court ! J'ai cherché l'homme de ma vie aux quatre coins du monde et il était à côté de moi !

Je me dis qu'il était aussi à côté de Sylvie, mais je ne veux pas jouer les rabat-joie. Comme Carole a la fâcheuse habitude de lire dans mes pensées, elle poursuit :

– Tu penses à Sylvie ? Nous aussi, on y a beaucoup pensé. Thomas a longuement hésité, il ne voulait pas la faire souffrir. Tu le connais, il n'y a pas plus gentil comme garçon. Un soir il s'est lancé, il fallait qu'il lui parle. Elle lui a répondu : « Ça tombe bien, moi aussi j'ai quelque chose à te dire. »

Je ne peux masquer mon intérêt diabolique :

– Et alors ?

– Alors ? Elle lui a avoué qu'elle était amoureuse.

– Nannn... dis-je en engloutissant un petit four qu'elle a eu la bonne idée de me mettre sous le nez.

– Mais plus de lui !

– Ahhh... Mais de qui ?
– Tu ne vas pas me croire. Une histoire hallucinante. Un type qu'elle a rencontré en promenant Fivette (sa chienne Yorkshire), le soir après les infos. Ça fait plusieurs mois maintenant. C'est incroyable comme rencontre, non ?
– Si ! Je m'étrangle. Il est dans l'informatique ?
Carole me regarde étonnée.
– Pourquoi ? Il n'y a que des informaticiens à posséder des chiens ?
– C'est juste une question.
– Pas du tout, il est boucher.
– Boucher ?
– C'est ça. Et ils ont décidé d'acheter un commerce tous les deux, à Rouen.
– Mais qu'est-ce que Sylvie va faire dans une boucherie ?
– Ben, tenir la caisse pardi !
Alors, on a trinqué aux amours de Sylvie et de son fort des Halles et au bonheur de Carole et Thomas. Je l'ai regardée dans sa petite robe toute fluide, libérée, enfin, de son éternel tailleur-carcan, lumineuse, vraiment belle.
Nous avions sifflé une bouteille de vin à nous deux quand elle m'a demandé pardon.
– Pour... ? ai-je demandé, l'air faussement étonné.
– Toutes ces salades que j'ai débitées sur ton compte. Tu m'en tiens rigueur, n'est-ce pas ?
Je hausse les épaules. Est-ce le vin, le souvenir de Clément, le mal qu'elle m'a fait à l'époque, j'ai les larmes aux yeux et chevrote :
– Non, mais je n'ai pas très bien compris pourquoi...

– Pourquoi ? fait-elle en lissant sa robe du plat de la main. Mais parce que moi je t'en voulais.
– De quoi ?
– De tout. Parce que ta vie est sans histoires et que tu n'as aucun problème. Ça m'agaçait et je t'enviais.
– Effectivement, vu comme ça…
Puis j'ai encore une hallucination, mon cœur se met à vibrer, je mets ma main sur ma poitrine et constate qu'il s'agit une nouvelle fois de mon portable.
– Tu ne te sens pas bien ? demande-t-elle inquiète.
Je souris :
– Si. Beaucoup mieux. Tu n'aurais pas un petit remontant quand même ? Au fait, vous êtes libre le 30 juin ? On fête l'anniversaire d'Alice.
Je ressors de chez elle fatiguée, mais trouve quand même la force de lire mon texto.
Salut pétasse. Je viens SEULE à l'anniversaire de ma filleule. Je laisse les nains et leur père à la maison. Bises. Clotilde.
Super ! Seul hic, Luc n'est pas au courant du quart des invitations que je suis en train de lancer...

– Mais qu'est-ce que tu fabriques ?
J'ai la tête dans la machine à laver. De la main gauche, j'essaie d'y enfourner une tonne de linge, tandis que, de la droite, je claque le lave-vaisselle et appuie sur le bouton pour le faire démarrer. Si j'étais un peu plus souple, je réglerais avec mes doigts de pieds la puissance du feu sur lequel des steaks cuisent, pour le dîner des enfants.
– Tu as pris ton bain ? demande, excédé, Luc. Tu as vu l'heure ? Nous allons arriver en retard ! Tu avais toute la journée pour faire ça !
Toute la journée ? Faut voir.

Matinée au bureau.
Déjeuner debout en passant l'aspirateur dans toute la maison.
Quart d'heure de pause dans l'entrée où je me prépare pour aller chercher maman qui part voir une copine à Reims. Le chien me regarde quitter les lieux comme si c'était la dernière fois que nous nous voyions. Dans un moment de pure folie, je décide donc de l'emmener avec moi.
Mais maman n'est pas prête et je doute que son train veuille l'attendre. La tension monte.
Circulation saturée. J'arrive Gare de l'Est, surexcitée, pour découvrir que le chien est agoraphobe et refuse de mettre une patte devant l'autre. Il a peur des gens. Maman beaucoup moins, elle fait des sourires à tout le monde, s'extasie devant un bébé qui couine et cherche dans son sac – avec une lenteur inhumaine – une lettre urgente, qu'elle devait poster depuis quinze jours. J'ai les nerfs à vif. Si elle rate son train, je me pends avec la laisse du chien.
Elle la trouve enfin. Je coince la lettre entre mes dents, traîne le molosse d'une main, porte la valise de l'autre, et dirige maman, obligeamment mais fermement, vers le quai où s'impatiente son train. Je jette la missive dans une boîte et maman dans le train (ce qui est mieux que l'inverse).
Dernières embrassades.
Ultimes recommandations.
Agitation de mains à n'en plus finir.
Re-traversée de la gare en sens inverse, en courant, avec le chien en bandoulière.
Circulation de retour, fluide.
Je respire et reprends courage. J'ai des chances

d'arriver à l'heure à la mairie, pour la réunion « Spécial vide-grenier » qui a lieu dimanche.
J'arrive en retard et essoufflée, j'avais oublié d'aller chercher Pauline au lycée. Le maire-adjoint me fait remarquer mon retard, en tapotant avec insistance sur son verre de montre.
À dix-neuf heures, je quitte la mairie soulagée, en oubliant totalement que nous allons dîner chez de parfaits inconnus.
De moi. Pas de Luc qui se frotte les mains d'avance à l'idée que cette soirée est la récompense de mois d'efforts et de lutte sévère pour obtenir des marchés hors de nos frontières. Personnellement, je préférerais aller me coucher avec un bon bouquin, en prenant toute la place dans le lit, mais il ne l'entend pas de cette oreille et revient à la charge :
– Dans un quart d'heure nous devons être partis !
Quelle barbe ! J'espère au moins qu'ils seront agréables et que le dîner sera bon, sinon je n'y vais pas. Alors que je me shampouine, j'entends brailler dans la cuisine, j'entrouvre la porte de la salle de bains et une très vilaine odeur de cramé vient me chatouiller les narines. Merde, les steaks ! Je dégringole les escaliers, vêtue uniquement de la mousse que j'ai sur la tête et fonce dans la cuisine. Les steaks sont déjà dans la poubelle... Au regard noir de Luc, je sens bien qu'ils ne font que m'y précéder... Je remonte en quatrième vitesse me rincer et saute dans la première robe qui me tombe sous la main. Je redescends aussi vite, tout en me mettant un peu de rouge et j'entends à nouveau un hurlement :
– Pas celle là ! Tu n'as rien d'autre à te mettre ?

Exact. J'ai remis ma jolie robe Leclerc. La force de l'habitude. Je lui présente mes excuses, grimpe quatre à quatre les escaliers et enfile le premier truc qui me tombe sous la main.
Tout va bien, mais le plus difficile reste à faire.
Car j'aimerais que Luc
– Ne passe pas forcément par Brest pour aller Porte Maillot.
– Qu'il ne considère pas le périphérique comme une prolongation normale du circuit de Montlhéry.
– Qu'il me promette d'aller voir un ophtalmo, puisqu'il ne fait aucune différence entre le vert et le rouge (je laisse tomber l'orange, dont la nuance subtile entre le jaune et le carmin n'est pas une couleur facile à assimiler).
Et quand je le vois mettre son clignotant à gauche alors qu'il serait si simple d'aller tout droit, je réalise qu'il est parti pour une expédition punitive. Je rage, mais ne dis rien tout en rajoutant mentalement deux invités de plus à notre petite sauterie du 30 juin. Quand je lui demande s'il est raisonnable, en plein Paris, de doubler la limitation de vitesse et qu'il me répond que c'est dégagé, je n'en dis pas plus et en rajoute quatre autres. Quand, en fin de course, une magnifique place de parking s'offre à nous, à cent mètres de chez nos hôtes et qu'il fait le difficile, en disant que l'on peut trouver plus près… de chez nous, car nous reculons d'environ huit cents mètres, j'en rajoute six.
Mais une fois arrivés, je le sens d'humeur joueuse et taquine. J'en ai la confirmation quand il pose son index – à l'heure – sur le bouton de la magnifique sonnette qui orne le mur lambrissé d'un bel hôtel

particulier, tout en me claquant la fesse droite. Nous entrons tout sourire, et j'ai mon premier choc.
Freaks. Un véritable repaire de monstres. Le maître de maison est laid, sa femme effrayante. Elle arbore sur son visage toute la douleur du monde. À croire qu'elle passe sa vie constamment assise sur un bon kilo d'hémorroïdes. Deux autres couples sont présents, moins repoussants, mais guère attirants. J'ai un peu peur et me force à serrer les mains.
Deuxième choc : Luc semble hésiter à me présenter, il me prénomme, oscille et finit par dire « ma compagne ». J'ai cru l'espace d'un instant qu'il allait dire « ma camarade de jeux », ce qui, visiblement, était dans ses intentions. Il trouve ça drôle, moi beaucoup moins. J'augmente donc ma liste de quatre invités supplémentaires.
Troisième choc : nous prenons place au salon et je remarque qu'il n'y a pas un seul cendrier. Ça commence mal. De toute façon, une fois les présentations faites, je découvre que l'un des invités est cardiologue, je laisse donc mon paquet de cigarettes planqué dans mon sac.
C'est interminable. On nous sert une coupette de champagne, que je siffle avant même que les autres aient eu le temps de la porter à leurs lèvres. Après, panne sèche.
Luc a entrepris celui qui nous reçoit, ils deviennent vite complices et je sens que c'est très bon pour ses affaires. Quant aux miennes, on peut s'interroger. Je regarde pensivement le plafond qui présente un intérêt tout à fait relatif vu qu'il est peint en bleu roi et jure abominablement avec le reste de la pièce qui est elle-même épouvantable. Je m'interroge pour savoir

qui des deux, femme ou mari, a ce goût immonde. J'en conclus qu'il s'agit des deux, car ni l'un ni l'autre ne semble incommodé par le décor.
Je me tourne vers mon voisin de gauche et décide résolument d'entamer la conversation. Il a une bouche étrange et des hanches rondes de femme enceinte, mais il n'a pas l'air antipathique. Pourtant, dès qu'il se met à deviser, je regrette immédiatement de lui avoir accordé ne serait-ce qu'un regard. Une bouche pleine de dents et une haleine de poisson en décomposition. J'ai failli sauter derrière le canapé et lui demander de parler devant l'hygiaphone. En plus, le bougre n'a pas dû parler depuis deux ans, vu le débit dont il fait preuve. Trois lampées de champagne rendent son haleine plus supportable, mais elle sent encore terriblement le renfermé. Je prends un air pénétré en plaquant mes mains sur ma figure, comme si je réfléchissais. J'évite de répondre, pour ne pas avoir à mettre mon nez à l'air libre, et regrette de ne pas avoir dans mes poches des boules d'antimite à lui faire sucer.
On a eu droit à une seule bouteille, ce qui est tragiquement peu. J'épie les allers et retours de notre hôtesse dans la cuisine, mais elle revient toujours les mains vides. Je me demande si elle ne boit pas en solo dans sa kitchenette… Ostensiblement, je regarde la montre de mon voisin, qui indique vingt-deux heures trente. J'ai faim. J'ai soif – mais de champagne uniquement – et j'ai envie de fumer.
Mais qu'est-ce qu'on attend ?
Lui. Son frère à elle.
Pas gêné d'arriver à une heure où les gens sont censés aller se coucher. Il serre chaleureusement les

mains de tout le monde et ne cherche même pas à s'excuser pour son retard. Il s'en tape royalement. Il est d'une goujaterie sans nom et ordonne à sa sœur d'aller chercher à boire et, par la même occasion, de rapporter un cendrier. L'œil de la sœurette s'illumine de bonheur, elle vient de perdre d'un coup une grappe d'hémorroïdes d'au moins cinq cents grammes. En les regardant tous les deux, je me dis qu'on ne naît pas tous égaux, et qu'il y a belle lurette que, dans le cas de sœurette, j'aurais fait un procès à mes parents. Elle court à l'office et revient avec une bouteille de champagne bien frappée.

Bingo ! La soirée peut commencer. Je prie tous les saints du Ciel pour être assise à côté de lui au dîner. Pour une fois, On m'entend Là-Haut.

Il parle fort, rigole tout le temps, fume comme il respire et ne laisse jamais mon verre vide. Un vrai gentleman. Je fais deux tentatives d'approche auprès de mes voisines, aux regards éteints, pour essayer de comprendre l'ennui mortel qui les habite. L'une me répond qu'elle est juriste, l'autre médecin biologiste. Tout s'explique. Je referme aussitôt le dossier et ne me consacre plus qu'à mon sacré ripailleur.

Je le flatte :

– Comment faites-vous pour boire autant ?

Il me répond :

– Je m'entraîne. Tous les jours. Puis il éclate de rire.

J'enchaîne :

– Et vous faites quoi, dans la vie ?

– Parce qu'on est obligé de faire quelque chose ?

Je m'amuse beaucoup et suis légèrement pompette. Assez vite dégrisée quand Luc commence à parler

progéniture, demandant aux monstres de foire s'ils ont engendré. À notre grand soulagement, ils répondent que non. La maîtresse de maison lui retourne la question, à laquelle il répond :
– Nous avons trois enfants, mais par moment j'ai l'impression d'en avoir quatre.
J'arrête de rire. Le mufle. Puisque c'est comme ça, non seulement maman et Henriette seront parmi nous le 30, mais en plus elles resteront coucher à la maison. Dans notre lit. Entre nous deux.
Je ne le regarde plus de la soirée. Puis, à deux heures, nous prenons congé de nos hôtes, que nous remercions avec la plus grande hypocrisie dont nous soyons capables. Je décoche mon plus beau sourire au frérot qui a tenu à nous raccompagner sur le palier. Il me fait en retour un clin d'œil géant, en me disant qu'il a été heureux de faire ma connaissance. J'allais lui parler de réciprocité, mais Luc m'a déjà balancée dans l'ascenseur.
– Tu es bien pressé de repartir, dis-je en me regardant dans le miroir qui me fait face, pour constater que j'ai une très jolie feuille de laitue coincée entre les dents.
– On n'allait pas s'éterniser. J'ai donné mon maximum pour ce soir.
Je baille.
– Heureusement que son frère était là pour mettre un peu d'ambiance.
– Tu parles ! Un branleur ! Le seul type que je connaisse qui peut vivre des intérêts de ses intérêts. Lui et sa sœur possèdent vingt-cinq pour cent d'une des plus grosses chaînes de magasins alimentaires. Puis il ajoute, l'œil lubrique, et pour ce qui est de

l'ambiance… fait-il en se jetant sur moi. J'en profite pour lui chuchoter que, d'après mes premiers calculs, nous serons environ quatre-vingt-dix à l'anniversaire de sa fille.

C'est la fête des mères ! Je me réveille tout excitée car c'est vraiment le jour de consécration des mamans. Je me précipite sur le téléphone pour appeler la mienne qui ne pourra pas être des nôtres aujourd'hui, puisqu'elle est dans l'est, mais qui serait vraiment fâchée de ne pas m'entendre.
– Bonne fête maman ! dis-je la voix remplie d'amour filial.
– Mmmm… Merci ma Chérie. J'ai cru que tu n'allais pas appeler.
– Tu plaisantes ! Comment oublier une telle fête ?
C'est vrai, c'est totalement impossible de ne pas y penser. Je me dirige vers la cuisine, sans faire de bruit, car tout le monde dort encore. J'aperçois tout de suite un petit mot de la main de Luc sur la table et imagine immédiatement le plus excitant, genre :

– Bon pour un achat dans la boutique de mon choix.

– Des indications pour m'aider à trouver le sublime cadeau qu'il a caché dans la maison.

– Un mot d'amour pour me remercier de lui avoir offert trois merveilleux enfants.

Je lis avidement :
Ce PD de chien a encore pissé. Il faut nettoyer ! C'est tout.
Pas de panique. Ça, c'était ce matin, très tôt, au réveil. Depuis, il a dû recouvrer ses esprits et réaliser que c'est *MON* jour. Je descends l'embrasser dans sa grotte-bureau et minaude :

– Bien dormi ?
– Pas mal. Finalement, j'aime assez les ascenseurs, déclare-t-il en riant. Tu as trouvé mon mot ?
Je ruse :
– Lequel ?
– Comment ça, lequel ? Au sujet du chien.
– Mouui... Tu n'as rien oublié ?
– Oublié quoi ?
– Que c'est la fête des mères !
– Conneries de fêtes commerciales. Mais c'est bon, j'y ai pensé, j'ai fait envoyer des fleurs à la mienne.
– Ben... Et moi ?
– Tu n'es pas ma mère, que je sache !
Je remonte furieuse en récupérant les caisses à emmener sur le stand de notre brocante. Parce que c'est aussi le jour de la brocante. Il faut que je me dépêche, l'installation doit se faire avant huit heures. Je pars réveiller Alice. À défaut de Luc, il me reste les enfants. À peine un œil ouvert qu'elle me chuchote :
– Bonne fête, maman...
– Ah... C'est vrai... Merci ma Chérie, dis-je comme si cela avait une importance tout à fait relative, alors que je bous littéralement d'impatience de voir les cadeaux qu'ils ont achetés avec amour. Je te prépare ton petit déjeuner et on file...
Nous déjeunons sans parler, mais je garde chevillé au corps l'espoir de voir apparaître un petit paquet. Cependant, l'état comateux dans lequel elle se trouve ruine un peu mes espérances. Je la mets sur la voie :
– Il ne faudra pas oublier d'appeler Mamie tout à l'heure. Elle vient déjeuner dimanche prochain. Je lui ai acheté des fleurs en tissu chez Sia. Tu sais qu'elle en raffole...

– Pour mettre dans ses toilettes ?
Allusion faite à un bouquet hideux de tournesols en plastique jaune que maman s'évertue à garder dans ses petits coins depuis une bonne quinzaine d'années. Elle le bichonne et le lave régulièrement à la lessive St Marc pour lui conserver ses couleurs d'origine. Je n'ai jamais bien compris cet attachement étonnant pour cette monstruosité, Alice non plus. Pressée de questions, maman a feint de prendre ça pour de l'intérêt et lui a promis de le lui offrir pour son mariage.
Je ris :
– Non, pas celles-là. Elles sont trop jolies, elles méritent mieux. Allez, on y va ? En sachant que je venais de perdre une manche importante, car si ma douce Alice, tellement attentive, ne m'a pas glissé sous le nez le moindre ruban d'emballage, je peux faire une croix sur mes présents.

Le temps est gris. Dommage, car nous allons passer la journée dehors. Je laisse des instructions à Luc pour qu'il m'expédie Pauline et Théo à leur réveil. Disons, vers onze heures trente. Au moins pour Pauline, si je veux qu'elle soit opérationnelle. Nous sommes chargés à bloc d'affaires à liquider d'urgence, pour cette grande braderie. Une chose est certaine : nous ne voulons rien raporter ce soir.
C'est très convivial et on rit beaucoup, malgré un temps menaçant,. Un peu moins quand il se met à pleuvoir et que le barnum, que nous déballons en catastrophe pour protéger notre butin, se révèle incomplet. Anne, une amie peintre de renommée internationale – du moins dans une des rues de

notre commune – nous sauve la mise en ramenant de chez elle un superbe chapiteau. Il nous aurait fallu un bon mois pour déchiffrer la technique de montage, mais Dieu merci, un jeune homme nous vient en aide, visiblement attiré par le beau minois de ma cadette qui vient d'arriver. Nous sommes trempées, mais ravies. Entre-temps, la pluie s'est arrêtée net. Cela va de soi.
Je déclare aux filles que nous mettons tous les articles à un euro (sauf les toiles d'Anne qui valent un peu plus). Hurlements de Pauline qui est la seule dans cette famille, avec son père, à avoir le sens des affaires.
– Tu es folle, clame-t-elle indignée. À ce tarif, on ne remboursera même pas la location du stand.
Hmmm… Elle a sûrement raison, mais j'aurais préféré qu'elle me souhaite une bonne fête, les bras chargés de cadeaux, plutôt que de m'insulter.
– Fais comme tu veux, mais si c'est trop cher, les gens n'achèteront pas…
Sur ce, se présente une gentille famille, dont le chef – peut-être soucieux, lui, de faire un cadeau à sa femme – semble très intéressé par ma série de bougies acidulées, jalousement conservées dans leur emballage d'origine depuis mon quarante-cinquième anniversaire.
– Combien ? fait-il avec assurance.
Je gueule :
– Un euro !
Pauline :
– Cinq !
Alice :
– Trois !

Il nous regarde à tour de rôle, surpris par cette mise à prix fantaisiste et repose avec un brin d'inquiétude la bougie qu'il tenait dans la main. Je la lui remets d'autorité dans sa menotte, en lui soufflant :
– Deux euros, et vous faites une affaire.
Il me fait un gentil sourire et m'achève par un :
– De toute façon, je n'en veux pas, et s'en va.
Nous jurons intérieurement en lui adressant un signe d'adieu.
– Il faut être logique! dis-je à ma force de vente.
– Tu as raison, maman. C'est moi et personne d'autre qui décide des prix. Compris ? m'assène Pauline qui, dans une vie antérieure, a dû être responsable mondiale des ventes chez Rank Xerox.
– Hors de question, vocifère Alice. Tu fais ce que tu veux pour *TES* affaires, mais pas pour le reste.
Puis arrive Théo, qui bouleverse le bel agencement de notre stand, (que j'avais conçu avec une maniaquerie relevant presque de la psychiatrie) pour y flanquer son horrible Play Station. Il nous indique le prix qu'il compte en tirer – et pas un centime de moins – en précisant qu'il reviendra vers dix-sept heures relever les compteurs.
– Tu nous prends pour tes bonnes ! hurlent en chœur ses sœurs.
Mais c'est déjà trop tard, il a filé avec ses copains, après m'avoir embrassée furtivement pour me souhaiter ma fête.
Je commence à regretter le temps béni des :

– Colliers en coquillettes,

– Dessous de plat en pinces à linge,

– Œuvres d'art peintes avec la queue du chien (ou quelque chose s'en rapprochant).

Les badauds se pressent et les affaires reprennent. J'en profite pour aller faire un tour et acheter un petit en-cas de onze heures. Quand mes jambes m'amènent sur *LE* stand qu'il aurait fallu que j'évite ! Simple curiosité, me suis-je dit en y allant, juste pour voir et la rassurer.
Elle, Sophie, une copine partie en expédition en province et revenue chargée comme un baudet avec toutes ses trouvailles. Elle s'inquiétait le matin à neuf heures quand, autour d'une tasse de chocolat fumant, elle me confiait sa crainte de ne rien vendre.
J'ai fait mieux que la rassurer. J'ai quasiment tout acheté.
Totalement inenvisageable que je me borne à un simple avis.
Tout de suite, j'ai su que le hasard n'existait pas et que ce stand avait été conçu pour moi afin que je puisse me faire plaisir. Comme personne n'a eu ni le temps – ni l'envie ? Argggh… quelle horreur ! – de me gâter en ce jour merveilleux, eh bien moi, je vais le faire. Voilà ! Rien de plus simple et les risques de déception sont nettement moins importants.
Trois enfants, trois cadeaux. C'est mathématique. J'hésite, tergiverse entre deux magnifiques miroirs anciens et biseautés au charme fou. J'ai déjà sous le bras une ravissante étagère et un fronton de porte. Que faire ? Mmmm… Trois enfants certes, mais j'ai oublié leur papa ! Je prends donc le tout et repars comblée en disant à Sophie que je repasserai plus tard chercher les affaires. Je suis heu-reu-se !
Luc est venu nous rendre une petite visite. J'ai eu envie de l'emmener voir mes achats quand il m'a annoncé :

– Pas de délire. Tu n'achètes rien ici, on a assez de cochonneries comme ça à la maison !
J'ai répondu :
– Ah bon ?… Tout en pensant « Trop tard… » et fait un aller et retour en Concorde jusqu'au stand de mon amie, pour lui dire de planquer la marchandise jusqu'à nouvel ordre.
La journée s'est terminée sous une douche effroyable, nous avons partagé la recette et les enfants se sont frottés les mains. Quant à moi, j'ai dû admettre que Pauline avait vu juste, à deux euros près, je pouvais rentrer dans mes frais. Pour la location uniquement. Mais nous repartons, trempés et ravis.
La vie est belle !

Des fois, elle n'est pas terrible… Nous sommes maintenant en plein cœur de l'automne et je regarde la pluie de novembre gifler le pare-brise avec une violence presque mauvaise. C'est sinistre, quel temps pourri. Moralement inacceptable de replonger pour des mois de grisaille et de froidure. Tout le monde est silencieux. Moi, j'ai presque peur d'ouvrir la bouche, car depuis ce matin j'ai dans la tête cet air lancinant : *Y a du soleil et des nanas*… Vraiment approprié quand on voit le temps qu'il fait. Et je redoute de commencer chacune de mes phrases par : *Dar La Dir La Dada !* Ce qui ne ferait vraiment rire aucune des personnes installées dans la voiture. Soit : Alice et ses amies.
Il y a eu largage groupé. Trois adorables poupées, lâchement abandonnées par des petits gars à peine pubères, mais déjà cruels.

Emmanuelle rompt le silence en me demandant :
– Madame... Et vous, c'était comment à votre époque ?
Je ne relève pas le terme *époque* qui, comme chacun sait, se passait au temps des lampes à huile et de la marine à voile, me concentre sur ma conduite et pousse un grand soupir.
– Difficile, aussi... Très difficile... Je bluffe. Parle de la maturité des garçons, de leur peur de l'attachement, de l'envie de profiter de la vie, etc. Tout en faisant l'impasse sur la pitoyable réalité de ma vie affective, entre quinze et vingt-trois ans. Mon Dieu ! Quelle horreur, quand j'y repense ! J'ai même envisagé la défenestration pour un crétin qui doit peser cent trente kilos maintenant. Navrant. Mais prête à tout. Sauf que j'étais seule à être prête. Je me mourais d'amour pour tous ces jeunes pubescents qui m'ont jetée avec la régularité d'un coucou suisse et le ménagement de l'éboueur balançant un sac poubelle dans une benne à ordures. Un jour pourtant, j'y ai vraiment cru, quand un jeune homme timide et franchement pas rigolo, a décidé de me présenter à ses parents agriculteurs du côté d'Alençon.
Des paysans ? Les pauvres ! Vivre dans une cabane, sans eau ni électricité... Gardant un souvenir très vivace de la série *Jacquou Le Croquant*, j'hésitais entre l'achat de vraies paires de chaussures et un manuel d'alphabétisation pour toute la famille.
En guise de masure, nous sommes arrivés devant un charmant manoir du XVIIIe siècle et les sabots de papa s'étaient transformés en Weston. Quant à Maman, son statut de professeur de lettres classiques à Normale Sup m'a vite fait remballer mon Bescherelle.

La plouc, c'était moi. Et j'ai prié pendant tout le repas pour qu'elle ne me fasse pas une interrogation surprise sur les verbes irréguliers. Craintes inutiles, ni elle ni son mari ne m'ont adressé la parole. Papa a filé avant la fin du repas sans me dire au revoir, Maman m'a tendu une main mollassonne en guise d'adieu, alors que je m'apprêtais à lui faire un bisou. Affligeant. Puis le fiston m'a déposée, deux heures après, devant ma minuscule chambre de bonne en me disant :

– On s'appelle…

Ce qui signifiait clairement : « C'est terminé. » Bien sûr, j'ai un peu pleurniché, mais vraiment pour la forme. En fait, j'étais plutôt soulagée. Depuis, j'ai appris qu'il était devenu notaire ou croque-mort. Ce qui revient à peu près au même. C'est compliqué d'être jeune…

Je les regarde dans mon rétroviseur. Elles sont serrées à l'arrière, comme des moineaux effarouchés. Je demande à Alice comment s'est déroulé l'entretien avec ce salaud qui lui a encore brisé le cœur.

– Il m'a fait venir jusqu'ici, on s'est retrouvé dans le bar là-bas, fait-elle en me désignant un bistrot. Mais comme j'étais stressée, j'ai bu une bière avec Caroline et Emmanuelle.

– Mais tu conduis ! dis-je horrifiée.

– Ne vous inquiétez pas, Madame, c'est moi qui devais reprendre le volant. Et je n'ai bu qu'un coca, ajoute Emmanuelle.

– D'accord, d'accord et…

– Eh ben, ça ne suffisait pas, poursuit Alice. J'étais trop nerveuse, alors ensuite, j'ai bu un whisky.

– Un whisky !

– Oui, mais un petit, juste pour me donner du courage. Puis il est arrivé, les filles se sont éclipsées et il s'est assis en face de moi. Je ne me sentais pas très bien, le mélange que j'avais avalé faisait de drôles d'allers et retours dans mon estomac. Après, il s'est mis à parler en disant qu'il avait mûrement réfléchi et qu'il préférait rompre maintenant que plus tard, pour m'éviter de souffrir...
– C'est ça, c'est ça... dis-je en grognassant.
– Puis il m'a demandé ce que j'en pensais.
– Alors ?
– Ben, je n'ai rien répondu. D'ailleurs, ça l'a un peu agacé « C'est tout ce que tu trouves à dire ? » a-t-il ajouté, mais moi je ne pouvais pas parler, parce que si j'avais ouvert la bouche, je lui aurais vomi dessus...
– Tu aurais dû. Tiens la voilà ta réponse... Buuurrp.
Elles éclatent de rire.

– Bon, elle est où, cette voiture ?
– Par là. Oui, c'est ici, Grand Garage Renault – Rambouillet, c'est inscrit sur le panneau.
– Vous avez eu de la veine tout de même. Tomber en panne en pleine cambrousse et se faire dépanner par un garagiste qui passait par là, vraiment une chance de... de rien. Allons remercier ce brave homme.
– Mais maman, il ne nous a pas dépannés, il nous a envoyé une dépanneuse, nuance !
– Ah... La facture risque d'être moins nuancée, elle.
Je compte les panneaux qui nous indiquent la route.
Grand Garage Renault – Rambouillet – 1 fois.
Grand Garage Renault – Rambouillet – 2 fois.
Grand Garage Renault – Rambouillet – 3 fois.

Grand Garage Renault – Rambouillet – 4 fois.
Eh ben mon cochon, il n'a pas lésiné sur les indications. Je me gare sur le parking et j'ai à peine le temps de sortir qu'il est déjà à ma porte, la canine pointue, l'incisive affûtée. Un vrai prédateur. Pas la moindre trace de cambouis sur ses mains. J'en conclus qu'il ne doit pas souvent bricoler des moteurs. Pour cause, c'est le patron.
– Elle est morte, m'annonce-t-il gaiement, tout en me tenant galamment la portière.
À son ton, je me doute qu'il ne s'agit pas de sa grand-mère, ce qui m'évite de lui demander quand a lieu l'enterrement. Je prends cependant une mine contrite, mais l'homme est la joie de vivre personnifiée et d'un large geste du bras, me fait découvrir l'abondant parc automobile dont il est l'heureux propriétaire.
– Choisissez ! C'est pour la petite ? demande-t-il en sortant sa calculette de poche. Un budget précis ?
– Pas de budget du tout, sauf si vous acceptez les tickets restaurants bien sûr…
Il rit et ne se démonte pas. J'ai certainement ce qu'il vous faut. Quant à la 4L, malheureusement, hormis la casse…
Flûte et zut. C'est la guigne. Ça fait beaucoup dans la même journée pour ma Chérie. Plus d'amoureux, plus de voiture. L'ambiance est encore plus sinistre au retour, je glisse soigneusement la facture du remorquage dans mon sac pour la présenter à Luc ce soir. Je n'ai rien pu payer, j'avais oublié mon carnet de chèques. Le patron du garage n'en a pas pris ombrage et m'a simplement dit qu'on se reverrait certainement bientôt, tout en me serrant la main avec amabilité.

Maintenant les filles dorment à l'arrière. La mine butée.
Pourtant, tout allait si bien.

D'abord, il y a eu l'anniversaire.
Je suis allée chercher Clotilde à la gare à neuf heures du matin. Ponctuelle comme il se doit, je ne voulais pas que la journée commence mal. Quand elle m'a vue, elle a lâché sa valise, s'est jetée dans mes bras et m'a embrassée jusqu'à l'étouffement :
– Tout est prêt ? m'a-t-elle demandé sérieusement.
– Prêt pour quoi ?
– L'anniversaire de ma filleule, banane !
– Bien sûr, pour qui me prends-tu ?
– OK ! On va voir ça…
Mince, j'ai commencé à avoir les pétoches, parce que Clotilde ne plaisante pas avec l'organisation. Puis j'ai changé de sujet et nous avons bien ri jusqu'à la maison. Moins en arrivant, quand elle a vu mon installation dans le jardin.
– Tu te fous de ma gueule ? m'a-t-elle demandé.
J'ai pesté. Merde, elle pourrait être un peu moins grossière.
– Tu comptes jouer aux chaises musicales ? fait-elle l'air sévère.
– Ben, non…
– Alors c'est quoi, toutes ces chaises alignées à la queue leu leu ?
– Heu…
– Bon, on y va !
– Où ça ?
– M'acheter des groles !
Et nous sommes parties, en laissant tout en plan. On

a couru dans tout le centre commercial à la recherche de chaussures. Clotilde a bien dû en essayer trois cents paires mais s'est contentée d'en acheter deux. Je n'en pouvais plus quand nous nous sommes enfin assises pour déjeuner.
– Raconte-moi tout, m'ordonne-t-elle.
– Te raconter quoi ? dis-je en pensant tout à coup à Clément.
– Ton boulot.
– Ah… Je ris nerveusement, ça… Mon patron est enfin parti, on a fait un pot la semaine dernière, je n'ai pas donné un centime pour son cadeau. Je ne pouvais plus le supporter, ça devenait intolérable. Au moment de prendre la parole, il m'a empoignée par le coude pour m'obliger à rester près de lui pendant son oraison funèbre, la paupière rougie, des sanglots dans la voix. Finalement, quand il s'est enfin arrêté de parler de lui – et Dieu sait si le sujet semblait l'intéresser – il m'a attrapée par les épaules et m'a serrée contre son veston luisant. La vache ! J'étais prise au piège et j'ai dû le repousser de toutes mes forces pour pouvoir me dégager. Un cauchemar. Mais dès qu'il a eu le dos tourné, j'ai foncé vers la sortie…
Nous pouffons.
– N'empêche que le lendemain, il m'a fait la tête.
– Rien à cirer, ajoute Clotilde laconique. Qui va le remplacer ?
– Sais pas…
– Quoi d'autre ?
– Comment ça, quoi d'autre ? ai-je dit pensivement. J'avais très envie de lui parler de Clément, mais pour dire quoi, au juste ? Que j'avais commencé une histoire charmante qui s'est terminée en eau de boudin,

parce que je n'ai pas du tout l'âme d'une aventurière... Et puis de toute façon, Clotilde ne plaisante pas avec l'amour.

– Regarde ! ai-je enchaîné.

– Quoi ?

– Là !

– Quoi, là ?

– Derrière toi ! Viens ! Ils sont trop choux !

On a jeté des billets dans la soucoupe et nous sommes parties en courant pour nous arrêter net devant la vitrine de La Maison en Tissu. J'ai écrasé mon nez contre la vitre et pointé du doigt l'objet de mes envies. Des rideaux en lin brun sur lesquels étaient brodés quelques coquelicots.

– Regarde comme ils sont beaux !

– Mooouuuaiiss...

– Je les prends !

– Mais tu m'as dit que tu venais d'en changer... Tu ne vas pas en avoir plusieurs paires ! hurle-t-elle, alors que nous entrons dans la jolie boutique.

– Et toi ? Tu n'as qu'une seule paire de chaussures, peut-être ! dis-je en me jetant sur une vendeuse.

– Qu'est-ce que tu vas en faire ?

– Sûrement pas un serre-tête. Pour l'instant, je vais les mettre au frais, avec quelques achats que j'ai faits récemment.

– Quels achats ?

– Je t'expliquerai...

– Mais Luc...

– Il met rarement son nez sous le lit.

Puis nous avons retraversé tout le centre en sens inverse, parce qu'il était plus que temps de se mettre au boulot. C'était même urgentissime, vu qu'il était déjà dix-sept heures et que les premiers invités étaient censés arriver vers dix-neuf heures. Nous avons trimé comme des folles, descendant et remontant de la cave pour y récupérer tous les plats que j'avais mis au frais, sous le regard vide de Luc, qu'il m'a semblé entendre marmonner « Je suis pour la répartition des tâches », tout en se servant une bière bien fraîche.

Puis la magie de Clotilde a opéré, quand, en deux temps trois mouvements, elle a transformé l'ambiance « pique-nique au bord de l'autoroute » qui régnait dans le jardin, en atmosphère « dîner champêtre de style Gustavien ». Ça, c'est une amie. Nous avons continué à jacasser, tout en besognant, mais elle a tout de même fait un break, quand je lui ai annoncé – avec douceur, car elle a toujours eu un petit faible pour lui – que Thomas et Carole vivaient une belle histoire d'amour.

– Toujours abonné aux pétasses, à ce que je vois (comme chacun peut le comprendre, si Clotilde a un faible pour Thomas, elle n'éprouve pas les mêmes sentiments pour Carole).

– Elle n'est pas comme tu l'imagines…

– Ah bon, pire alors ?

– Tu es vache, ils sont vraiment heureux. Tu as connu Carole à quinze ans, peut-être un peu pimbêche à l'époque, mais je t'assure, elle a changé.

– Et Thomas à quatorze. Lui n'a pas changé, il est toujours adorable, ça me ferait suer qu'il soit encore malheureux, parce que Sylvie n'était pas un cadeau.

Elle semble contrariée.

– Depuis quand le sais-tu ?

– Plusieurs semaines maintenant. Ça a été une his-

toire de fous, je sentais bien qu'il se tramait quelque chose, j'ai même pensé que Luc et elle…
– Non !
– Bien sûr que non, je te dis seulement que j'y ai pensé.
– Pourquoi ?
– Carole savait que Luc était la personne la mieux placée pour lui parler de Thomas, elle a donc fait en sorte de le voir aussi souvent que possible, mais à mon insu. J'ai donc imaginé le pire. Tu sais que Thomas et lui sont inséparables. Au fait, tu n'as pas soif ?
Nous nous sommes ouvert une bière chacune, que nous avons bue assises par terre, les jambes écartées. Alice et Pauline sont venues nous rejoindre et nous nous sommes vautrées dans l'herbe, caressées par les rayons du soleil encore incroyablement chaud à cette heure…

L'heure ! Nous avons réalisé qu'il nous restait à peine une petite demi-heure pour prendre une douche et nous préparer. J'ai entendu maman arriver avec Henriette et me dire :
– Comment ! Tu n'es pas encore prête ! Et tes invités ?
Ils sont tous arrivés, les uns après les autres, avec de larges sourires et de jolis cadeaux. Je suis descendue précipitamment, sans m'être séché les cheveux, pour pouvoir les accueillir, quand Luc m'a barré la route.
– Combien ?
– Quoi, combien ? ai-je dit en prenant un air stupide.
– D'invités ?
– Heu, je ne sais plus…

– Tu m'avais parlé de quatre-vingt-dix personnes. C'est pour le vin…
– Ah, si c'est pour le vin, prévois pour cent alors.
– Les jeunes ne boivent pas ?
– Tu crois ? Et j'ai foncé bâillonner le chien, pour qu'il évite d'aboyer à chaque coup de sonnette. Nous étions déjà autour des tables quand j'ai vu la déferlante arriver sur la terrasse. Cinquante gamins se tenant par le bras et criant :
– Joyeux anniversaire, Alice !
Je les ai trouvés magnifiques !
– Mais c'est quoi, ce bordel ?… a murmuré Luc.
Je l'ai enlacé :
– C'est l'anniversaire de ta fille !
Puis j'ai senti un poids sur mon épaule, j'ai détourné la tête et me suis retrouvée le nez dans de somptueuses pivoines.
J'ai hurlé :
– Julien ! Mon héros !
– N'exagérons pas…
– Mais tu m'as dit que tu ne pouvais pas venir ! ai-je crié en le serrant très fort dans mes bras.
– Aïe ! T'as raison, c'est pas moi, a-t-il fait en grimaçant. Bien sûr que j'allais venir, je n'aurais loupé l'anniversaire de ma filleule pour rien au monde. Fais gaffe, je viens de me faire opérer, a-t-il dit en sortant une petite boîte de sa poche.
– Qu'est-ce que c'est ?
– Le kyste qu'on vient de m'enlever dans le dos.
– Mais c'est répugnant !
– Belle bête, hein !
– Burrp … Cham-champagne.

Nous chantions à tue-tête les chansons (revues et corrigées) que Julien nous jouait à la guitare quand Alice est venue nous embrasser et dire merci à son père.
– Je m'en souviendrai de cet anniversaire, papa !
– Moi aussi ! a-t-il répondu en riant, puis elle s'est tournée vers moi.
J'avais déjà de grosses larmes d'émotion prêtes à rouler sur mes joues bouffies quand elle m'a chuchoté à l'oreille :
– Bon… Vous ne vous éternisez pas hein ? Vous deviez rester juste pour le début de la soirée.
J'ai aussitôt fermé les vannes.
Mais c'est à une heure quarante-cinq précises que la nouvelle est tombée (dans tous les sens du terme). Profitant d'une extinction de voix très passagère de notre barde, Thomas est monté sur une table et a réclamé un peu de silence à l'assistance survoltée. J'ai fait taire Clotilde en l'assommant avec un saucisson entier. Elle rigolait comme une bossue parce qu'elle venait de surprendre Alexandre (un ami d'Alice) en train de flirter pour la troisième fois avec une fille. Différente bien sûr à chaque coup. Puis j'ai surveillé d'un œil attentif les allers et retours de Bastien (son meilleur ami) les bras chargés de bouteilles.
– Pardonne-moi Alice, a entamé Thomas, de te voler un petit bout de ta soirée. Mais, puisque nous sommes tous réunis, je voulais… Enfin, nous voulions… et joignant le geste à la parole, il fit monter Carole, puis la prit dans ses bras, vous annoncer, que nous allons… *NOUS MARIER !*
Clotilde a arrêté de glousser.
Et la table s'est effondrée sous leur poids !
Un silence s'est installé. Quelques dixièmes de

secondes, guère plus, et la foule en délire a bramé :
– Hourra ! Hourra ! Vive les amoureux !
Nous nous sommes tous précipités pour secourir les futurs époux affalés dans l'herbe fraîche, pendant que Luc se propulsait à la cave pour chercher du champagne.
À trois heures du matin, parce que nous avions fait la promesse de vider les lieux relativement tôt, nous nous sommes quittés en nous embrassant plus ou moins vigoureusement.
– Où est ton kyste ? ai-je demandé à Julien qui rampait vers la chambre d'amis.
– Barbecue.
– Comment ça, barbecue ?
– Là… fit-il en me montrant du doigt le grill.
Rien.
– Ne me dis pas que tu l'as mis à cuire ?
– Si… a-t-il soufflé.
– Ahhh … Nann … J'espère que personne ne l'a mangé !
Le reste de la nuit a été bercé par la musique des jeunes. Morphée nous a pris dans ses bras et j'ai fait de somptueux rêves où il était question de robe de mariée et de traîne d'au moins trente-cinq mètres de long recouverte de bulles de champagne.
Dans la semaine qui a suivi, Carole et Thomas sont venus nous confirmer la date de leur union qui aura lieu en décembre. Je souris en y repensant et en revoyant la tête de Carole quand elle m'a dit :
– Tu crois que je ne suis pas trop vieille pour me faire épouser? Je vais avoir l'air de quoi dans une robe de marié?
Je l'ai rassurée :

– Tu auras l'air déguisé !
Elle a semblé vexée, alors j'ai ajouté :
– Je te fais confiance, Carole, pour choisir une robe qui va t'aller merveilleusement bien. Et puis n'oublie pas, ça va être le plus beau jour de ta vie !
Je ne savais pas à l'époque que le choix de sa tenue revêtait une importance aussi capitale. J'ai appris depuis qu'elle en était au moins à son cinquantième essayage.

La pluie s'est enfin arrêtée. Novembre. Quel mois atroce ! Les filles finissent par ouvrir un œil.
– Nous sommes arrivées, dis-je doucement. Je vous dépose chez vous ?
Emmanuelle et Caroline acquiescent.
– Je vais dormir chez Emma, décide Alice.
– Comme tu veux, Chérie.
Je ne fais aucun commentaire. Emmanuelle est l'amie indéfectible, l'oreille attentive qui écoute avec bienveillance les lamentations liées aux désordres amoureux. C'est toujours chez elle qu'atterrissent les cœurs brisés. Je n'ai jamais pensé à demander à ma fille qui lui consolide le sien quand plus rien ne va ? Toute la bande, j'espère...
Au fait ? Qu'est-ce qu'on se met sur le dos pour un mariage en plein mois de décembre ? Il serait peut-être temps que j'y pense.
– Tu en parleras à papa ? me demande Alice en descendant de voiture.
– De quoi ?
– De la 4L. Lui dire qu'elle est foutue et que moi... heu, j'aimerais bien en avoir une autre... de voiture, s'il veut bien.

– Ne t'inquiète pas, mon poussin, tu connais papa, il ne te laissera jamais dans l'embarras.
– *PAR-FAIT !*
– Comment ça « Parfait » ?
Je regarde Luc, surprise :
– C'est méchant ce que tu dis, elle y tenait à sa 4L.
– Pas moi. Je l'ai toujours affirmé, mais personne ne m'écoute, cette voiture est un danger, elle est foutue, très bien, c'est ce qui pouvait arriver de mieux.
J'enchaîne, avec l'espoir de l'entraîner immédiatement chez le sympathique garagiste, tout en cherchant la facture :
– N'empêche qu'elle n'a plus aucun moyen de locomotion.
– Et les transports en commun ? C'est fait pour les chiens ? À dix-huit ans, je n'avais pas de voiture, moi. J'ai travaillé pour pouvoir m'en acheter une, qu'elle ne compte...
Je l'embrasse sur le front avec lassitude :
– Oui, oui, Chéri, tu as raison.
Inutile de discuter, je le sens d'humeur belliqueuse et je n'ai pas envie de finir aux urgences. D'ailleurs, je remets aussitôt la facture dans mon sac, je ne veux pas le contrarier encore plus. Et puis j'ai soif. Et puis c'est quoi, ça ?
Volte-face. Je lui décoche un immense sourire.
Sur la table de la cuisine, un paquet démesuré !
Je demande timidement :
– C'est pour moi ?
Il approuve d'un hochement de tête et ajoute :
– Pour la fête des mères, puisque j'avais oublié ...
Alors là ! Moi je dis qu'il y a quand même un cœur qui bat sous cette charpente en béton armé. J'arrache le

papier, ouvre la boîte. Ooohhh… Une cocotte-minute… J'en rêvais. Et pourquoi pas une dent sur pivot ou un pot d'échappement neuf tant qu'on y est ?…
– Avec un engin pareil, on peut caresser l'espoir de manger normalement dans cette maison, ajoute-t-il l'air satisfait.
– C'est certain… dis-je dans un souffle et je pars m'enfermer dans les toilettes.

Lucien siffle. Lucien chante. Lucien blague. Lucien se dévergonde (il passe même des coups de téléphone privés). Lucien pète de santé. Lucien est heureux.
Lucien ne me parle plus.
– C'est moi, dit Carole, je te dérange ?
– Au bureau ? Tu plaisantes ! C'est le seul bon côté de la chose que de pouvoir discuter avec des copines.
– Je l'ai trouvée !
– Quoi ?
– Ma robe ! Ma robe de mariée !
– Formidable, elle est comment ?
– Tu crois que je peux te la décrire ?
– Si tu m'appelles, je pense que c'est pour me donner quelques détails, non ?
– Si ! C'est un modèle de chez Grain de poudre en soie, blanc cassé. Je n'ai pas voulu de blanc-blanc, un peu trop virginal, tu es d'accord ?
– Bien sûr.
Toute simple, largement décolletée…
– Tu ne risques pas d'avoir froid ?
– Non, j'ai pris en plus une étole chez Lepage.
– Super !
– J'ai peur…
– Allons bon, de quoi ? De te marier ?

– Non, d'oublier quelque chose.
– Récapitulons : Alliances… Faire-part… Bouquet… Restaurant…
– Photographe ! hurle-t-elle, voilà, je savais bien qu'il manquait quelque chose. Sinon, qui va immortaliser cette belle journée ?
– J'ai bien un jetable…
– Je te laisse, je m'en occupe tout de suite.
Elle raccroche et j'en profite pour me préparer une tasse de thé tout en essayant d'imaginer sa tenue quand j'entends : « Pssiit … Pssiiittt ! » C'est Mona (notre secrétaire) qui me fait signe de venir en agitant une enveloppe de papier kraft au-dessus de sa tête. Je me dirige vers elle, elle en profite pour me tirer par une manche et m'expédier dans son bureau.
– Tiens, fait-elle en me fourrant l'enveloppe sous le nez, c'est pour Lucien…
Je suis surprise et déjà vaguement triste (même s'il ne m'adresse plus la parole).
– Il s'en va ?
– Mais non ! Tu n'es pas au courant ? Il se marie.
– Non ! Tu veux dire qu'il se marie… avec une femme ?
– Non, avec un chimpanzé.
Je lui arrache l'enveloppe des mains et cours jusqu'à notre bureau. Lucien est toujours au téléphone. J'explose :
– Mais tu ne m'as rien dit !
Il me regarde, ahuri, comme si j'étais en train de faire la danse du ventre, prend un ton neutre et détaché pour écourter sa communication et m'observe paisiblement.
Il agite ses lèvres :

– Dit quoi ?
– Ça ! Je brandis l'enveloppe à bout de bras et la jette aussitôt dans la boite « courrier » où elle atterrit en faisant gling-gling, car je viens de réaliser que je suis en train de gâcher l'effet de surprise du cadeau commun qui va être fait.
– C'est quoi cette enveloppe ? fait-il avec curiosité.
J'essaie de rattraper ma gaffe :
– Quelle enveloppe ? Je te parle de la nouvelle !
– Quelle nouvelle ?
– Celle de ton mariage ! Avec une femme en plus ! Non, ce n'est pas ce que je veux dire... Mais une femme que je ne connais pas. Pourquoi ne m'en astu pas parlé ?
Il se cale dans son fauteuil et croise les doigts sur sa poitrine :
– Pourquoi ? Mais parce que tu ne m'écoutes pas, tu n'écoutes personne d'ailleurs. Rien d'extérieur à ton petit cercle familial ou amical ne t'intéresse. J'ai voulu t'en parler plusieurs fois et tu m'as demandé de me taire. Je n'ai pas jugé utile de renouveler l'expérience... Au fait, elle s'appelle Chantal, ce n'est pas une inconnue, tu la vois régulièrement tous les jours, c'est la secrétaire de Foivau.
Foivau ! Sa secrétaire, et je n'ai rien remarqué !
Si. Maintenant, ça me revient bien sûr. D'une visite hebdomadaire, pour faire circuler la revue de presse, elle était passé à une quotidienne – dans le meilleur des cas – quand elle n'avait rien oublié. Ça ne m'a pas interpellée outre mesure, parce que Chantal est une fille agréable et que sa présence est loin d'être gênante. Au contraire.
Mais le reste m'attriste...

– Tu penses vraiment ce que tu viens de dire ? Tu crois sincèrement que je ne suis qu'une sale égoïste qui ne pense qu'à sa petite personne ?
– Un peu… Mais pas suffisamment pour t'en vouloir. En fait, je ne voudrais partager mon bureau avec personne d'autre… fait-il en se levant, et pour être totalement honnête, je dois aussi te dire merci, tu as… disons… largement contribué à élargir mon horizon un peu étriqué.
Je l'embrasse :
– Lucien ! Je suis sincèrement heureuse pour toi, pour vous. Vous allez être très heureux (mmm il sent bon ! Et de près, il est presque beau). Et puis tu gagnes en prime deux beaux enfants ! Une famille toute faite. Elle est pas belle, la vie ?!

J'aimerais bien pouvoir m'endormir, mais je n'y arrive pas. Je suis survoltée, surexcitée.
Je veux me marier moi aussi. Tout de suite.
Et avec Luc.
Ce n'est pas un caprice. Disons que l'envie s'est amplement accrue depuis l'annonce des deux futures unions.
Alors, je me suis plongée dans le guide *Parker* pour invoquer ce soir tous ses potes qui, du ciel, pourraient me donner un petit coup de pouce :
– saint Joseph,
– saint Romain,
– saint Esthèphe,
– et bien sûr, saint Émilion.
Je les implore dans mon lit – Je vous en supplie… Faites que Luc ait une révélation demain, pendant la cérémonie et qu'il se décide enfin à me demander

ma main. Je compte sur vous. Merci.
– PS : Ça fait vingt-deux ans que j'attends. Re-Merci. Je m'endors confiante et sereine. Je sens que le ciel va m'écouter.

Décembre 2002

– Mais qu'est-ce que tu fabriques, hurle Luc, tout le monde t'attend !

Panique. J'ai encore oublié les collants. Prochaine fois, j'en achète cent vingt paires d'un coup – Voilà, voilà, j'arrive.

Je dévale les escaliers et réalise que le joli petit tailleur en laine bouillie que je me suis acheté pour la circonstance est trop petit. Je vais être comprimée dedans toute la journée, ça m'apprendra à m'obstiner à vouloir faire du quarante alors que je fais au moins deux tailles de plus. De toute façon, après les fêtes, je me mets au régime. Et puis j'arrête de boire et de fumer. Bon, n'exagérons pas non plus...

– On part avec qui ? me demande maman qui semble un peu perdue.

– Toi et Henriette, vous montez avec Alice, de toute façon on ne va pas loin, l'église est juste à côté...

Je crie à ma fille qui ouvre la porte de sa belle occasion toute neuve :

– Prends aussi ton frère et ta sœur, alors que son père donne un coup de klaxon impatient pour pouvoir démarrer.

La cérémonie a été merveilleuse.

Je n'ai pas pu m'empêcher d'être émue quand Carole, entourée de ses deux fils, a remonté l'allée centrale, suivie de Thomas, dont la minuscule maman accrochée à son bras le regardait éperdue d'amour et de fierté.

J'ai versé une petite larme quand le curé a demandé un petit peu de silence et que les fiancés se sont fait face.

Et éclaté en sanglots, quand ils ont échangé leurs vœux.
– Mais qu'est-ce qui te prend ? Tu es malade ? a chuchoté Luc en me tendant un mouchoir.
Je n'ai rien dit, parce que son teint pâle prouvait qu'il était lui aussi gagné par l'émotion. Là, je me suis à nouveau adressée à saint Emilion (mon préféré) pour qu'il n'oublie pas sa promesse d'hier, tout en adressant un petit clin d'œil de connivence à une statue qui aurait très bien pu le représenter.
J'ai fixé Luc.
Et patienté.
– Pourquoi me regardes-tu comme ça ? a-t-il fait, l'air surpris.
– Tu n'as rien à me demander ?
Il m'a souri en me pressant la main affectueusement :
– Comment as-tu deviné ?
J'ai murmuré :
– Une intuition... Vas-y, je t'écoute.
Il s'est penché vers moi et a susurré :
– Tu n'as pas du Doliprane ? J'ai un de ces mal de tronche...
Je l'ai regardé intensément.
– Si !... Mais pas pour toi !
– Mais tu es folle ! Qu'est-ce que j'ai encore fait ?
J'ai tourné les talons et suis partie rejoindre les mariés.
Les cloches sonnent. C'est l'allégresse générale. Le photographe nous somme de rester calmes pour la photo de groupe, mais les gens courent dans tous les sens pour embrasser les mariés qui rayonnent de bonheur.

J'arrive enfin jusqu'à eux et les embrasse avec fougue.
– Je suis tellement heureuse ! crie Carole en agitant son joli petit bouquet de renoncules et de pois de senteurs.
– Et ce n'est qu'un début ! annonce Luc qui nous a rejoints.
– Tu as raison, renchérit Thomas, après je l'emmène en voyage de noces !
– Où ça ? a-t-on demandé en chœur.
– Tanzanie-Zanzibar ! ont-ils répondu dans un duo parfait. Pourquoi ? Vous voulez venir avec nous ?
Oups…
– Non, non… C'est votre voyage tout de même… me suis-je empressée d'ajouter.
Ils se sont regardés et ont souri :
– Et vous, c'est pour quand ?
– Quand quoi ? a questionné Luc.
– Le mariage, mon vieux !
– Le mariage ? Moi ? *JAMAIS* ! s'est-il écrié avant de prendre la fuite.
Grrrrrrr !
J'ai regardé les tourtereaux qui me faisaient un petit sourire navré.
Puis j'ai couru derrière Luc.
Mmmmmm… Je n'ai pas dit mon dernier mot.

***

Remerciements

À Maman, pour son soutien indéfectible et son affection.
À mes enfants, source d'inspiration inépuisable et précieuse.
À tous leurs amis : Jérémy, Corentin, Alexis, Malcolm, France, Alex, Nadège, Fanny, Maxime, Melissa, Jo, Pep, Béatrice, Alexia, Gérald, Pauline, Laurie, Julie, Cécile, Isa et Victor. Merci pour leur joyeux soutien.
À mes neveux et nièces chéris, Grégori, Thomas, Vanessa, Véronique, Clara, Christine, Pascale, Emmanuelle, pour leur enthousiasme et leur gentillesse. Un merci particulier à Pascale qui est excellente en orthographe (contrairement à sa tante).
Un grand merci aussi à mon beau-père pour sa participation active dans la relecture de ce texte.
Merci à Jean-Claude Robert qui m'a fait passer du statut de dilettante à celui de forçat de l'écriture.
À Armelle Goulé, Michelle Dohin, Martine Prifmmer, Margaret Sarrazin, Jocelyne Robert, Nadine Basso-Bert, Viviane Paternoster, Maryse Mauclair, Christine Tambuté, Anne Ednie, Patricia Jean, Emmanuelle Desreumaux, Claudie, Anne Laurençon, Patricia Paillet, Astrid Brodbeck, Nadia Peignoux, qui sont de véritables amies parce qu'elles ont aimé mon livre.
À Isabelle Clovin, Nathalie Szydlowski, Elisabeth

Montaigne, Evelyne Coutand, Elisabeth Camus, mes super voisines, pour avoir pris le temps de le lire et de m'encourager.
Aux maris de mes amies qui ont eu le courage de le lire et de l'apprécier sans avoir peur d'être ridicule !
Un merci tout particulier à Patrick Dohin qui en plus s'est démené comme un forcené pour me trouver un éditeur... Un grand merci aussi à François Goulé, Vincent Basso-Bert, Philippe Galot, Sylvain Collaro, Boris Polivka, Luc Coutand et Robin (mon plus jeune lecteur de 14 ans).
Mes complices de bureau : Anne J. la personne la plus cultivée que je connaisse, Brigitte D. et sa sensibilité à fleur de peau, M. S. et son efficacité redoutable, Laurence M. et Maud H. pour leur soutien permanent, et Jean-Michel M. pour son savoir-faire inégalable.
À Yvette et Madeleine, mes chères amies (aussi celles de Maman).
À Nora et Valérie que je ne vois pas suffisamment.
À Martine ma sœur... de cœur.
Un grand merci à Roger Borniche pour ses précieux conseils via Internet.
Merci du fond du cœur à Monique de Montremy, Didier Herold et Olivier Fornaro, sans qui ce livre n'aurait jamais vu le jour !
À mon chien – Iogan – qui ne m'a pas quitté d'une semelle pendant que j'écrivais.
Et à vous tous de m'avoir lue !

hpolle@noos.fr

ÉDITIONS LES CYGNES
Tél. : 01 39 76 19 86

Collection Catalogue Théâtre

CATHERINE VERLAGUET
Amies de longue date
À Marseille, personne n'aurait jamais pensé qu'Emma et Marine deviendraient amies. Mais lorsqu'elles se retrouvent exilées sur Paris, un vide les rapproche.

ANTOINE HERBEZ
37 ans
Quand j'étais enfant, j'étais sûr qu'en me concentrant très fort, j'arriverais à voler... J'en étais sûr... Alors je m'entraînais.

DANY LAURENT
... Comme en 14
Une pièce écrite pour le courage de ces femmes qui, dans les tourments de la Grande Guerre, face à l'horreur de l'incompréhensible, ont voulu conserver malgré tout leur confiance en l'homme.

JOHN OSBORNE
Presque un gentleman (Back in Anger)
« Tu souffres parce que tout change. Jimmy souffre parce que rien n'a changé, et aucun de vous ne peut l'accepter. »

Impression réalisée sur CAMERON par

BRODARD & TAUPIN

GROUPE CPI

La Flèche
en mai 2004

Imprimé en France
N° d'impression : 24083